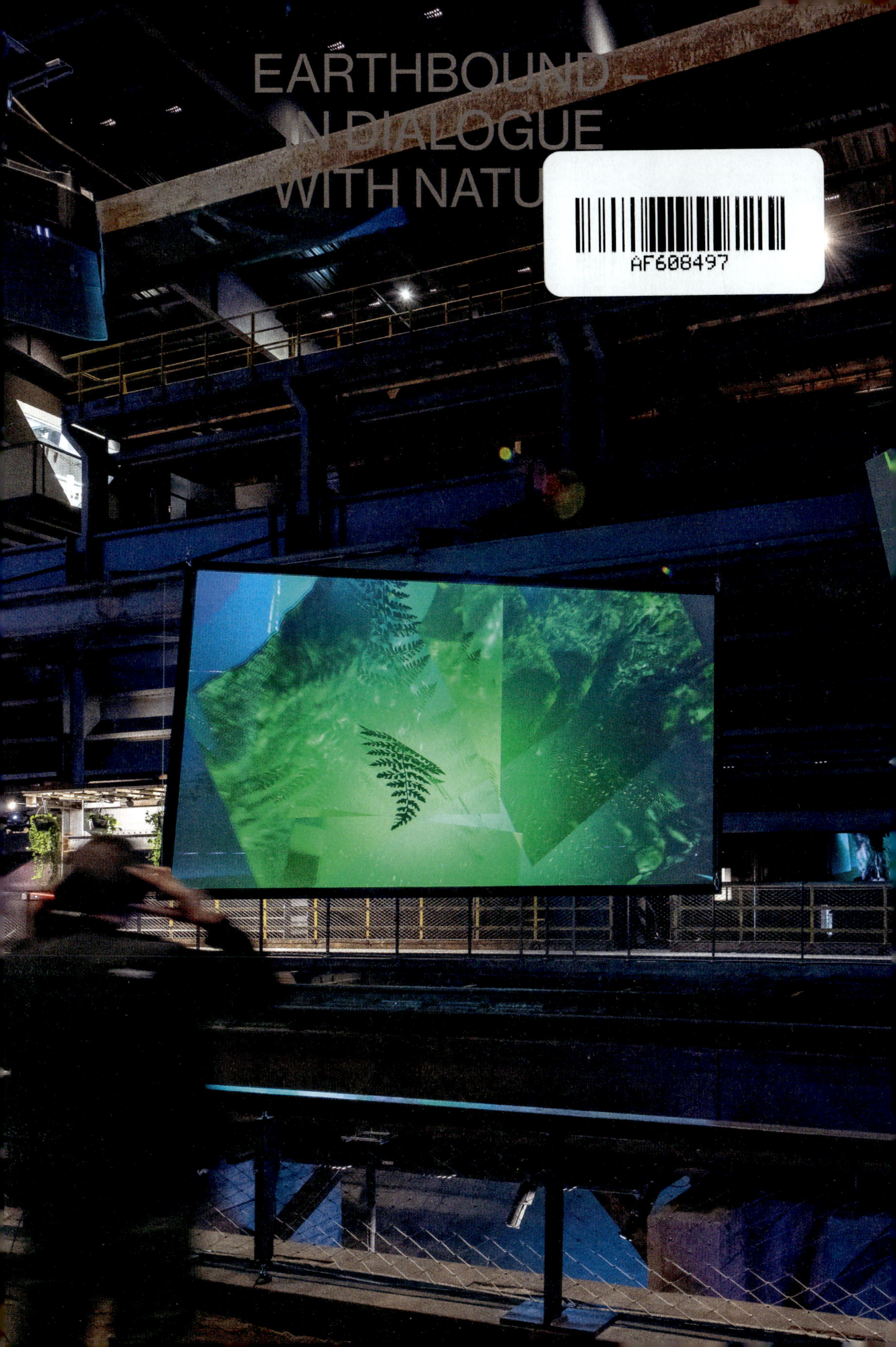
EARTHBOUND –
IN DIALOGUE
WITH NATU

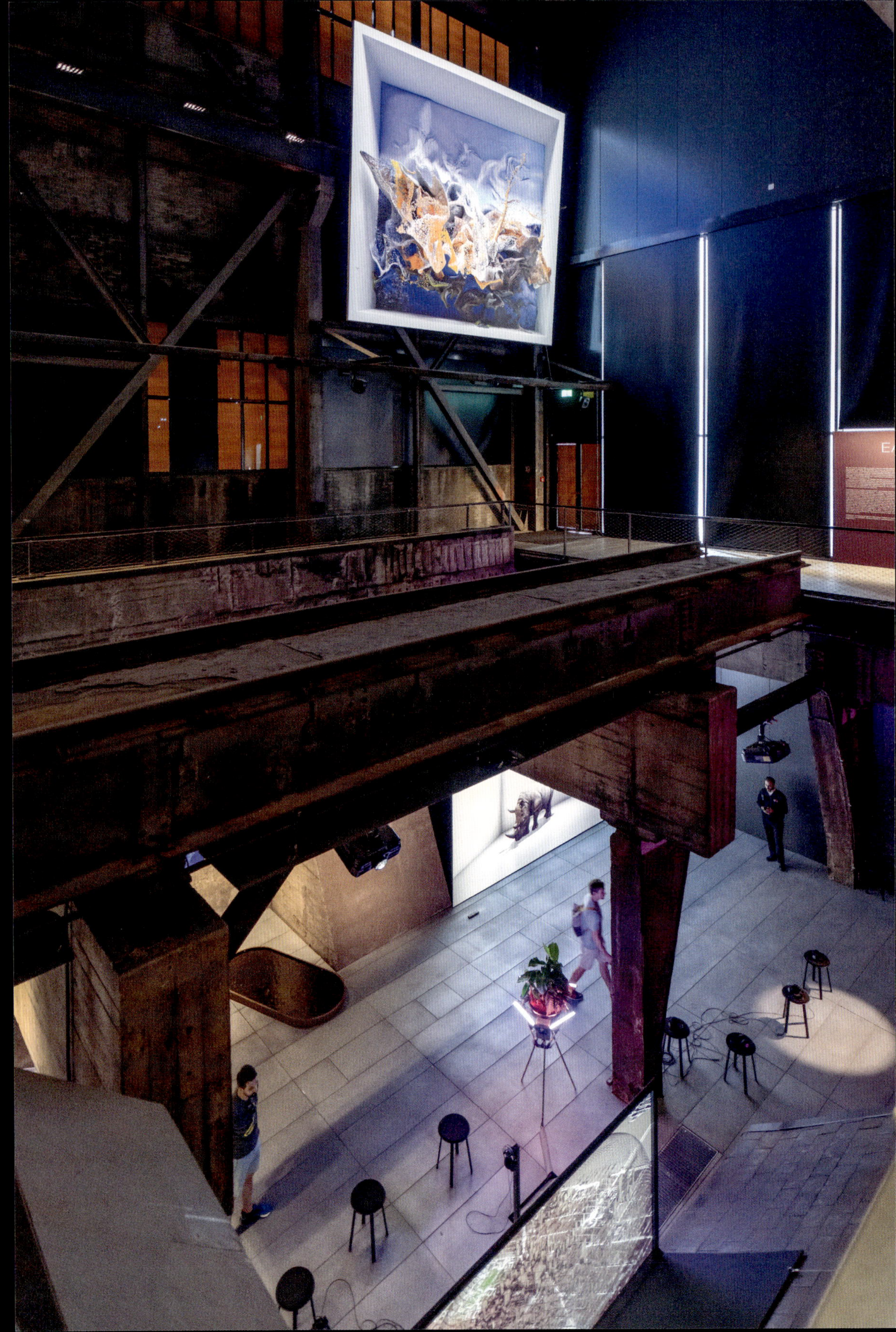

EARTHBOUND – IN DIALOGUE WITH NATURE

ed. Sabine Himmelsbach, Françoise Poos

In the framework of Esch2022 – European Capital of Culture

Dans le cadre de Esch2022 – Capitale européene de la culture

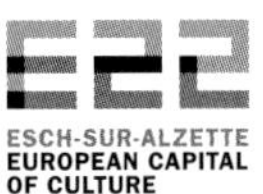

MÖLLEREI | ESCH-BELVAL | 2022

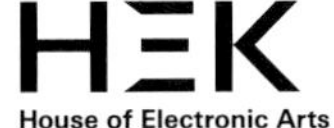

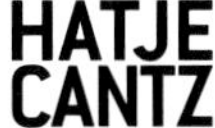

CONTENTS | SOMMAIRE

CONVERSATIONS | CONVERSATIONS

APPENDIXES | ANNEXES

FOREWORD

Today, we know that climate change is caused by human activity. *Earthbound – In Dialogue with Nature* confronts us with this fact through the prism of digital arts, while projecting a vision of the role that digital technology plays or could play in thinking, representing or even replacing our natural heritage. Combining scientific, technological, and playful aspects, weaving direct, palpable links between effects and causes, the works of the twenty-five artists in this exhibition interact with spectators to examine the complex relationships between humankind and the ecosystem while suggesting possibilities for a more sustainable and resource-friendly way of life. By encouraging reflection and introspection yet avoiding the trap of moralism, they invite us to rethink our relationship with the environment and to adopt responsible perspectives and behaviors.

Earthbound forms part of the wider transversal reflection around nature and sustainable development that Esch2022 has initiated through the theme of "REMIX Nature." Addressing these pressing issues in Esch-Belval, a major center of steel production just a few decades ago, adds yet another dimension to the relevance of this exhibition. By establishing a dialogue with the landscape of the Bassin Minier, a region deeply marked by the changes introduced by humans to build the country's wealth, it

PRÉFACE

Nous savons aujourd'hui que le changement climatique est causé par l'activité humaine. *Earthbound – En dialogue avec la nature,* nous confronte à ce constat, mais propose aussi une vision du rôle que joue, ou pourrait jouer, le numérique pour refléter, sauvegarder, voire substituer ce patrimoine naturel. Oscillant entre aspects scientifiques, technologiques et ludiques de la question, créant des liens directs et palpables entre effets et causes, les œuvres des vingt-cinq artistes examinent, en interaction avec le spectateur, la relation complexe entre l'humanité et l'écosystème et les possibilités pour une coexistence plus durable et plus respectueuse des ressources. Incitant donc à une profonde réflexion et introspection, l'exposition - sans jamais être moralisatrice - nous invite à repenser notre relation à l'environnement et à adopter des perspectives et comportements responsables.

L'exposition s'inscrit ainsi dans la réflexion transversale plus large « REMIX Nature » que propose Esch2022 autour de la nature et du développement durable. Discuter de ce sujet urgent à Esch-Belval, lieu majeur de l'industrie sidérurgique il y a quelques décennies seulement, ajoute une dimension supplémentaire à la pertinence de l'exposition. Entrant en dialogue avec ce paysage du bassin minier, profondément

also accompanies the renewal of a region where nature is again cultivated and where humans are doing their best to attend to the environment as it is regaining its rights. By doing so, it builds a bridge between inside and outside as well as between nature, technology, and art.

Insofar as the artists use media and digital technologies as their primary means of expression, the Möllerei in general and the exhibition *Earthbound* in particular establish an important link with Esch-Belval and its conversion into an international center for a society of knowledge and science. Culture and the arts are an integral part of this transformation, and the cycle of exhibitions organized with great commitment and know-how by the artistic team of Esch2022 underlines the innovative role played by artists operating at the crossroads between science, research, technology, society, and the individual.

Indeed, there is no doubt that we all have one thing in common: we are all "earthbound," connected to the Earth and dependent on it. I therefore applaud this project of Esch2022 which, in collaboration with its partners and the artists, contributes in a striking and refreshing way to promoting more sustainable lifestyles and encourages us to pay more attention to nature and our planet.

Sam Tanson
Minister of Culture

marqué par les changements que les êtres humains lui ont apportés afin de construire la richesse économique du pays, l'exposition accompagne également le renouveau dans la région où la nature est à nouveau cultivée et où l'Homme s'efforce d'encadrer au mieux cet environnement qui reprend ses droits. Un pont est donc créé entre l'intérieur et l'extérieur, tout comme entre nature, technologie et art.

Dans la mesure où les artistes utilisent les médias et les technologies numériques comme principaux moyens d'expression, la Möllerei en général et l'exposition *Earthbound* en particulier créent aussi un lien important avec Esch-Belval en tant que haut lieu à rayonnement international de la société du savoir et des connaissances. La culture et les arts y trouvent toute leur place et le cycle des expositions, organisé avec grand engagement et savoir-faire par l'équipe artistique de Esch2022, soulignent le rôle innovateur considérable que jouent les artistes au croisement entre sciences, recherche, technologie, sociétés et humains qui les constituent.

Force est de constater qu'il y a un point indéniable qui nous unit tous : nous sommes tous *earthbound*, liés à cette terre et dépendants d'elle. Je salue donc Esch2022, qui, en collaboration avec ses partenaires et les artistes, contribue de façon percutante et rafraîchissantà la promotion de modes de vie plus durables et encourage à prendre davantage soin de la nature et de notre planète.

Sam Tanson
Ministre de la Culture

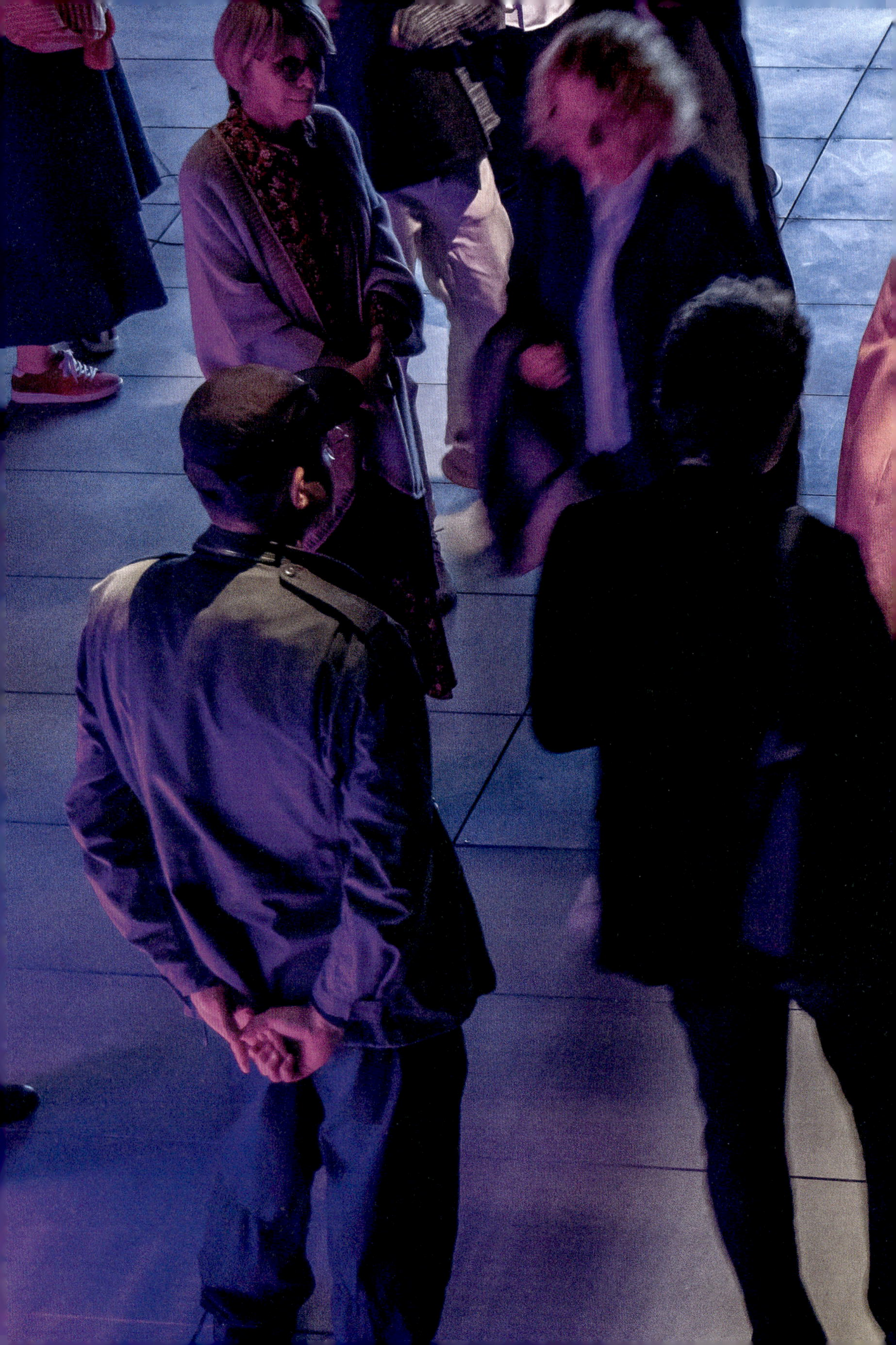

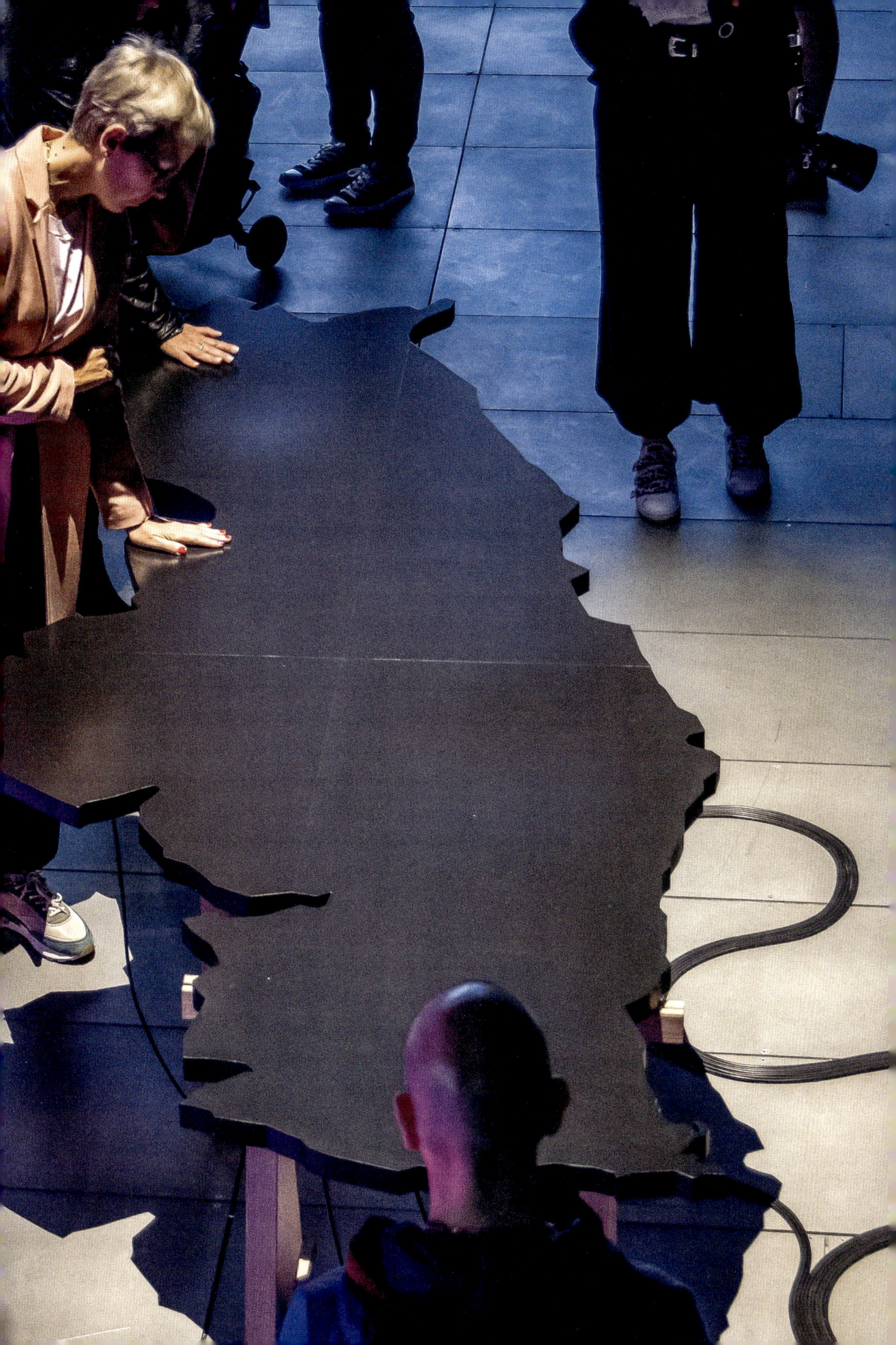

ENTERING INTO DIALOGUE WITH NATURE THROUGH THE CREATIVE USE OF DIGITAL MEDIA

DIALOGUER AVEC LA NATURE PAR L'UTILISATION CRÉATIVE DES MÉDIAS NUMÉRIQUES

Oppressively hot summers, floods, and forest fires are in the news almost every day. Just like microplastics in the sea, the glaciers melting, or the loss of biodiversity, the consequences of the climate crisis are omnipresent. Our society can no longer turn a blind eye to this fact.

With nineteen positions by internationally renowned artists, the exhibition *Earthbound – In Dialogue with Nature* at the Möllerei, a former steelworks complex in Luxembourg, reminds us of the devastating consequences of industrialization and the urgency of our environmental problems. It was created in collaboration with HEK (House of Electronic Arts) in Basel, which has been dedicated to digital culture and the new art forms of the information age since 2011. By designing alternative models for a more sustainable coexistence with the environment and opening new perspectives, the exhibition prompts us to think.

On display are works in which media, technologies, and techno-scientific methods are used in art. The artistic works also offer us unconventional solutions. This creative use of digital media and new technologies invites the audience to a critical examination. Because our times ask for thinking and working in networks, we need expertise from very different areas: from politics to urban planning to culture. After all, we all have to be pulling in the same direction.

Beat Jans
President of the Government of Basel-Stadt

Les étés d'une chaleur accablante, les inondations et les incendies de forêt font la une de la presse presque tous les jours. Au même titre que les microplastiques dans la mer, la fonte des glaciers ou la dégradation de la biodiversité, les conséquences de la crise climatique sont omniprésentes. Nos sociétés ne peuvent plus fermer les yeux face à cette évidence.

À travers dix-neuf propositions d'artistes de renommée internationale, l'exposition *Earthbound – En dialogue avec la nature* présentée à la Möllerei dans un ancien complexe sidérurgique au Luxembourg nous interpelle sur les conséquences dévastatrices de l'industrialisation et l'urgence de nos problèmes environnementaux. L'exposition a été conçue en collaboration avec HEK (Maison des Arts Électroniques) de Bâle, dédiée à la culture numérique et aux nouvelles formes artistiques propres à l'ère de l'information depuis 2011. En imaginant des modèles alternatifs pour une coexistence plus durable avec l'environnement et en ouvrant de nouvelles perspectives, *Earthbound* nous invite à la réflexion.

Sont exposées des œuvres dans lesquelles les médias, les technologies et les méthodes technoscientifiques sont mises au service de l'art. Les œuvres nous proposent parfois également des solutions peu conventionnelles. Cet usage créatif des médias numériques et des nouvelles technologies nous engage à un examen critique. Notre époque appelle à la réflexion et au travail en réseau. Nous avons besoin d'expertises dans des domaines très différents : de la politique à l'urbanisme en passant par la culture. Après tout, il nous faut avancer dans la même direction, ensemble.

Beat Jans
président du gouvernement de Bâle-Ville

REMIX NATURE

Culture As A Driving Force For Sustainable Development

REMIX NATURE

La culture comme force motrice du développement durable

Summer 2022. The "Red Earth Country" in the south of Luxembourg has turned lavishly green again, its wooded, undulating landscape invites roaming between the remnants of the region's industrial past and the stunning biodiversity of its natural preserves. As the program of the European Capital of Culture Esch2022 unfolds and blossoms in a myriad of colorful events and activations, it is not surprising that one thematic strand consistently stands out. From festivals to exhibitions, from dance performances to communal gatherings, the concern for the preservation of nature and a commitment to the sustainable development of our societies is a key element of the agenda.

The "Minett," as the region is called, has been scarred in the course of its history by highly impactful human interventions. While this part of the country was known for its recreational qualities and its pure spring water sources still in 1900, the steel industry settling here shortly after the turn of the twentieth century dramatically changed the area. Burning blast furnaces, smoking chimneys, dust, and noise were the landmarks for many decades. However, with the closing of the steel plants toward the end of the 1990s, nature has slowly started gaining ground again, thriving in seemingly unlikely places. Today, the former open pit mines have become home to a rich variety of plants, birds, and insects and in 2020 Minett UNESCO Biosphere, "a learning place for sustainable development, officially joined the World Network of Biosphere preserves as part of UNESCO's Man and the Biosphere (MAB) program."[1]

It is also no coincidence that the region has long fostered alternative ways of thinking about how to build a more resilient future through grassroots movements. Solidarity was of crucial importance among the immigrant mining communities and still resonates with the people of the region many years after the decline of the industry. In 2011, for instance, the citizen initiative Transition Minett was created to prepare for tomorrow's world

Été 2022. La « Région des Terres Rouges », au sud du Luxembourg, a retrouvé un vert somptueux. Son paysage boisé et vallonné invite à la promenade entre les vestiges du passé industriel de la région et l'étonnante biodiversité de ses réserves naturelles. Alors que le programme de la Capitale européenne de la culture Esch2022 se décline et s'épanouit sous la forme d'une myriade d'événements et d'activités chatoyantes, il n'est pas surprenant que l'une des thématiques se démarque systématiquement. Des festivals aux expositions, des performances de danse aux rencontres collectives, la préservation de la nature et l'engagement en faveur du développement durable dans nos sociétés se trouvent au cœur du programme.

Le « Minett », comme on appelle la région, a été marqué au cours de son histoire par des interventions humaines extrêmement lourdes. Alors que cette contrée était encore connue en 1900 pour ses qualités en matière de loisirs et ses sources d'eau pure, l'industrie sidérurgique qui s'y est installée peu après le début du vingtième siècle a radicalement transformé son territoire. Les hauts fourneaux brûlants, les cheminées fumantes, la poussière et le bruit devinrent emblématiques de ce paysage pendant plusieurs décennies. Toutefois, avec la fermeture des aciéries à la fin des années 1990, la nature a peu à peu regagné du terrain, fleurissant dans des endroits en apparence improbables. Aujourd'hui, les anciennes mines à ciel ouvert accueillent une riche variété de plantes, d'oiseaux et d'insectes. En 2020, la Minett UNESCO biosphère, un territoire d'apprentissage pour le développement durable, a « officiellement intégré le réseau mondial des réserves de biosphère du programme de l'UNESCO sur l'homme et la biosphère (MAB) ».[1]

Ce n'est pas non plus une coïncidence si la région encourage depuis longtemps des modes de pensée alternatifs sur la façon de construire un avenir plus durable à travers des mouvements locaux. La solidarité jouait

without fossil fuels. Relying on notions of care and cooperation, the founders of the movement believed that "everyone is capable to act, to be creative, to express their competences through very concrete positive actions and thus to respond to the double challenge of climate change and social and economic crises."[2] Over the years, they have developed a broad range of collaborative projects on a local and regional level, such as urban gardening, do-it-yourself festivals, a green energy cooperative, a grocery store with locally sourced food or a workshop centered around recycling and repairing. Other initiatives joined in to thicken the context. The nonprofit organization Arcus and its Centre Formida promote creative learning based on respect and sustainability, and BENU Village Esch, the first eco-village in the Greater Region of Luxembourg, emerged as a concept in 2015.

Esch2022 European Capital of Culture could therefore draw on a particularly fertile substrate to continue growing ideas of co-creation, collaboration, and caring for our planet in a long-term perspective. Moreover, its start was timely. For two years, the world had been paralyzed by a global pandemic. While we all had to keep our social distances, we discovered the joys and benefits of close contact with nature. Walks in the woods were never more popular than during the first lockdown in 2020, and with the complete stand-still of traffic and much of our daily white noise cancelled out, we could indeed attune all our senses again to our living environment and reconnect.

Simultaneously, the urgency of climate change and environmental degradation has become appallingly clear. In response to rising concerns, the European Commission presented the European Green Deal in 2019 to improve the well-being and health of citizens and future generations by transforming "the EU into a modern, resource-efficient and competitive economy"[3] and in 2021 the New European Bauhaus project was launched as a "creative and interdisciplinary

un rôle essentiel au sein des communautés de personnes immigrées travaillant dans les mines de fer, et elle résonne toujours chez les populations de la région bien des années après le déclin de l'industrie. En 2011, par exemple, l'initiative citoyenne Transition Minett est lancée pour préparer un monde futur sans énergie fossile. S'appuyant sur les notions de *care* et de coopération, les personnes fondatrices du mouvement estiment que « tout le monde est capable d'agir, d'être créatif et d'exprimer des compétences, dans des actions concrètes et positives, afin de répondre au double défi du pic pétrolier et du dérèglement climatique, mais aussi aux crises sociales et économiques. » [2] Au fil des années, l'association a développé une multitude de projets collaboratifs à l'échelle locale et régionale, tels que le jardinage urbain, les festivals DIY, une coopérative dédiée à l'énergie verte, une épicerie avec des aliments d'origine locale ou un atelier autour du recyclage et de la réparation. D'autres initiatives sont venues étoffer le contexte. L'organisation à but non lucratif Arcus et son Centre Formida encouragent l'apprentissage créatif fondé sur le respect et la durabilité, et le concept du BENU Village Esch, le premier écovillage de la Grande Région du Luxembourg, est né en 2015.

Esch2022, Capitale européenne de la culture, dispose donc d'un terreau particulièrement fertile pour continuer à développer des idées de cocréation, de collaboration et de préservation de notre planète dans une optique à long terme. De plus, son lancement est tombé à point nommé. Pendant deux ans, le monde a été paralysé par une pandémie globale. Alors que nous devions maintenir une distance de sécurité avec autrui, nous avons découvert les joies et les bienfaits de la proximité avec la nature. Les promenades dans les bois n'ont jamais été aussi populaires que lors du premier confinement en 2020. Avec l'arrêt total de la circulation et la suppression d'une grande partie des bruits parasites quotidiens, nous avons en effet pu harmoniser à nouveau

initiative that connects the European Green Deal to our living spaces and experiences."[4] It is at this intersection of local connectedness and global awareness that Esch2022 could build a strong program promoting sustainability and resilience under the general heading of REMIX Nature.

Participation of local and regional cultural actors was key in the constitution of the program and the response to the subject was prompt and enthusiastic throughout the nineteen municipalities of the Esch2022 territory. Thus, a mapping of edible wildflowers and herbs linked to memories and culinary recipes has been done by the collective La Bonneterie[5] for the municipality of Sanem to stress the nurturing connection to the soil. In Schifflange, between centuries-old oak trees, an ancient spring has been renatured to tell an ecological tale about the preciousness of water. Along similar lines, BENU in collaboration with the nature preserve Naturpark Öewersauer in the north of the country, activated the mobile water tasting and awareness-raising bar "H2Only." As for Transition Minett, they established a new project called "Future" (Forges des utopies tangibles urbaines et résilientes),[6] "a laboratory of change at the crossroads of poetry and politics, arts and science, between reality and utopia" centered around the "Piazza of Transition," hosting activities as diverse as music festivals, plays, public talks, culinary events, citizen meetings, and forums. These are only a few of many examples demonstrating the willingness of a large number of participants to actively work for positive change in their native region. Importantly, the projects created in this context are not one-shot events. Most of them are there to stay and to resonate for many years to come.

As the central organization of the European Capital of Culture, the Esch2022 executive team has not only supported this collective effort but is also complementing and extending its reach. A sustainability charter has been drafted in collaboration with the Ministry of the Environment, Climate

nos sens avec notre environnement et nous reconnecter.

Simultanément, l'urgence du changement climatique et de la dégradation de l'environnement a pris une ampleur effroyable. En réponse aux préoccupations qui ne cessent de croître, la Commission européenne a présenté le Pacte vert pour l'Europe en 2019 afin d'améliorer le bien-être et la santé des citoyens et des générations futures en transformant « l'UE en une économie moderne, efficace dans l'utilisation des ressources et compétitive » [3] et en 2021, le projet Nouveau Bauhaus européen a été lancé comme un « mouvement créatif et interdisciplinaire qui relie le Pacte vert pour l'Europe à nos vies quotidiennes. » [4] C'est à cette intersection de la connectivité locale et de la prise de conscience mondiale qu'Esch2022 a pu développer un solide programme destiné à encourager la durabilité et la résilience sous le titre général de REMIX Nature.

La participation des protagonistes de la culture locale et régionale a été essentielle dans la constitution du programme, et sa thématique a été rapidement accueillie avec enthousiasme à travers les dix-neuf municipalités du territoire d'Esch2022. Ainsi, une cartographie des fleurs sauvages et des herbes comestibles liées à des souvenirs et à des recettes culinaires a été réalisée par le collectif La Bonneterie[5] pour la municipalité de Sanem afin de souligner le lien nourricier avec la terre. À Schifflange, entre des chênes centenaires, une ancienne source a été renaturée pour raconter un conte écologique autour de la préciosité de l'eau. Dans un esprit similaire, BENU, en collaboration avec la réserve naturelle Naturpark Öewersauer située dans le nord du pays, a inauguré le bar mobile de dégustation d'eau et de sensibilisation « H2Only ». Quant à Transition Minett, elle a mis en place un nouveau projet appelé « Future » (Forges des Utopies Tangibles Urbaines et Résilientes), « un laboratoire du changement au croisement entre poésie et politique, entre les arts et la science, entre réalité et utopie »

and Sustainable Development to raise awareness with the Esch2022 project partners on issues such as waste management, mobility and access or responsible tourism. The resulting network "eLo" ("now" in Luxembourgish) is a platform for event organizers wishing to include ideas of sustainability into their projects as well as for visitors wanting to easily identify events adhering to ideas of sustainability.[7] An escape game focusing on the Sustainable Development Goal Number 12 "Responsible Production and Consumption" developed initially by the Rotterdam School of Management and included in the Esch2022 program additionally aims at sensitizing a broad public in a playful way. Moreover, the exhibition *Respire, Pour un design climatique*[8] conceived by the French art and design school ENSAD Nancy invites visitors to think about air pollution and how responsible production can help to improve the quality of this vital element.

Most importantly however, we want to stress the crucial role of culture in facilitating social innovation and acceptance of a swifter transition toward change. To quote author Ursula K. Le Guin: "Changing our minds is going to be a big change. To use the world well, to be able to stop wasting it and our time in it, we need to relearn our being in it."[9] To achieve this goal, we need to bundle our forces, join competences – between institutions or disciplines – and combine the strengths of both science and the arts and culture. Speaking from a writer's point of view and referring more specifically to poetry, Le Guin continues her line of thought stating: "By replacing unfounded, willful opinion, science can increase moral sensitivity; by demonstrating and performing aesthetic order or beauty, poetry can move minds to the sense of fellowship that prevents careless usage and exploitation of our fellow beings, waste and cruelty."[10] We would argue that this reasoning can be extended to all artistic disciplines and to culture in general.

basé sur la « Piazza de la Transition », [6] qui accueille des activités aussi diverses que des festivals de musique, des pièces de théâtre, des débats publics, des événements culinaires, des rencontres citoyennes et des forums. Ce ne sont là que quelques-uns des nombreux exemples qui démontrent la volonté d'un grand nombre de personnes à travailler activement vers un changement positif dans leur région d'origine. Il est important de préciser que les projets réalisés dans ce contexte ne sont pas des événements ponctuels. La plupart d'entre eux sont là pour rester et continuer à résonner au fil de nombreuses années.

En tant qu'organisation centrale de la Capitale européenne de la culture, l'équipe exécutive d'Esch2022 soutient non seulement cet effort collectif, mais complète et étend également sa portée. Une charte de durabilité a été rédigée en collaboration avec le ministère de l'Environnement, du climat et du développement durable pour sensibiliser les partenaires du projet Esch2022 à des problématiques telles que la gestion des déchets, la mobilité et l'accès ou encore le tourisme responsable. Le réseau « eLo » (« maintenant » en luxembourgeois) ainsi créé est une plateforme pour les organisateur·rices d'évènements qui souhaitent intégrer des principes de durabilité dans leurs projets, ainsi que pour les publics qui souhaitent identifier facilement les manifestations qui adhèrent à ces valeurs[7]. Une escape room basé sur l'objectif de développement durable numéro 12 « Établir des modes de consommation et de production durables », développé initialement par la Rotterdam School of Management et inclus dans le programme Esch2022, vise à sensibiliser un large public de manière ludique. Par ailleurs, l'exposition *Respire, pour un design climatique* conçue par l'école française d'art et de design ENSAD Nancy nous invite à réfléchir à la pollution de l'air et à la manière dont une production responsable peut contribuer à améliorer la qualité de cet élément vital.

Culture and the arts can indeed make abstract concepts graspable. Culture tells stories. Culture has the power to move and to create empathy, allowing for lost connections to be reestablished, linking human beings emotionally and compassionately to fellow human beings, as well as to the wider network of animate creatures and inanimate things that we are intrinsically a part of.

The exhibition *Earthbound – In Dialogue with Nature*, curated by Sabine Himmelsbach and Boris Magrini from HEK (House of Electronic Arts) Basel for Esch2022 does exactly this: it creates emotional bonds. Exploring the junction of art, technology, and science, the artists featured in the show combine scientific accuracy with an embodied, tangible experience enhanced by the meaningful use of digital technologies to help us reconnect with nature. Thus, we can delve into a breathing forest with the compelling VR installation of Rasa Smite and Raitis Smits; Mélodie Mousset and Edouardo Feuilloux make us sing and interact with colorful jellyfish; or we learn how to build a sculpture to help the coral reefs survive with Mexican artist Gilberto Esparza. Wandering through the exhibition installed at the Möllerei, a former storage hall for iron ore and coke in Esch-Belval, touching, hearing, and feeling nature so up close while being surrounded by the ghosts of the region's industrial history, one cannot help being moved, thrilled, and alarmed at the same time. Moved by the sensory world that surrounds us as it is made suddenly visible; thrilled by the many possibilities to connect with this more-than-human-world; and alarmed that it might be irretrievably lost if we do not reconsider our place and role as human beings.

Earthbound – In Dialogue with Nature is the second of three international collaborations with pioneering institutions from the field of media and digital arts at the Möllerei. ZKM I Center for Art and Media in Karlsruhe inaugurated the spectacular location with *Hacking Identity – Dancing Diversity*, a

Mais surtout, nous tenons à souligner le rôle essentiel de la culture comme vecteur d'innovation sociale et faciliter l'acceptation d'une transition plus rapide vers le changement. Pour citer l'autrice Ursula K. Le Guin : « Faire évoluer nos mentalités entraînera un changement considérable. Pour faire bon usage du monde, cesser de le gaspiller et d'y perdre notre temps, nous devons réapprendre à en faire partie » [8]. Pour atteindre cet objectif, il nous faut rassembler nos forces, unir nos compétences – entre institutions ou entre disciplines – et combiner les efforts tant de la science que des arts et de la culture. S'exprimant du point de vue d'une autrice et se référant plus particulièrement à la poésie, Le Guin poursuit son raisonnement en précisant : « En substituant une opinion non fondée et obstinée, la science peut aiguiser la sensibilité morale ; en manifestant et en pratiquant l'ordre esthétique ou la beauté, la poésie peut éveiller les esprits au sentiment de camaraderie qui permet d'éviter l'usage inconsidéré et l'exploitation de nos semblables, le gaspillage et la cruauté ».[9] Selon nous, ce raisonnement peut être étendu à toutes les disciplines artistiques et à la culture en général.

La culture et les arts peuvent en effet permettre d'appréhender des concepts abstraits. La culture raconte des histoires, elle a le pouvoir d'émouvoir et de susciter l'empathie, de rétablir les liens perdus, de relier les êtres humains avec émotion et compassion à leurs semblables, ainsi qu'au réseau plus vaste des créatures animées et des choses inanimées dont nous faisons intrinsèquement partie.

C'est précisément ce que fait l'exposition *Earthbound – En dialogue avec la nature*, organisée par Sabine Himmelsbach et Boris Magrini de la HEK (Maison des Arts Électroniques) de Bâle pour Esch2022 : elle tisse des liens affectifs. En explorant le croisement entre l'art, la technologie et la science, les artistes de l'exposition associent la précision scientifique à une expérience incarnée et tangible, enrichie

nuanced and pertinent reflection on identity in the twenty-first century. Ars Electronica will follow in the fall with *IN TRANSFER – A New Condition* to continue discussing the perspectives of a post-COVID-19, war-torn world. The partnership with HEK and the resulting exhibition has confirmed our belief that the post-industrial site of Esch-Belval and the Möllerei as the epitome of transition is the perfect location to explore urgent societal issues through contemporary art at the crossroads of technology and science.

Moreover, this second successful partnership has strengthened our conviction that it is only through collaborations, honest exchanges, and the building of strong networks that we will be able to move forward collectively. After all, the general motto of Esch2022 is REMIX Culture! Finally, in the spirit of sustainability, we are incredibly pleased to know that *Earthbound* will have an extended lifespan at HEK in Basel, where the exhibition can go on resonating with the public.

Our very best wishes of success for a continued lively and stimulating dialogue with nature!

Nancy Braun,
General Director Esch2022
Françoise Poos,
Programme Director Esch2022
July 2022

1 See "Our Biospehre" on Minett-Biosphere's website, https://minett-biosphere.com/en/our-biosphere/our-biosphere/#about.

par l'utilisation judicieuse des technologies numériques, pour aider à renouer avec la nature. Ainsi, l'installation VR fascinante de Rasa Smite et Raitis Smits nous plonge dans une forêt qui respire ; Mélodie Mousset et Edouardo Feuilloux nous font chanter et interagir avec des méduses colorées ; ou encore, le Mexicain Gilberto Esparza nous apprend à fabriquer une sculpture pour aider à la survie des récifs coralliens. Lorsque l'on déambule dans l'exposition installée à la Möllerei, un ancien entrepôt de minerai de fer et de coke à Esch-Belval, que l'on touche, écoute et sent la nature de si près tout en étant entouré des fantômes de l'histoire industrielle régionale, il est difficile de ne pas éprouver à la fois de l'émotion, du plaisir et de l'inquiétude. Ému·es par le monde sensoriel qui nous entoure et qui se manifeste soudainement, exalté·es par les nombreuses possibilités de connexion avec cet univers au-delà de l'humain, et inquiet·es à l'idée qu'il pourrait être irrémédiablement perdu si nous ne reconsidérons pas notre place et notre rôle en tant qu'êtres humains.

Earthbound – En dialogue avec la nature est la seconde de trois collaborations internationales avec des institutions pionnières dans le domaine des médias et des arts numériques à la Möllerei. Le ZKM I Centre d'Art et de Médias Karlsruhe a inauguré ce lieu grandiose avec *Hacking Identity – Dancing Diversity*, une réflexion nuancée et pertinente sur la notion d'identité au vingt-et-unième siècle. Ars Electronica poursuivra à l'automne avec *IN TRANSFER – A New Condition* pour continuer à discuter des perspectives d'un monde post-covid et déchiré par la guerre. Le partenariat avec la HEK et l'exposition qui en découle ont confirmé notre conviction que le site post-industriel d'Esch-Belval et la Möllerei en tant que symbole de la transition est l'endroit idéal pour explorer les questions sociétales urgentes à travers l'art contemporain au croisement de la technologie et de la science.

Par ailleurs, ce deuxième partenariat réussi a conforté notre conviction que seules les collaborations, les échanges sincères et la constitution de réseaux solides nous permettront d'avancer collectivement. Après tout, la devise générale d'Esch2022 est REMIX Culture ! Enfin, dans un esprit de durabilité, c'est avec un immense plaisir que nous avons appris que *Earthbound* connaîtra une durée de vie prolongée à la HEK à Bâle, où l'exposition pourra continuer à trouver un écho auprès du public.

Nos meilleurs vœux de succès pour la poursuite d'un dialogue vivant et stimulant avec la nature !

Nancy Braun,
directeur général d'Esch2022
Françoise Poos,
directrice de la programmation Esch2022
Juillet 2022

2 For more information, see "Transition Minett," *Transition-Minett,* https://www.transition-minett.lu/en/transition-minett-3/.
3 See "A European Green Deal," *Europa.eu*, https://ec.europa.eu/info/strategy/priorities-2019-2024/european-green-deal_en#thematicareas.
4 See "New European Bauhaus," *Europa.eu*, https://europa.eu/new-european-bauhaus/index_en.
5 La Bonneterie ASBL is a former factory where knitted objects were manufactured and located in Leuze-en-Hainaut in the west of Belgium. It has been turned into a cultural space for workshops. From this place various teams can be dispatched to accompany groups of people, associations, or even institutions to carry out collective projects. For more information on the project with Sanem see "Esch2022 – Tendres Sauvages," https://labonneterie.be/Esch-2022-Tendres-Sauvages.
6 Tangible Forges of Urban Resilient Utopias (translation by the author). See also "Transition Minett" (see note 2).
7 A website, www.elo.lu, with information for project partners and for the public is also part of the initiative.
8 A translation of the exhibition title into English would be "Breathe! Design for Climate."
9 Ursula K. Le Guin, "Deep in Admiration," in *Arts of Living on a Damaged Planet*, ed. Anna Tsing, Heather Swanson, Elaine Gan, and Nils Bubandt (Minneapolis, 2017), M16.
10 idem

1 Voir « Our Biospehre » sur le site internet de Minett-Biosphere, https://minett-biosphere.com/en/our-biosphere/our-biosphere/#about.
2 Pour plus d'informations, voir « Transition Minett » *Transition-Minett,* https://www.transition-minett.lu/en/transition-minett-3/.
3 Voir « A European Green Deal », *Europa.eu*, https://ec.europa.eu/info/strategy/priorities-2019-2024/european-green-deal_en#thematicareas.
4 Voir « New European Bauhaus », *Europa.eu*, https://europa.eu/new-european-bauhaus/index_en.
5 La Bonneterie ASBL est une ancienne usine de fabrication d'objets tricotés située à Leuze-en-Hainaut, dans l'ouest de la Belgique. Elle a été transformée en un espace culturel accueillant des ateliers. Depuis ce lieu, différentes équipes peuvent être envoyées pour accompagner des groupes de personnes, des associations, voire des institutions, dans la réalisation de projets collectifs. Pour plus d'informations sur le projet avec Sanem, voir « Esch2022 – Tendres Sauvages », https://labonneterie.be/Esch-2022-Tendres-Sauvages.
6 Voir « Transition Minett » (voir note 1).
7 Un site internet, www.elo.lu, réunissant des informations destinées aux partenaires du projet et au public, fait également partie de l'initiative.
8 Ursula K. Le Guin, « Deep in Admiration » dans *Arts of Living on a Damaged Planet*, sous la dir. de Anna Tsing, Heather Swanson, Elaine Gan et Nils Bubandt (Minneapolis, 2017), M16. [Traduction française du traducteur]
9 idem

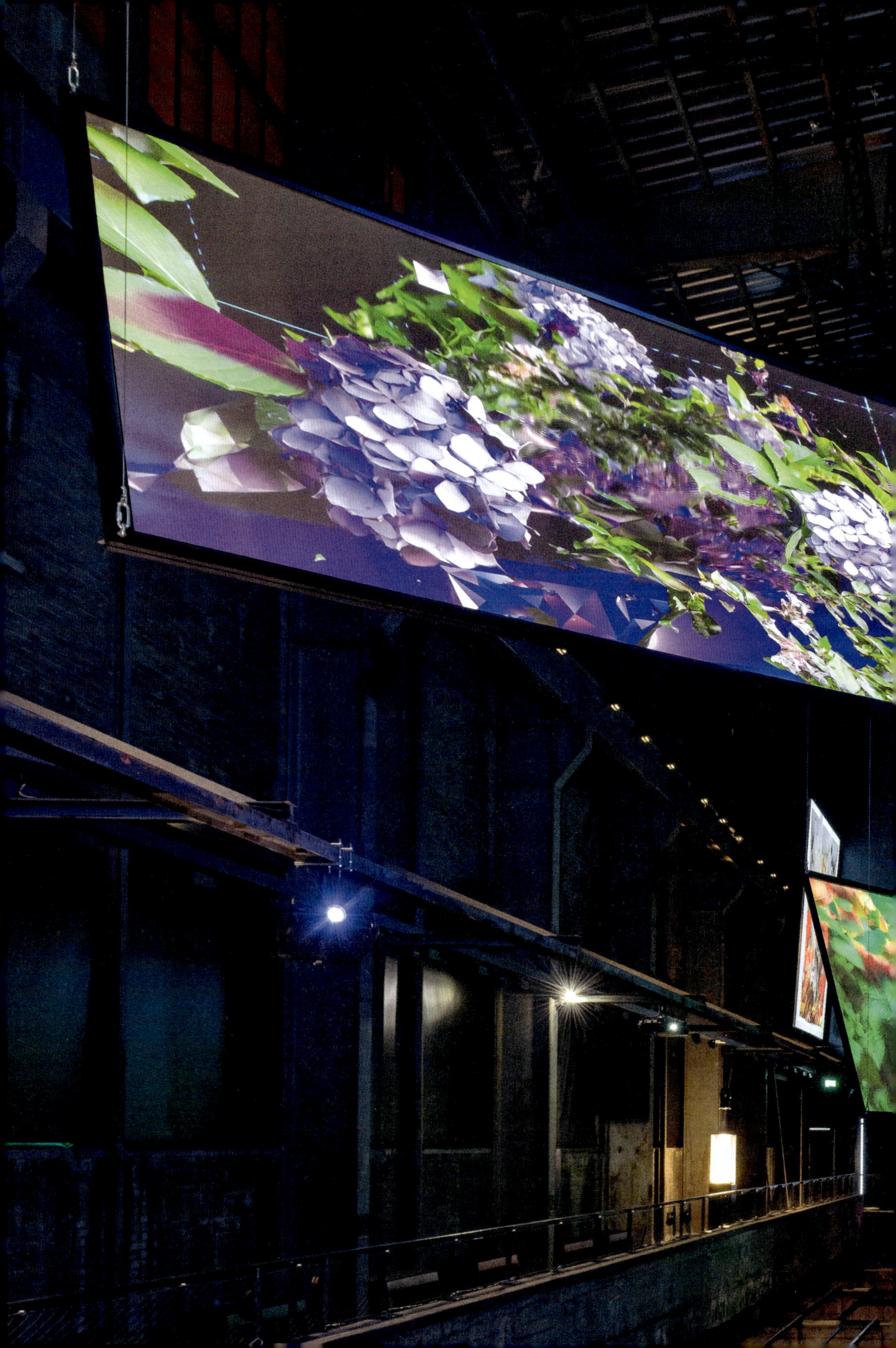

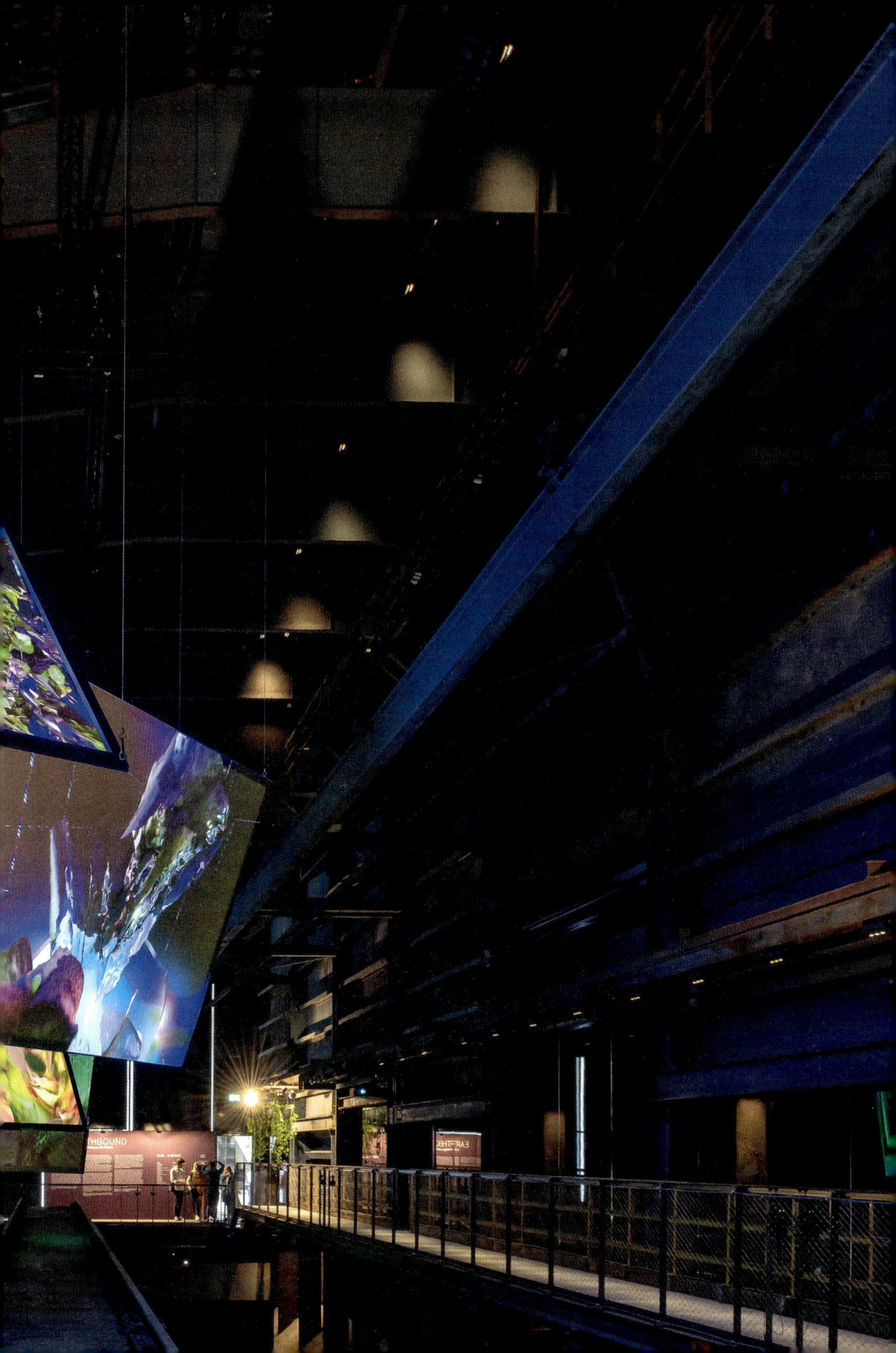
THBOUND

EARTHBOUND – IN DIALOGUE WITH NATURE

Introduction To The Exhibition

EARTHBOUND – EN DIALOGUE AVEC LA NATURE

Introduction à l'exposition

Sabine Himmelsbach
and | et
Boris Magrini

We are confronted on an almost daily basis with dramatic images of extreme weather phenomena: floods, hurricanes, or forest fires due to extreme drought. Global warming is progressing, and it is factually proven that it is largely caused by humans, and that humans have become one of the most important factors influencing biological, geological, and atmospheric processes on the Earth. These are the facts we have to confront when we address the issue of environmental change from the perspective of contemporary art. As European Capital of Culture 2022, Esch-sur-Alzette invited HEK (House of Electronic Arts) to curate an exhibition on the theme of "REMIX Nature" in the Möllerei, a former storage building for iron ore in Esch-Belval. This gave rise to the idea of conceiving an exhibition that takes a look at environmental change and outlines possible solutions from the perspective of media art. The topic was already addressed curatorially at HEK in Basel in 2018 with the exhibition *Eco-Visionaries*.[1] This exhibition took the concept of the Anthropocene as a new geochronological epoch, shaped according to the effects of human activity on the environment, as its starting point and reflected on the role of art and the influence of media technologies in discourse with science, technology, and eco-activism. The exhibition *Earthbound – In Dialogue with Nature* is a continuation of this debate concerning the profound effects of human activities on the environment and shows that the topic will continue to occupy us for years to come as one of the central tasks of our time.

Questioning our coexistence with the environment

How can we design and deploy our digital tools for a sustainable use of our resources? How do we develop a biocentric worldview and coexistence in the sense of living together as humans, as well as in unison with the ecosystem, the other species on the planet, and technologies that increasingly take on the role of active and autonomous entities? The digital revolution has

Inondations, ouragans, incendies forestiers causés par la sècheresse : les images dramatiques de phénomènes météorologiques extrêmes nous parviennent presque quotidiennement. Le réchauffement de la planète continue sa course et les faits prouvent qu'il est en grande partie provoqué par l'humain. Notre activité constitue en effet désormais l'un des principaux facteurs d'influence sur les conditions biologiques, géologiques et atmosphériques terrestres. Voilà ce à quoi nous devons nous confronter lorsqu'il s'agit d'aborder la thématique de la transformation environnementale sous l'angle de l'art contemporain. Esch-sur-Alzette, capitale européenne de la culture, a invité la HEK (Maison des Arts Électroniques) à organiser une exposition sur le thème « Remix Nature » dans l'ancienne aciérie de la Möllerei à Esch-Belval. C'est ainsi qu'a émergé l'idée de mettre sur pied une exposition consacrée au changement environnemental et proposant des solutions du point de vue de l'art médiatique.[1] La thématique a déjà été traitée par la HEK en 2018 : l'exposition *Eco-Visionaries* était axée sur la notion d'anthropocène, nouvelle ère géologique marquée par les effets de l'action humaine sur la nature, et invitait à mener une réflexion sur le rôle de l'art et l'influence des technologies médiatiques dans le dialogue avec la science, la technique et l'écoactivisme. L'exposition *Earthbound* s'inscrit dans la continuité de cette réflexion sur les répercussions profondes de l'activité humaine sur l'environnement et montre que cette question, l'un des enjeux majeurs de notre époque, restera prégnante dans les années à venir.

Interroger notre coexistence avec l'environnement

Comment pouvons-nous concevoir et utiliser nos outils numériques de façon à permettre une exploitation durable des ressources ? Comment développer une vision biocentrique du monde et de la coexistence, au sens d'une cohabitation entre nous,

undeniably changed our existence, our habits, and not least of all our identity. It is necessary to pause in order to give ourselves free space to think about ways to cope with these issues. *Earthbound* features works by artists who, in dialogue with science, technology, and society, address the complex issues of our time and point to possible visions, opportunities, and solutions. Indeed, the urgent problems caused by human activity – global warming, pollution, the uncontrolled production of waste, and the loss of biodiversity and natural resources – require structural changes that are only possible through a radical rethinking of habits and mentalities. That a global capitalist system geared towards the accumulation of wealth and unbridled production is largely responsible for the above-mentioned calamities is a fact now widely acknowledged. As the historian and environmentalist Jason W. Moore states: "The rise of capitalism after 1450 marked a turning point in the history of humanity's relation with the rest of nature."[2] His analysis reveals that the logic of capitalism is premised on exploitation and appropriation, based on a dualistic idea in which nature is an entity extraneous to humankind, but also as a resource to be exploited and commodified. Today, this model is being discussed and called into question by theorists and artists who address ecological issues. They advocate a vision in which humanity and nature are not dissociated but rather considered to be an interconnected system.

Several works in the exhibition address this human influence on the environment in concrete terms. In his video installation *Les jardins cybernétiques*, Donatien Aubert tells of the historical development of a reduction of natural phenomena to quantifiable models and the accompanying exploitation of natural resources. In an ironic gesture, his sculpture *Chrysalide n° 3* takes up this reductionist view of nature, which understands plants solely in terms of their utility value and is arranged in high-tech modules for domestic environments. The

humains, mais aussi entre nous et l'écosystème, les autres espèces de la planète et les technologies de plus en plus actives et autonomes ? La révolution numérique a indéniablement transformé nos existences, nos habitudes et, plus que tout, notre identité. Il est nécessaire de faire une pause pour s'octroyer la liberté de réfléchir aux moyens d'aborder ces questions. *Earthbound* présente des artistes qui, dans le cadre d'un dialogue avec la science, la technologie et la société, abordent les enjeux complexes de notre époque et proposent des visions, des opportunités et des solutions possibles. En effet, les problèmes urgents causés par l'activité humaine, tels que le réchauffement climatique, la pollution, la production incontrôlée de déchets, l'appauvrissement de la biodiversité et la raréfaction des ressources naturelles, exigent des changements structurels qui ne pourront survenir qu'à travers une modification radicale des habitudes et des mentalités. Il est désormais largement admis qu'un système capitaliste mondial fondé sur l'accumulation de richesses et la production débridée est en grande partie responsable des catastrophes susmentionnées. Comme l'affirme l'historien et écologiste Jason W. Moore : « L'essor du capitalisme après 1450 a marqué un tournant dans l'histoire de la relation entre l'humanité et le reste de la nature ».[2] Son analyse révèle que la logique de cet ordre économique repose sur l'exploitation et l'appropriation, ainsi que sur une conception dualiste, dans laquelle la nature est considérée comme une entité étrangère à l'humanité, mais aussi une ressource à exploiter et à commercialiser. Ce modèle est aujourd'hui analysé et remis en cause par les théoriciens et les artistes, qui s'emparent des questions écologiques. Ces approches prônent une vision dans laquelle l'humanité et la nature ne sont pas dissociées, mais considérées comme un système interconnecté.

Certaines œuvres de l'exposition illustrent concrètement cette influence de l'humain sur l'environnement. Dans son installation

multimedia installation *Displuvium* by the artist group Fragmentin makes historical human interventions on the weather, also known as geoengineering or cloud seeding, physically experienceable. The work *RHONE Suspension* by Gil Delindro also addresses human-made changes to our environment. The kinetic sculpture makes the changes in the surface of the Rhone glacier acoustically tangible. In contrast, with his generative video installation *Used to Be My Home Too*, Marc Lee reflects on dwindling biodiversity due to increasing urbanization and environmental pollution.

Our global ecosystem is under threat, and so are we humans. We need to find ways to be more sustainable in our use of resources. These changes require alternative models for thinking about our coexistence in relation to the environment. The transformations are exemplary of global developments that require reflection and adjustment regarding the balance between society, technological progress, and the environment.

Digital archives and techno-utopian models

The rise of digital technology, which affects all areas of life – from the economy to the private sphere and cultural production – cannot be seen as an abstract phenomenon that has no impact on the environment. It is necessary to continue to reflect on this process – on its meaning, on the possibilities it offers, and on the challenges it brings. Several works in the exhibition address the possibilities of current technological tools, such as the use of artificial intelligence (AI) to simulate possible future realities. In the AI-generated dreamscapes of Refik Anadol's data sculpture *Quantum Memories - Probability - Square*, the world appears as an endless stream of generated landscapes that continuously flow into each other. With *Floralia I - IV*, Sabrina Ratté also presents digital memories of a plant life that may no longer exist in the future; and in Alexandra Daisy Ginsberg's video installation *The*

vidéo *Les jardins cybernétiques*, Donatien Aubert raconte comment les phénomènes naturels ont été au fil du temps réduits à des modèles quantifiables, qui ont résulté dans l'exploitation des ressources naturelles. Sa sculpture *Chrysalide n° 3* reprend avec ironie cette vision réductrice de la nature, où les plantes sont appréhendées uniquement pour leur valeur utilitaire et disposées dans des modules de haute technologie destinés à des environnements domestiques. L'installation multimédia *Displuvium* du groupe d'artistes Fragmentin révèle les interventions humaines sur la météo à travers l'histoire, également connues sous le nom de géo-ingénierie ou d'ensemencement de nuages. L'œuvre *RHONE Suspension* de Gil Delindro traite également des modifications de notre environnement dues à l'activité humaine. Cette sculpture cinétique transcrit de façon sonore les changements qui s'opèrent à la surface du glacier du Rhône. L'installation vidéo générative *Used to Be My Home Too* de Marc Lee montre quant à elle la diminution de la biodiversité provoquée par l'urbanisation croissante, mais aussi par la pollution.

L'écosystème mondial et les êtres humains sont menacés. Nous devons trouver des moyens d'exploiter les ressources de manière plus durable, en mettant au point des modèles alternatifs pour repenser notre coexistence avec l'environnement. Ces transformations témoignent des évolutions globales qui nécessitent d'amorcer des réflexions et de concevoir des mesures pour parvenir à un équilibre entre la société, le progrès technologique et l'environnement.

Archives numériques et modèles techno-utopiques

L'essor du numérique, qui touche tous les domaines de la vie, de l'économie à la production culturelle en passant par la sphère privée, ne peut pas être considéré comme un phénomène abstrait sans incidence sur notre habitat. Il est nécessaire de poursuivre la réflexion sur ce processus, sa

Substitute, a white rhinoceros threatened with extinction is artificially brought to life by AI – in a virtual space that presents it to us without any natural context. The construction of perception by technological means in the digital age also plays a key role in the installation *Bark with a Trace* by Persijn Broersen & Margit Lukács: A digital piece of tree bark becomes itself a territory, a dematerialized landscape, thanks to the re-composition of thousands of high-resolution images.

For their works, Mary Maggic and Tega Brain use technology to generate new models of a future world. In Tega Brain's installation *Deep Swamp*, AI is used experimentally and playfully to explore the problem of optimizing natural resources. Three AI-controlled "software agents" optimize the aesthetic presentation of three swamp landscapes according to different objectives. In this work, it also becomes very clear that we humans have control over how technologies are used. With her installation *Plants of the Future*, Mary Maggic refers to the techno-utopian discourse of our civilization, the idea of "techno-fixes" with which all ecological problems can apparently be solved. For her installation, she uses hydroponics, with which plants are grown and sustained using only water and light, pointing out with inherent irony that this could be a future way of planting when the earth is destroyed as a basis for life. In her installation, she deftly combines a retro-futuristic aesthetic with scientific pretensions. "Aesthetics are joined to ethics," writes the art critic T. J. Demos in his discussion of new models for reshaping the world with creativity and activism.[3]

Embracing complexity

At the same time, since the 1970s, a new way of thinking has emerged with regard to the interaction between humans and nature. The Gaia hypothesis, proposed by the biophysicist James Lovelock and the evolutionary biologist Lynn Margulis, describes the surface of the Earth as a complex, mutable

signification, les possibilités qu'il offre et les défis qu'il pose. Plusieurs œuvres de l'exposition traitent des opportunités qu'amènent les outils technologiques actuels, comme le recours à l'intelligence artificielle (IA) pour simuler de futures réalités potentielles. Dans les paysages oniriques de la sculpture de données *Quantum Memories - Probability - Square* de Refik Anadol générés par l'IA, le monde apparaît comme un flux infini de paysages qui se fondent continuellement les uns dans les autres. Dans *Floralia I - IV*, Sabrina Ratté montre également les souvenirs numériques d'un monde végétal qui n'existera peut-être plus à l'avenir, tandis que dans l'installation vidéo *The Substitute* d'Alexandra Daisy Ginsberg, un rhinocéros blanc menacé d'extinction est ramené artificiellement à la vie par l'IA, dans un espace virtuel qui nous le présente hors de tout contexte naturel. La construction de la perception par des moyens technologiques à l'ère numérique joue aussi un rôle central dans l'installation *Bark with a Trace* de Persijn Broersen & Margit Lukács : un morceau d'écorce d'arbre numérique devient lui-même un territoire, un paysage dématérialisé, grâce au réassemblage de milliers d'images en haute résolution.

Dans leurs travaux, Mary Maggic et Tega Brain ont recours à la technologie pour générer de nouveaux modèles d'un monde futur. Dans l'installation *Deep Swamp* de Tega Brain, l'IA sert à explorer de manière expérimentale et ludique le problème de l'optimisation des ressources naturelles. Trois « agents logiciels » contrôlés par l'IA optimisent la présentation esthétique de trois paysages marécageux en fonction de différents objectifs. Ce travail met très clairement en évidence le fait que ce sont les humains qui contrôlent la façon dont la technologie est utilisée. Dans son installation *Plants of the Future*, Mary Maggic évoque le discours techno-utopique de notre civilisation, selon lequel la technologie semble pouvoir résoudre tous les problèmes écologiques. À travers la culture hydroponique,

system determined by living organisms. Instead of the "survival of the fittest," which goes back to the discoveries of Charles Darwin, the relationship between species comes to the fore. The concept of symbiosis, which sees and describes the Earth as a single organism, is becoming increasingly relevant. Lynn Margulis speaks of the "holobiont" and describes animals and plants no longer as autonomous species, but rather as a symbiotic network based on interactions between host and resident microorganisms living on and especially in it: "No matter how much our own species preoccupies us, life is a far wider system. Life is an incredibly complex interdependence of matter and energy among millions of species beyond (and within) our own skin. These Earth aliens are our relatives, our ancestors, and part of us. They cycle our matter and bring us water and food. Without 'the other' we do not survive."[4] Artists are embracing these ideas of hybrid networks between humans and their environment, a future-oriented ecological principle of interconnectedness, a kinship of species.

Many works in the exhibition explore these complex connections with this "other," the more-than-human-world. The works of Erik Bünger and melanie bonajo call for a better understanding of the animal kingdom and reveal the ignorance that often characterizes human behavior towards other species. In the video *Nature See You*, Erik Bünger analyzes the video message of the gorilla Koko to the heads of state and government at the 2015 UN Climate Change Conference and shows how its gestures are interpreted in the sense of a transference to our human perspective. In contrast, melanie bonajo has children reflect on the respectful treatment of nature. They speak of the lack of sensitivity that we need to regain in our dealings with nature: "A sensitive awareness of something bigger than ourselves is an important presence that has vanished from our daily consciousness."[5] This sensitization is also emphasized by the Italian French

qui permet de faire pousser des plantes uniquement à l'aide d'eau et de lumière, elle suggère avec ironie qu'il pourrait s'agir d'un mode de plantation d'avenir lorsque la terre aura été rendue invivable. Dans son installation, elle combine habilement esthétique rétrofuturiste et prétention scientifique. « L'esthétique est associée à l'éthique », écrit le critique d'art T. J. Demos lorsqu'il évoque les nouveaux modèles de création et d'activisme dans le monde.[3]

Accueillir la complexité

Parallèlement, on assiste depuis les années 1970 à une transformation des mentalités concernant la coexistence de l'homme et de la nature. Selon l'hypothèse Gaia, formulée par le biophysicien James Lovelock et la biologiste de l'évolution Lynn Margulis, la surface de la Terre est un système complexe et changeant, façonné par des organismes vivants. Loin de la « loi du plus fort », qui remonte aux découvertes de Charles Darwin, cette théorie s'intéresse à la relation entre les espèces. Le concept de symbiose, qui envisage notre planète comme un organisme unique, gagne en pertinence. Lynn Margulis parle d'« holobionte » : les animaux et les plantes ne sont non plus décrits comme des espèces autonomes, mais comme un réseau symbiotique basé sur les interactions entre l'hôte et les micro-organismes qui l'habitent. La scientifique déclare : « Nous sommes très préoccupé·es par notre espèce, pourtant, la vie est un système bien plus vaste. Il s'agit d'une interdépendance extrêmement complexe de matière et d'énergie entre des millions d'espèces en dehors (et à l'intérieur) des limites de notre propre peau. Ces drôles de petites bêtes sont nos proches, nos ancêtres, et font partie de nous. Elles recyclent notre matière, en plus de nous apporter de l'eau et de la nourriture. Sans « l'autre », nous ne survivons pas. »[4] Les artistes reprennent ces idées de réseaux hybrides entre l'humain et son environnement, un principe écologique d'interconnexion tourné vers l'avenir, une parenté des espèces.

philosopher Emanuele Coccia, who pleads for an ecological restructuring of society and stresses that humans must bid farewell to their special position within the ecosystem: "All living beings are capable of changing their own environment and that of other species at will, of establishing relationships with other species for no particular purpose, and of influencing the destiny of other species. From this point of view, the world is the ever-changing result of the universal and cosmic intelligence and sensitivity of the infinite number of life forms."[6]

Transdisciplinary communities and plural narratives

Several works in the exhibition seek to propose solutions to very specific problems. For example, the installation *KORALLYSIS* by Gilberto Esparza consists of a modular structure made largely of ceramic that is designed to be placed on the ocean floor to facilitate the development of coral colonies, forming a symbiotic relationship with them. Such projects are driven by a desire to address the question of the relationship between humanity and the environment, particularly in the light of the evolution of digital technologies and how these may or may not allow a new dialogue with the environment. They invite us to change our perception of being in the world in coexistence with other species. It is no coincidence that these works are not of a traditional, purely contemplative nature, but are rather videos, interactive installations, virtual reality experiences, and sound sculptures, which are often the result of a research process carried out in collaboration with scientists and during long residency periods within the frameworks of "art and science" programs.

When, in 2018, Bruno Latour called for the need to establish a new ideological attractor that is based neither on a reactionary ecologism nor on a global liberalism,[7] we were in a context of a resurgence of the pre-pandemic ecological movement, led by the young and charismatic Greta Thunberg.

De nombreuses œuvres de l'exposition explorent les liens complexes avec cet « autre », ce monde plus-qu'humain. Les travaux d'Erik Bünger et de Melanie Bonajo appellent à une meilleure compréhension du règne animal et donnent à voir l'ignorance qui caractérise souvent le comportement des humains envers les autres espèces. Dans la vidéo *Nature see you*, Erik Bünger analyse le message du gorille Koko adressé aux chef·fes d'État et de gouvernement lors de la conférence des Nations unies sur le climat de 2015 : il montre comment nous interprétons ses gestes dans le sens d'une transmission depuis notre perspective. Melanie Bonajo, quant à elle, invite les enfants à s'interroger sur le respect de la nature. Elle parle d'une sensibilité perdue, que nous devons retrouver dans notre rapport à l'environnement : « La perception sensible de quelque chose qui nous dépasse est une présence importante qui a disparu de notre conscience quotidienne ».[5] Le philosophe franco-italien Emanuele Coccia appelle également à cette prise de conscience. Il plaide pour une transformation écologique de la société et invite les êtres humains à renoncer à leur position privilégiée dans l'écosystème : « Tous les êtres vivants sont capables de modifier volontairement leur environnement et celui des autres, de nouer des relations sans utilité particulière avec les autres espèces et d'influer sur leur destinée. De ce point de vue, le monde est le résultat en constante évolution de l'intelligence et de la sensibilité universelles et cosmiques de formes de vie infiniment variées ».[6]

Communautés transdisciplinaires et récits pluriels

Certaines œuvres de l'exposition cherchent à proposer des solutions à des problèmes très spécifiques. Ainsi, Gilberto Esparza a imaginé l'installation *KORALLYSIS*, une structure modulaire majoritairement composée de céramique, conçue pour être placée au fond de l'océan afin d'entrer en symbiose avec les colonies de coraux et faciliter leur

At the same time, Donna Haraway asserted the need to create kinship with other species, defending the benefits of what she calls "speculative fabulation."[8] The concepts developed by Latour and Haraway have had a considerable impact on recent artistic production, particularly on artists dealing with ecological issues. The recent health crisis, the war in Ukraine, and the advance of global warming dramatically highlight how global economic ties and dependencies have a decisive effect on both bio-politics and the environment. In her analysis based on the sociological and economic study of the trade of matsutake mushrooms, the anthropologist Anna Lowenhaupt Tsing states: "New developments in ecology make it possible to think quite differently by introducing cross-species interactions and disturbance histories."[9] It is perhaps this plural narrative and a history of disturbances, rather than a linear and dogmatic one, that we also wish to tell with the exhibition *Earthbound*.

Communicating with the more-than-human-world

The exhibition *Earthbound* focuses on the dialogue between humanity and the ecosystem. It emphasizes the need to view this dialogue in a new way through new forms of interaction, for which the artists offer alternative models. First and foremost, the works in the exhibition question the notion that humans are at the center of creation. Our presence in the world is no longer seen as an isolated phenomenon; instead, we are encouraged to abandon the egocentric perspective. The works in the exhibition are an invitation to explore a wide variety of possible coexistences between humans, the ecosystem, and autonomous technologies, and to understand humanity as a form of solidarity with others.[10] Many of the artists in the exhibition use the possibility of media technologies as extensions of our range of actions, as relational models of communication with the more-than-human-world, in which the relevant protagonists – from humans

développement. Ces projets sont animés par le désir de réfléchir à la relation entre l'humanité et l'environnement, notamment à la lumière de l'évolution des technologies numériques. Il s'agit de s'interroger sur la façon dont ces outils peuvent favoriser ou empêcher l'émergence d'un nouveau dialogue avec la nature. Ces travaux nous invitent à changer notre regard sur la coexistence avec d'autres espèces. Il ne s'agit donc pas d'œuvres traditionnelles purement contemplatives, mais de vidéos, d'installations interactives, d'expériences de réalité virtuelle, de sculptures sonores, qui sont souvent le fruit d'un processus de recherche mené en collaboration avec des chercheur·ses et de longues périodes de résidence réalisées dans le cadre de programmes artistiques et scientifiques.

Quand Bruno Latour affirmait en 2018 la nécessité de formaliser un nouvel attracteur qui ne repose ni sur l'écologisme réactionnaire, ni sur le libéralisme mondial,[7] nous nous trouvions dans un contexte de résurgence du mouvement écologique prépandémique, mené par la jeune et charismatique Greta Thunberg. Au même moment, Donna Haraway appelait à la solidarité avec les autres espèces, en défendant les bienfaits de ce qu'elle appelle la « fabulation spéculative ».[8] Les concepts développés par Latour et Haraway ont eu une incidence considérable sur la production artistique récente, notamment sur les praticien·nes traitant des questions écologiques. Parallèlement, la crise sanitaire, la guerre en Ukraine et la progression du réchauffement climatique ont clairement mis en évidence l'effet décisif des rapports économiques mondiaux sur la politique environnementale et la nature. L'anthropologue Anna Lowenhaupt Tsing a ainsi mené des recherches sur le commerce des champignons matsutake, dans une perspective sociologique et économique. Elle explique : « De nouveaux développements en matière d'écologie permettent dorénavant de penser très différemment : notamment par l'introduction

and animals to organic and inorganic substances – are in constant exchange and interaction. Technologies can actually bring us closer together. They can help us to give agency to a river by monitoring the level of pollution or by tracking a flock of birds and better understand their migration habits. Several works in the exhibition help to create awareness for the non-human-other. The physical experience and getting in touch are accordingly an important aspect of the exhibition – being involved, feeling with our own bodies.

Mélodie Mousset & Eduardo Fouilloux do this with their Virtual Reality (VR) installation *The Jellyfish* by inviting the audience to interact with digital jellyfish. The virtual creatures first respond to their human counterparts by singing or humming and enter into a dialogue in which a synchronicity can be experienced on the level of sound. Reactions of humans and plants to music are juxtaposed in *Beyond Human Perception* by Maria Castellanos & Alberto Valverde. The work *Akousmaflore* by the artist duo Scenocosme (Grégory Lasserre & Anaïs met den Ancxt) invites the public to gently touch suspended plants, which respond with sounds of different intensities, showing how plants are sensitive to electrical flows and our presence. In contrast, Marcus Maeder makes the Earth itself tangible as a living organism with *Edaphone Braggio*, a sound installation based on the fascinating sounds of soil animals in the Braggio region of Switzerland, which makes the ecosystem of this subterranean fauna tangible both acoustically and haptically. The installation *The Intimate Earthquake Archive* by Sissel Marie Tonn & Jonathan Reus lets visitors experience the strength of human-made earthquakes caused by gas wells in the Netherlands on their own bodies by means of specially designed vests. The earthquake data comes from archives and was made audible by the artists for physical perception. A final example of using technology to better communicate and understand our environment is the work *Atmospheric*

d'interactions transspécifiques et d'histoires troubles issues d'écosystèmes perturbés. »[9] C'est peut-être là ce que nous avons voulu accomplir avec l'exposition *Earthbound* : raconter ces récits pluriels et ces bouleversements, plutôt qu'une histoire linéaire et dogmatique.

Communiquer avec le monde plus-qu'humain

L'exposition *Earthbound* met en lumière le dialogue entre l'humanité et les écosystèmes. Elle souligne la nécessité d'envisager cette interaction sous un angle nouveau, à travers des formes d'interaction alternatives proposées par les artistes. En premier lieu, les œuvres remettent en question la place centrale des humains au sein de la création. Notre présence dans le monde n'est plus considérée comme un phénomène isolé et les artistes nous incitent, au contraire, à abandonner notre perspective égocentrique. Leurs travaux sont une invitation à explorer une multitude de coexistences possibles entre les humains, les écosystèmes et les technologies autonomes, et à appréhender l'humanité comme une forme de solidarité avec autrui.[10] Nombre d'artistes représenté·es dans l'exposition s'intéressent en outre à la possibilité d'utiliser les technologies des médias comme des moyens d'élargir notre palette d'actions. Ces outils proposent ainsi des modèles relationnels de communication avec le monde plus-qu'humain, dans lequel les différentes parties prenantes (humains, animaux, substances organiques et anorganiques) se trouvent en contact et en interaction permanents. Les technologies ont réellement la faculté de nous rapprocher. Elles peuvent, par exemple, nous aider à reconnaître la vie propre d'un cours d'eau en surveillant le niveau de pollution ou en suivant des oiseaux pour mieux appréhender leurs habitudes de migration. Plusieurs œuvres ont vocation à sensibiliser à l'existence de nos semblables non-humains. L'expérience physique et le contact sont ainsi des aspects essentiels de

Forest by the artist duo Rasa Smite & Raitis Smits. In their VR installation, we become immersed in a forest and experience the emissions of trees, the typical smell of the forest, through the analysis of scientific data.

Bound to one earth

The interactive works in the exhibition encourage the audience to take an active role, which at best contributes to an engaged reflection in the process of rethinking our relationship with nature. Regarding this empathy towards other species and the creation of hybrid networks between humans and their environment, there is also talk of "worlding with" or "becoming with," a future-oriented ecological principle of connectedness that goes back to the theories of Donna Haraway.[11]

The exhibition *Earthbound* strives to convey approaches to solutions. It is an invitation for participation and involvement. "Sensing and making sense," writes the data scientist Jonathan Gray in an article about the "datafication" of forests.[12] Technologies and their use in art can be part of this sense-making process. Art can go beyond the possibilities of science and involve and touch us emotionally, as the media scientist and curator Yvonne Volkart explains: "The visionary and moving quality of artistic projects lies not in the adoption of innovative technologies of monitoring the environment or in addressing exploitative relationships in terms of content, but in producing and experiencing aesthetic surplus and joy."[13]

Nevertheless, art does not have the responsibility to save the world. Artists do not have to find solutions where politics cannot. At the same time, we are glad when they set us on our way with their projects and stir us awake to look for solutions. In all our interest, we have to strive for a better way of living together, a balanced coexistence between humans and the ecosystem, because a journey to other planets will not be an option (at least for our generation) – in the end, we are and will remain earthbound.

l'exposition : nos corps et nos sens doivent être mis à contribution.

C'est l'approche qu'adoptent Mélodie Mousset et Eduardo Fouilloux dans leur installation de réalité virtuelle *Jellyfish*, en invitant le public à interagir avec des méduses numériques. Les créatures virtuelles communiquent avec leurs homologues humain·es par des chants ou des sons : le dialogue qui en résulte permet de faire l'expérience d'une synchronicité sonore. *Beyond Human Perception,* de Maria Castellanos et Alberto Valverde, donne à voir les réactions humaines et végétales face à la musique. L'œuvre *Akousmaflore* des artistes Scenocosme (Grégory Lasserre et Anaïs met den Ancxt) invite le public à toucher délicatement des plantes suspendues qui réagissent par des sons de différentes intensités, révélant ainsi la sensibilité des plantes aux flux électriques et à notre présence. Marcus Maeder nous permet de percevoir la terre comme un organisme vivant à travers *Edaphone Braggio*, une installation sonore fascinante réalisée à partir des bruits produits par les animaux qui peuplent le sol de la région de Braggio en Suisse. L'œuvre invite à découvrir l'écosystème de cette faune souterraine par l'acoustique et le toucher. L'installation *The Intimate Earthquake Archive,* de Sissel Marie Tonn et Jonathan Reus, propose d'expérimenter la puissance des tremblements de terre d'origine humaine provoqués par les forages gaziers aux Pays-Bas, grâce à des gilets portables spécialement conçus à cet effet. Les données sismiques extraites d'archives ont été sonifiées par les artistes de sorte à pouvoir être perçues par le corps humain. L'œuvre *Atmospheric Forest,* du duo d'artistes Rasa Smite et Raitis Smits, illustre également le recours à la technologie pour améliorer la communication et la compréhension de notre environnement. Cette installation de réalité virtuelle nous plonge dans une forêt et nous permet de ressentir les émissions des arbres, l'odeur typique de la forêt, grâce à l'analyse de données scientifiques.

Une seule Terre

Les œuvres interactives de l'exposition encouragent le public à jouer un rôle actif : cette implication constitue le moyen idéal pour repenser de manière engagée notre relation avec la nature. Les théories de Donna Haraway ont fait émerger un principe écologique fondé sur le lien et tourné vers l'avenir : il s'agit désormais de faire preuve d'empathie envers les autres espèces et de concevoir des réseaux hybrides entre l'humain et son environnement, comme autant de nouvelles façons de faire monde et de vivre ensemble.[11]

L'exposition *Earthbound* tente de proposer des solutions. Elle s'entend comme une invitation à la participation et à l'implication : « sentir et faire sens », écrit le data scientist Jonathan Gray dans un article sur la datation des forêts.[12] Les technologies et leur utilisation dans l'art peuvent participer à ce processus de création de sens. L'art peut transcender les possibilités de la science, pour nous émouvoir et nous mobiliser, comme le souligne Yvonne Volkart, spécialiste des médias et commissaire d'exposition : « La dimension visionnaire et émouvante des projets artistiques ne réside pas dans le recours à des technologies innovantes permettant d'observer l'environnement ou d'analyser le contenu des relations d'exploitation, mais dans la création et l'expérimentation d'un surplus et d'une joie esthétiques ».[13]

Cependant, l'art n'a pas vocation à sauver le monde. Nous accueillons avec gratitude l'inspiration et les impulsions que génèrent les projets de création, mais les artistes ne peuvent se substituer aux responsables politiques pour mettre au point des solutions. Il est dans l'intérêt de tous·tes d'aspirer à une meilleure cohabitation, à une coexistence équilibrée entre les humains et les écosystèmes, car le voyage vers d'autres planètes n'est pas envisageable (du moins pour notre génération). En fin de compte, nous sommes et resterons connecté·es à notre Terre.

1 The exhibition *Eco-Visionaries* was curated by Sabine Himmelsbach, Karin Ohlenschläger, and Yvonne Volkart. It was part of the larger project *Eco-Visionaries. Art, Architecture, and New Media after the Anthropocene*, in which the museums MAAT – Museum of Art, Architecture and Technology in Lisbon, the Bildmuseet Umeå, LABoral in Gijón, and the HEK in Basel participated. A publication on the project was published by Hatje Cantz. The exhibition at the HEK, in turn, was a continuation of the exhibition project *Ecomedia*, curated by Himmelsbach, Ohlenschläger, and Volkart, which was presented at the EDITH-RUSS-HAUS for Media Art in Oldenburg in 2007 and for which a publication was also published by Hatje Cantz.

2 Jason W. Moore, *Capitalism in the Web of Life: Ecology and the Accumulation of Capital* (London: Verso 2015), p. 182.

3 T. J. Demos, "The Arts of Living at the End of the World", in: *Eco-Visionaries. Art, Architecture and New Media after the Anthropocene* (Berlin: Hatje Cantz 2018), p. 155.

4 Lynn Margulis, *The Symbiotic Planet: A New Look at Evolution* (London: Weidenfeld & Nicolson 2013), p. 112.

5 http://rectangle.be/melanie-bonajo/ [last accessed on July 26, 2022].

6 Emanuele Coccia, *Metamorphosen. Das Leben hat viele Formen. Eine Philosophie der Verwandlung* (Munich: Hanser Verlag 2021), quoted in: Leander Scholz, "Emanuele Coccia: 'Metamorphosen.' Die Ewigkeit der Körper," in: *Deutschlandfunk*, March 21. 2021, https://www.deutschlandfunk.de/emanuele-coccia-metamorphosen-die-ewigkeit-der-koerper-100.html [last accessed on July 26, 2022] [translated].

7 Bruno Latour, *Down to Earth: Politics in the New Climatic Regime* (Cambridge, UK: Polity Press 2018).

8 Donna Haraway, *Staying with the Trouble: Making Kin in the Chthulucene* (Durham: Duke University Press 2016).

9 Anna L. Tsing, *The Mushroom at the End of the World: On the Possibility of Life in Capitalist Ruins* (Princeton: Princeton University Press 2015), p. 5.

10 See also: Timothy Morton, *Being Ecological* (London: Penguin Books 2018); James Bridle, *Ways of Being. Beyond Human Intelligence* (London: Penguin Books 2022), p. 11.

11 Haraway 2016 (see note 8).

12 Jonathan Gray, "The Datafication of Forests? From the Wood Wide Web to the Internet of Trees," in: Bruno Latour and Peter Weibel, *Critical Zones: The Science and Politics of Landing on Earth* (Cambridge, Massachusetts and London: The MIT Press 2020), p. 371.

13 Yvonne Volkart in the podium discussion "Terrestrial University: Visualizing Forest Ecosystems," at the ZKM in Karlsruhe on September 16, 2021, https://zkm.de/en/media/video/terrestrial-university-visualizing-forest-ecosystems [last accessed on July 26, 2022].

1 L'exposition *Eco-Visionaries* a été conçue par les commissaires Sabine Himmelsbach, Karin Ohlenschläger et Yvonne Volkart. Elle faisait partie du projet *Eco-Visionaries. Art, Architecture and New Media after the Anthropocene*, coréalisé par les musées MAAT – Museum of Art, Architecture and Technology de Lisbonne, Bildmuseet d'Umeå, LABoral de Gijón et HEK de Bâle. Le projet a fait l'objet d'une publication chez Hatje Cantz. L'exposition à la HEK s'inscrivait dans la continuité du projet *Ecomedia*, organisé par Sabine Himmelsbach, Karin Ohlenschläger et Yvonne Volkart. Cette exposition avait été présentée en 2007 à la Edith-Russ-Haus pour l'art médiatique d'Oldenburg et avait également fait l'objet d'une publication chez Hatje Cantz.

2 Moore, Jason W., *Capitalism in the Web of Life: Ecology and the Accumulation of Capital*, London: Verso, 2015, p. 182.

3 T. J. Demos, « The Arts of Living at the End of the World », dans: *Eco-Visionaries. Art, Architecture and New Media after the Anthropocene*, Hatje Cantz, Berlin, 2018, p. 155.

4 Lynn Margulis, *The Symbiotic Planet: A New Look at Evolution*, Weidenfeld & Nicolson, 2013, p. 112.

5 http://rectangle.be/melanie-bonajo/

6 Emanuele Coccia, *Metamorphosen. Das Leben hat viele Formen. Eine Philosophie der Verwandlung*, Hanser Verlag, 2021, citation d'après : https://www.deutschlandfunk.de/emanuele-coccia-metamorphosen-die-ewigkeit-der-koerper-100.html

7 Bruno Latour, *Down to Earth: Politics in the New Climatic Regime*, Cambridge UK: Polity Press, 2018.

8 Haraway, Donna, *Staying with the Trouble: Making Kin in the Chthulucene*, Durham: Duke University Press, 2016.

9 Tsing, Anna L., *The Mushroom at the End of the World: On the Possibility of Life in Capitalist Ruins*, Princeton, NJ: Princeton University Press, 2015, p. 5.

10 Voir également Timothy Morton, *Being Ecological*, Penguin Books, 2018 et James Bridle, *Ways of Being. Beyond Human Intelligence*, Penguin Books, 2022, p. 11.

11 Haraway, Donna, *ibid.*

12 Jonathan Gray, « The Datafication of Forests? From the Wood Wide Web to the Internet of Trees », dans: Bruno Latour / Peter Weibel, *Critical Zones: The Science and Politics of Landing on Earth*, The MIT Press, Cambridge, MA / London 2020, p. 371.

13 Yvonne Volkart lors de la table ronde « Terrestrial University: Visualizing Forest Ecosystems », ZKM Karlsruhe, 16.09.2021, https://zkm.de/en/media/video/terrestrial-university-visualizing-forest-ecosystems

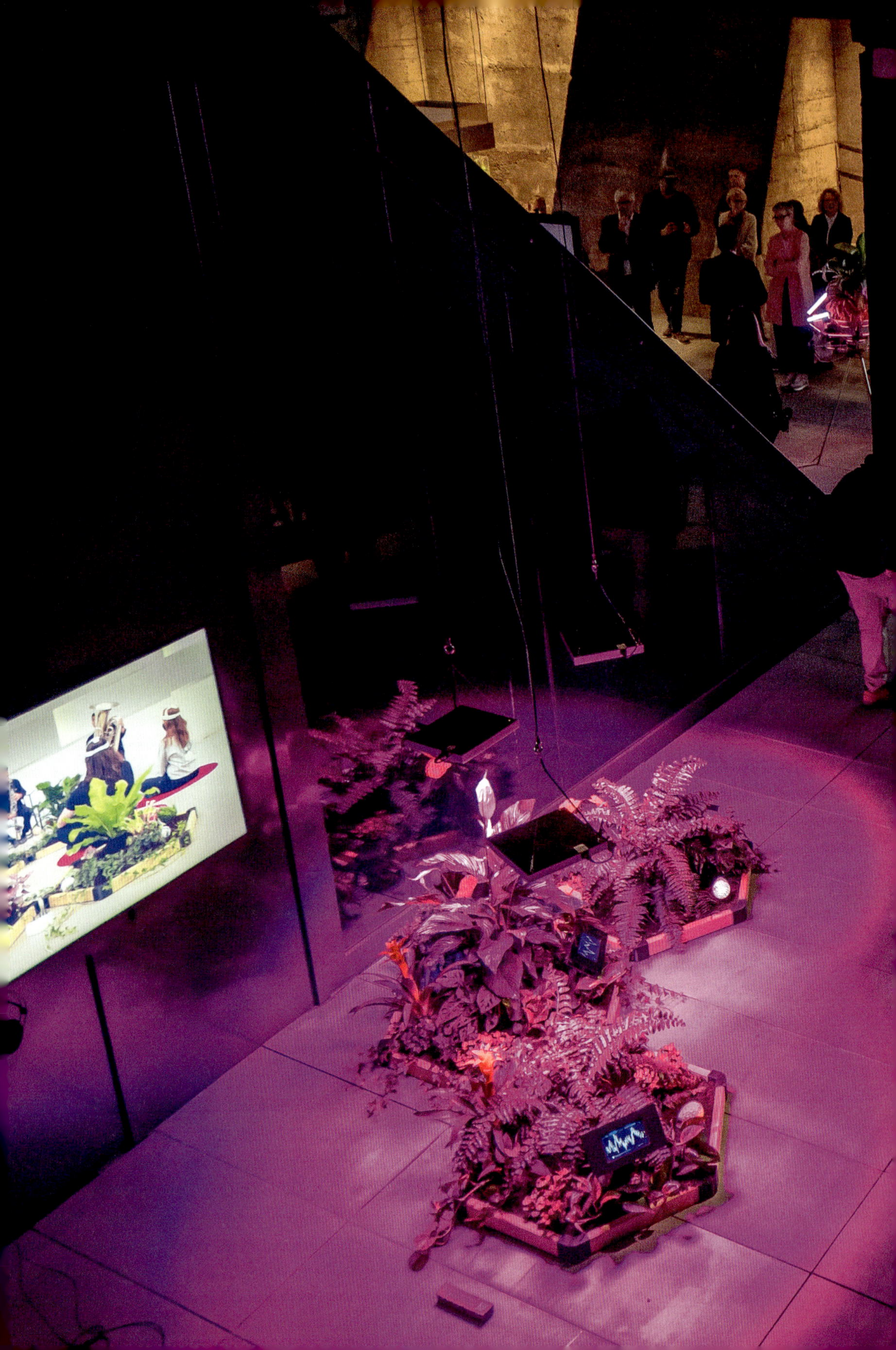

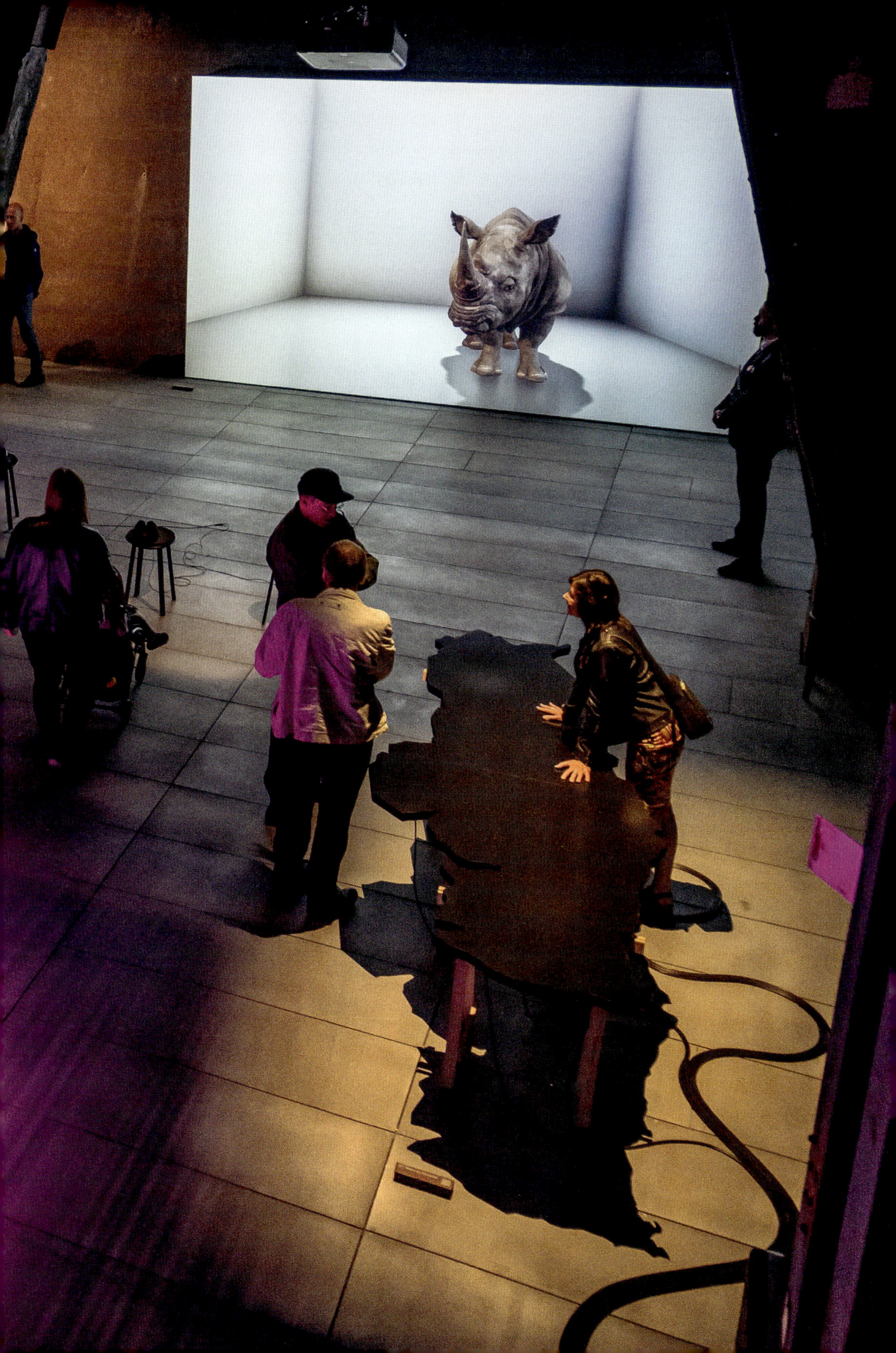

TECHNOLOGIES OF CARE – BOUND TO EARTH

Care ethics is often thought to be just about caring for someone, but it is essentially a relational ethics. – Lori Gruen

TECHNOLOGIES DU *CARE* : UNE PRATIQUE TERRE-À-TERRE

« On pense souvent que l'éthique du *care* consiste simplement à prendre soin de quelqu'un, alors qu'il s'agit d'une éthique foncièrement relationnelle. » – Lori Gruen

Yvonne Volkart

Technologies of care have also played an important role in art for a few years now.[1] By this I mean that there has been an affective, techno-affine turn to the ecological, to ontologies of becoming, of becoming together with others in the planetary realm, often shaped by a queer-feminist, decolonial perspective. There is a new sensitivity to the grounding of Earth in physical forces and human dependence on them, in the midst of the total technologization of the world. Technologies are everywhere, but "nature" is also everywhere. Concepts such as empathy, compassion, and kindness are experiencing a revaluation and politicization in conjunction with technology and "nature": it is about strategies of cross-species solidarity, also with beings that fall outside human perception or are fought against, such as weeds, insects, mosses, mycelia, and bacteria. Ecomedia apparatuses, especially sensor technologies and the data measured with them, are intended to make such modes of existence perceptible. This is based on the hope that such apparatuses can be deployed to ascertain facts about unknown environmental phenomena and to investigate denied environmental crimes (data witnessing), and automatically generate new kinds of care for the "environment." At the same time, the term reflects the playful contemporary inclination to experiment with the diversity of the world that refuses to return to an original form of nature. What is imagined is not a better world without or after humans, but a "conspiring"[2] and "togethering" that includes humans in their Earth-bound creatureliness and participation.[3]

This turnaround is supported by an underlying emotional tone that is viewed as deeply political: "My tears are political! It is a sign that the current structure no longer works, that we as individuals cannot solve anything," writes music journalist Tobi Müller, quoting a young climate activist.[4] Her statement connects individually experienced affects with a collective, political desire for other subjectifications. Beyond this, it also

Le monde de l'art n'a pas échappé à l'essor des « technologies du *care*[1] » (dédiées au soin et à l'attention que l'on porte à l'Autre) que l'on observe depuis quelques années. Celui-ci se traduit par une disposition affective et relationnelle vis-à-vis de l'écologie, de l'ontologie du devenir, de notre destin commun sur la planète, souvent ancrée dans une perspective techno-écoféministe et décoloniale[2]. Cette approche repose sur l'émergence d'une sensibilité aux forces physiques qui régissent la vie sur Terre et au fait que nous, humains, sommes à la fois tributaires de ces forces et enracinés dans un monde totalement envahi par la technologie. Les machines sont partout, certes, mais la « nature » est aussi partout. À l'intersection de ces deux univers, les notions d'empathie, de compassion et de bonté connaissent un regain d'intérêt et revêtent une dimension politique : elles s'inscrivent dans des stratégies fondées sur la solidarité entre espèces, également avec des êtres vivants échappant à la perception humaine ou traditionnellement considérés comme nuisibles, tels que les mauvaises herbes, les insectes, les mousses, les mycéliums ou les bactéries. Les instruments tels que les capteurs, employés pour servir d'intermédiaires avec la nature, et les données mesurées grâce à eux doivent nous permettre de rendre perceptibles ces formes de vie. Cette approche est mue par l'espoir de pouvoir collecter des informations sur des phénomènes environnementaux ignorés et de déceler des atteintes environnementales méconnues (*data witnessing*), ainsi que de pouvoir faire émerger mécaniquement de nouvelles formes de préoccupation pour l'environnement. Elle témoigne aussi d'une tendance actuelle à expérimenter de façon ludique la diversité du monde, qui refuse tout retour à une forme de nature originelle. Il ne s'agit pas d'imaginer un monde meilleur sans humain ou post-humain, mais des formes de vivre-ensemble comme le « *conspiring*[3] » (action de conspirer) et le « *togethering*[4] » (principe de se rassembler), qui intègrent

calls to mind complicity with "the technological" as well as with "nature" in eco-activist communities. This complicity is fed by the current intensification of the technological and the simultaneous ecologization of thought. It springs from the realization that we are completely dependent on infrastructures of exploitation, which we ideologically abhor but use and support in practice. At the same time, we refuse to be paralyzed by these contradictions.[5] In a world where technologies machinate and relationally chain us, there is no going back to undisguised nature. This, along with criticism, has led to a surprisingly broad acceptance of technology, on which people pin their hopes. All kinds of tech devices, such as cell phones, thermal imaging cameras, lidar scanners, drones, GoPros, as well as Big Data based technologies, including neural networks, AI, and blockchain now tend to be positively received even in activist communities. The priorities in the media and environmental activist groups still diverge – for example, blockchain is unquestioningly celebrated as a means of virtual participation and democratic communication, especially among art lovers, while eco-activists criticize it as a disproportional waste of resources.

What is a tear? A sign? The effect of mediumistic invocations? A bodily fluid? Anger, powerlessness, grief? Joy? The desire for resistance? A trigger for new subjectifications? Tears, whatever they are, are evidence of our porosity, the lubricating fluid that connects us with others, that opens. And tears also play a role in contemporary art. I'm thinking of Kasia Molga's project *Tears for the Sea*, in which the artist's tears mix with the ocean to create a microclimate for algae species, and an artificial bot is used to help the audience cry. Or to Unknown Fields' video *Lithium Dreams*, in which a nonhuman being, a volcano, weeps out of grief over the loss of a lover. Although such tears may flow only in art, they (over) flow.

l'espèce humaine dans toute sa condition de créature et de partie prenante.

Ce tournant se caractérise par une tonalité émotionnelle qui s'entend comme éminemment politique : « Mes larmes sont politiques ! Elles sont un signe que le système actuel ne fonctionne plus, que nous ne pouvons rien résoudre si nous agissons isolément », déclare une jeune activiste environnementale citée par le journaliste musical Tobi Müller[5]. Cette affirmation établit le lien entre les émotions individuelles et le désir politique collectif d'autres subjectivations. En outre, elle évoque la connivence entre le « technologique » et le « naturel » qui gagne la sphère du militantisme écologiste. Cette complicité est alimentée par l'intensification de la technologie qui s'opère parallèlement au développement de la pensée environnementale. Elle provient de la prise de conscience de notre dépendance totale vis-à-vis des infrastructures d'exploitation, que nous abhorrons en théorie, mais que nous utilisons et soutenons dans la pratique. Dans le même temps, nous refusons de nous laisser paralyser par ces contradictions. Dans un monde où les technologies font de nous des machines et brident nos relations, aucun retour à une nature immaculée n'est envisageable. Au-delà de la critique, cet état de fait rencontre une acceptation étonnamment large et fait éclore de nombreux espoirs. Tous les dispositifs comme les téléphones portables, les caméras thermiques, les scanners Lidar, les drones, les caméras GoPro, ainsi que les technologies fondées sur le big data, telles que les réseaux de neurones, l'intelligence artificielle ou la blockchain, jouissent désormais d'un accueil généralement positif dans les milieux militants. Les priorités divergent cependant entre les groupes artistiques et écologistes, les premiers célébrant sans la remettre en cause la blockchain comme outil de participation virtuelle et de communication démocratique, tandis que les seconds critiquent le gaspillage de ressources disproportionné qu'elle implique.

To the Earth
Technologies of care are technologies, techniques, practices, aesthetics, and events in art that enable, poeticize, celebrate, and deploy attention to Earth as a political practice of recuperation. They are a reappropriation of what has been rendered impossible in the history of capitalism and the values of individualization and personal responsibility; and the altruistic flip side, paternalism and control: an ethics and aesthetics of care as a becoming with the many others with whom one coexists on Earth. Moments of relationality and concern, however, are generated less through the use of technological means – sensing technologies – and their power to open up new levels of perception and knowledge about nature, than through technologies of sensing, that is, through aesthetic-media practices of sensing. Of course, the sounds of crawling beetles on tree roots, the singing of mosquitoes, or the visualization of trees emitting volatile organic compounds that pollute the atmosphere can amaze us. But the joy comes from how we are included and engage: technologies of care seek to create in us a radical desire to engage with others, with those bound to Earth.

Anna Krzywoszynska and Sam Outhwaite's research on the agricultural management of soil discerned the need for the formation of a fundamental awareness of the earth. The two noticed that the pressure around technologically innovative methods subverted farmers' confidence in their years of experience. Following Isabelle Stengers, the two are calling for Gaian apparatuses to be developed: "The Gaian response demands more than a democratization of science through public participation or citizen science efforts. . . . In Gaian apparatuses, local knowledge actors need not only to be included, but to be furnished with a capacity to pay attention to the material world in ways which would lead to a composing with it."[6]

Gaian apparatuses are apparatuses for the perception and generation of Gaia, the life in and on Earth. They are techniques "to

On peut s'interroger sur la nature des larmes : sont-elles un signe ? Un effet des invocations médiatiques ? Un fluide corporel ? L'expression d'une colère, d'une impuissance, d'une tristesse ? De la joie ? Un désir de résistance ? Le déclencheur de nouvelles subjectivations ? Les larmes, quelle que soit leur nature, sont la manifestation de notre porosité, le lubrifiant qui nous relie et nous ouvre à l'altérité. Nos larmes jouent un rôle dans l'art d'aujourd'hui. Je pense notamment au projet de Kasia Molga *Tears for the Sea*, dans lequel les larmes de l'artiste mélangées à de l'eau de mer créent un microécosystème pour certaines espèces d'algues tandis qu'un bot artificiel a pour fonction d'aider le public à pleurer. Ou encore à la vidéo *Lithium Dreams* d'Unknown Fields, où un être non humain, un volcan, pleure de chagrin face à la perte de l'être aimé. Même si ce n'est que dans l'art, ces larmes coulent (abondamment).

Terriens et Terriennes
Les technologies du *care* englobent des techniques, des procédés, des esthétiques et des événements artistiques qui permettent d'éveiller la conscience environnementale, de la poétiser, de la célébrer et de la mobiliser au service d'une pratique politique. Il s'agit de se réapproprier ce qui a été empêché dans le contexte capitaliste, caractérisé par les valeurs d'individualisme et de responsabilité personnelle, ainsi que par leurs pendants altruistes du paternalisme et du contrôle : une éthique et une esthétique du *care* comme devenir commun avec la multitude d'altérités qui participent du vivre-ensemble sur Terre. Précisons toutefois que les occasions d'entrer en relation et de faire preuve de sollicitude envers autrui émanent bien moins du recours à des outils technologiques (les *sensing technologies,* des technologies extensométriques et de la télédétection, permettant de capter et de convertir en des signaux lisibles des propriétés biologiques, physiques et chimiques habituellement imperceptibles) et de leur

pay attention to the material world." They have to be learned and practiced, because they do not happen automatically.

Gaian apparatuses of paying attention are technologies of care: ethical-aesthetic methods of engaging oneself, surrendering, looking, listening. They go beyond mere sensory perception and are therefore affectively political. Chus Martinez calls this opening up "receivership." Natasha Myers speaks of "becoming sensor," Anna Lowenhaupt Tsing of "arts of noticing," and Donna Haraway invents beings with feelers. It is about becoming antennae: with a large parabolic antenna and its future organs, the protagonist of Ursula Biemann's video tableau *Acoustic Ocean* receives the sound of the world. To be an artist would then mean: to be a medium, a helper, in an effort to sense and acknowledge the materiality of the Earth.[7] And make an event out of it.

The Many Types of Care

Care or rather caring as an interest-led practice of being responsive was a contested political issue even before the coronavirus pandemic, and it has been renegotiated in the artistic context as well.[8] While *care* tended to be discarded until a few years ago as a result of its being instrumentalized for economic, colonial, and personal purposes, today it is used hopefully and across species. For no matter how one defines *care*, it always presupposes a disposition to open up to alterities, and today, at the height of our ecological, social, and political crisis, this is a promise: critical care is an "ethics of response-ability";[9] it is "for creating 'alternative livable relationalities' within otherwise dominant configurations."[10] The extent to which the situation has changed is demonstrated by the following quote of Angela Davis by the editors of *Radical Care*: "In a recent interview, Angela Davis explicitly tied social change to care: 'I think our notions of what counts as radical have changed over time. Self-care and healing and attention to the body and the spiritual dimension – all

faculté à révéler de nouveaux degrés de perception ou de nouvelles connaissances sur la nature, que de la mobilisation des *technologies of sensing*, c'est-à-dire des pratiques esthétiques et médiatiques du ressenti. Bien entendu, il nous arrive de nous émerveiller du fourmillement des coléoptères sur le sol, du bourdonnement des insectes ailés ou de la beauté des arbres qui dégradent les composés organiques volatils nocifs pour l'atmosphère. Mais la joie éclot du sentiment d'appartenance et d'implication : les technologies du *care* tentent de faire émerger un désir radical de créer du lien avec l'Autre, avec nos congénères terriens.

Il s'agit désormais de forger une sensibilisation fondamentale vis-à-vis de la Terre : c'est ce qu'ont mis en évidence les travaux de recherche d'Anna Krzywoszynska et Sam Outhwaite sur la gestion des sols dans l'agriculture. Les résultats ont en effet montré que l'engouement pour les méthodes technologiques innovantes ébranlait la confiance des agriculteurs et agricultrices dans leur propre expérience. Dans la lignée d'Isabelle Stengers, les deux scientifiques appellent à la création de « dispositifs gaïens » (*gaian apparatuses*) :

> « La réponse gaïenne exige davantage qu'une démocratisation de la science par la participation publique ou l'implication citoyenne dans ce domaine. [...] Dans le cadre des dispositifs gaïens, les détenteurs et détentrices du savoir local doivent être non seulement impliqués, mais aussi dotés d'une capacité à prêter au monde matériel une attention susceptible de faire émerger une approche de collaboration avec ce dernier [...][6]. »

Les dispositifs gaïens ont vocation à permettre la perception et production de Gaïa, la vie dans et sur la Terre. Il s'agit de techniques destinées à « prêter attention au monde matériel », qui doivent être apprises

of this is now a part of radical social justice struggles. That wasn't the case before.'"[11]

The English word "care" has many etymological meanings. Derived from the Germanic, they range from *to grieve* and *to lament*, to *to be troubled* and *to be concerned, to pay attention, to attend*, and *to love.*[12] *Caring* as a passionate preoccupation (*concern*) with cross-species alterities is mainly found in the field of art and science: Karine Bonneval, Marcus Maeder, and Rasa Smite/Raitis Smits work closely with forest scientists, whose technologies and methods they conspiratorially "steal." They translate them into scenarios that don't work out completely; create surpluses and "distortions" whose strength lies in the strangeness of things.[13] Thus, instead of distantly following numbers, curves, and diagrams, the audience can become part of vibrating eco-events whose opacity is touching.

But even more than the respective meanings of *to care,* it is the word's opposing, unifying investment that is promising – especially for aesthetic concerns that aim at poetizing dual opposites. Technologies of care can mean myriad things: they are mutable, open, and context specific, yet always directed toward an other. They are outside of themselves and with themselves, excessive and "earthbound," allowing us to experience the radical unpredictability of terrestrial being. The most promising works do this in cool, funny, or contradictory ways, thus giving us and themselves the necessary space (to become other). After all, projects that are about sensing, empathy, sensitivity, love, and so on always run the risk of becoming pathetic or talking things to death. Aesthetic methods that *create* restlessness, contradiction, closeness – in short, *care*— are therefore able to affect more than those that want to say everything in a comprehensible way.

et répétées, parce qu'elles ne vont pas de soi. Les dispositifs gaïens d'attention constituent des technologies du *care* : ce sont des méthodes éthiques et esthétiques d'implication, de dévouement, d'observation, d'écoute. Elles dépassent la simple perception sensorielle et revêtent par conséquent une dimension affective et politique. Chus Martinez nomme cette ouverture « *receivership* » (posture de réception). Natasha Myers parle quant à elle de « *becoming sensor* » (devenir capteur), Anna Lowenhaupt Tsing d'« *arts of noticing* » (arts de la perception), Donna Haraway évoque des êtres dotés de récepteurs. Il s'agit, en quelque sorte, de devenir une antenne, telle la protagoniste du tableau vidéo d'Ursula Biemann *Acoustic Ocean* qui capte le son du monde à l'aide d'une grande antenne parabolique et de ses organes futuristes. Le statut d'artiste revient ainsi à faire office de médium, d'auxiliaire[7] pour ressentir et reconnaître la matérialité de la Terre. Puis à transformer cela en événement.

Les multiples visages du *care*

Le *care* en tant que démarche et réponse intéressées constituait déjà un enjeu politique débattu avant la pandémie de Covid-19. Il a connu un regain d'intérêt, également dans le contexte artistique[8]. Tandis que cette approche était proscrite, il y a quelques années encore, suite à son instrumentalisation à des fins économiques, coloniales et personnelles, elle est aujourd'hui adoptée avec espoir et appliquée à l'ensemble des espèces. Quelle que soit sa définition, le *care* suppose toujours une disponibilité permettant de s'ouvrir aux altérités. Une attitude qui, aujourd'hui, au paroxysme de notre crise écologique, sociale et politique, incarne une promesse : le « *critical care* » est une éthique de la « *response-ability* » (responsabilité et capacité à réagir)[9] ; il a pour objet de créer des « types de relations alternatives viables au sein des configurations dominantes à d'autres égards[10] ». La citation d'Angela Davis par l'autrice de *Radical Care* illustre bien à quel point la situation a évolué :

« Dans un entretien récent, Angela Davis a explicitement établi un lien entre *care* et changement social : "Je pense que notre conception de ce qui est radical a évolué avec le temps. Le soin que l'on s'accorde à soi-même, les processus de guérison, l'attention que l'on alloue au corps et la dimension spirituelle : tout cela fait désormais partie des luttes radicales pour la justice sociale. Ce n'était pas le cas auparavant[11]." »

Sur le plan étymologique, le mot anglais *care* revêt aussi de nombreuses significations. D'origine germanique, il peut aussi bien avoir le sens de *to grieve* (faire un deuil) et *to lament* (pleurer) que de *to be troubled* (être inquiet), *to be concerned* (être préoccupé), *to pay attention* (prêter attention), *to attend* (assister) ou encore *to love* (aimer)[12]. Le *caring* comme activité émotionnelle intense, menée auprès d'altérités indépendamment de leur espèce, se retrouve avant tout dans le domaine de l'art et de la science. Ainsi, Karine Bonneval, Marcus Maeder ou encore Rasa Smite/Raitis Smits travaillent en étroite collaboration avec des sylvologues et « dérobent » secrètement leurs technologies et leurs méthodes, pour les traduire en scénarios parfois bancals, créer des déséquilibres et des « altérations », dont la force réside dans leur étrangeté[13]. Au lieu de consulter des chiffres, des courbes et des diagrammes impersonnels, le public peut donc participer à des événements écologiques vibrants, dont l'opacité émeut.

Pourtant, plus que la polysémie du verbe *care*, c'est la dimension opposée, fédératrice, du mot qui est véritablement prometteuse, notamment dans une perspective esthétique qui vise à poétiser les oppositions duales. Les technologies du *care* peuvent revêtir une multitude de significations, elles sont changeantes, ouvertes, contextuelles, mais toujours orientées vers l'Autre : elles sont externes et internes, excessives et « terre-à-terre », et nous permettent d'éprouver l'imprévisibilité radicale

1 This text refers to my book *Technologies of Care: From Sensing Technologies to an Aesthetics of Attention.* Zurich: diaphanes (in print). It was written in the framework of the research project Ecodata-Ecomedia-Ecoaesthetics (2017–21), funded by the Swiss National Science Foundation and hosted by the Academy of Art and Design FHNW Basel.

2 Natasha Myers speaks of "conspire with plants", in "How to Grow Livable Worlds: Ten Not-so-easy Steps, Extended Lecture Version,"" in *The World to Come,* ed. Kerry Oliver Smith, Harn Museum of Art, Gainsville, Florida, pp. 53–63.

3 Tim Ingold coins the term "togethering" in chapter "For Attention," in ibid. *Anthropology and/as Education* (London: Routledge, 2017), pp. 20–36, here p. 26.

4 Tobi Müller, "Das Sekret des Theaters sucht den Weg ans Licht," in *WOZ Die Wochenzeitung*, October 7, 2021, p. 21.

5 I have introduced the term techno-ecofeminism for this coming together of techno and eco affinities. Yvonne Volkart, "Techno-Ecofeminism: Nonhuman Sensations in Technoplanetary Layers," in Sollfrank, Cornelia, ed., *The Beautiful Warriors: Technofeminist Practices in the 21st Century*, *Minor Compositions* (Colchester/New York/Port Watson, 2020), pp. 111–35, https://www.minorcompositions.info/?p=976.

6 Ann Krzywoszynska and Sam Outhwaite, paper at our workshop *Techniques Matter. Researching More-than-Human-Worlds*, Academy of Art and Design, FHNW Basel, online, May 7, 2020.

7 Artist Leena Valkeapää defines herself as a helper to her partner, an indigenous reindeer herder facing tremendous problems in times of climate heating. Valkeapää in a Zoom meeting with Y. Volkart, 2020.

8 From the many references for this, a few have been selected here: Tobias Bärtsch, et.al., eds., Ökologien *der Sorge* (Vienna: transversal texts, 2017), pp. 25–96, http://transversal.at/books/oekologiendersorge; Katharina Brandl and Friederike Zenker, eds., *TechnoCare* (Vienna: Verlag für Moderne Kunst, 2019); ZfM. *Medien der Sorge*, 1 (2021), ed. by Jasmin Degeling and Maren Haffke, https://zfmedienwissenschaft.de/heft/archiv/24-12021-medien-der-sorge; Manuela Zechner, "To Care as We Would Like to: Socio-ecological Crisis and Our Impasse of Care," in *Journal Berliner Festspiele*, Gropius Bau (Berlin, 2021), https://www.berlinerfestspiele.de/en/gropiusbau/programm/journal/2021/manuela-zechner-to-care-as-we-would-like-to.html (accessed March 11, 2022).

9 Aryn Martin, Natasha Myers, and Ana Viseu, *The Politics of Care in Technoscience*, *Social Studies in Science* (2015), pp. 1–17, here pp. 10–11.

10 Maria Puig della Bellacasa, quoted in Aryn Martin, Natasha Myers, and Ana Viseu 2015, p. 10.

11 Hi'ilei Julia Kawehipuaakahaopulani Hobart and Tamara Kneese, in *Radical Care*, 1.

12 *Oxford English Dictionary*, https://www.oed.com/view/Entry/27899?rskey=4U96cx&result=1#eid.

13 S. Barbara Johnson, *Mother Tongues: Sexuality, Trials, Motherhood, Translation* (Harvard University Press: Cambridge, Massachussetts, London, 2003).

de l'existence terrestre. Qu'ils soient paisibles, humoristiques ou paradoxaux, les travaux les plus encourageants relèvent ce défi et créent l'espace nécessaire pour nous et pour eux-mêmes (dans une perspective de changement). Car les projets consacrés au ressenti, à l'empathie, à la sensibilité, à l'amour, etc. courent toujours le risque de tourner au pathétique ou à l'ennui. Les méthodes esthétiques qui génèrent une inquiétude, des contradictions, de la proximité – en un mot, du *care* – sont par conséquent plus susceptibles d'avoir une influence que celles qui prétendent tout expliciter.

1 Ce texte fait référence à mon livre *Technologies of Care. From Sensing Technologies to an Aesthetics of Attention,* Zurich, Diaphanes (sous presse). Il est le fruit du projet de recherche *Ecodata-Ecomedia-Ecoaesthetics* (2017-2021), financé par le Fonds national suisse et hébergé par l'Academy of Art and Design FHNW Basel.
2 Natasha Myers, « How to grow livable worlds : Ten not-so-easy steps, extended lecture version », in Kerry Oliver Smith (dir.), *The World to Come. Art in the Age of the Anthopocene*, Gainsville, Floride, Harn Museum of Art, 2018, p. 53-63.
3 Tim Ingold, « For Attention », in id. *Anthropology and/as Education*, Londres, Routledge, 2017, p. 20-36 (ici p. 26).
4 Tobi Müller, « Das Sekret des Theaters sucht den Weg ans Licht », *WOZ Die Wochenzeitung*, 7 octobre 2021, p. 21.
5 Pour désigner cette convergence des courants technologique et écologiste du féminisme, j'ai proposé le terme de « techno-écoféminisme ». Yvonne Volkart, « Techno-Ecofeminism. Nonhuman Sensations in Technoplanetary Layers », dans Cornelia Sollfrank (dir.), *The Beautiful Warriors. Technofeminist Practices in the 21. Century*, Colchester – New York – Port Watson, Minor Compositions, 2020, p. 111-135 [https://www.minorcompositions.info/?p=976].
6 Anna Krzywoszynska et Sam Outhwaite, présentation lors de notre atelier « Techniques Matter. Researching More-than-Human-Worlds », Academy of Art and Design, FHNW Basel, 7 mai 2020 [en ligne].
7 L'artiste Leena Valkeapää se définit comme aidante de son partenaire, éleveur de rennes autochtone confronté à d'immenses difficultés en raison du réchauffement climatique. Valkeapää lors d'une vidéoconférence sur Zoom avec Y. Volkart, 2020.
8 Voici une sélection parmi les nombreuses références à ce sujet : Tobias Bärtsch et al. (dir.), *Ökologien der Sorge*, Vienne, Transversal Texts, 2017, p. 25-96 [http://transversal.at/books/oekologiendersorge] ; Katharina Brandl et Friederike Zenker (dir.), *TechnoCare*, Vienne, Verlag für Moderne Kunst, 2019 ; Jasmin Degeling/Maren Haffke (dir.), *Medien der Sorge, ZfM.* 1, 2021 [https://zfmedienwissenschaft.de/heft/archiv/24-12021-medien-der-sorge ; Manuela Zechner, « To Care as we Would like to : Socio-ecological crisis and our impasse of care », *Journal Berliner Festspiele*, Gropius Bau, 2021 [https://www.berlinerfestspiele.de/en/gropiusbau/programm/journal/2021/manuela-zechner-to-care-as-we-would-like-to.html, consulté le 11 mars 2022].
9 Aryn Martin, Natasha Myers et Ana Viseu, *The politics of care in technoscience, Social Studies in Science,* 2015, p. 1-17 (ici p. 10-11).
10 Maria Puig della Bellacasa, *Ibid*, p. 10.
11 Hi'ilei Julia Kawehipuaakahaopulani Hobart et Tamara Kneese, in *id.* (dir.), *Radical Care. Survival Strategies for Uncertain Times*, Social Text, vol. 38, mars 2020, p. 1.
12 *Oxford English Dictionary* [https://www.oed.com/view/Entry/27899?rskey=4U96cx&result=1#eid].
13 Cf. Barbara Johnson, *Mother Tongues. Sexuality, Trials, Motherhood, Translation*, Cambridge, Massachusetts – Londres, Harvard University Press, 2003.

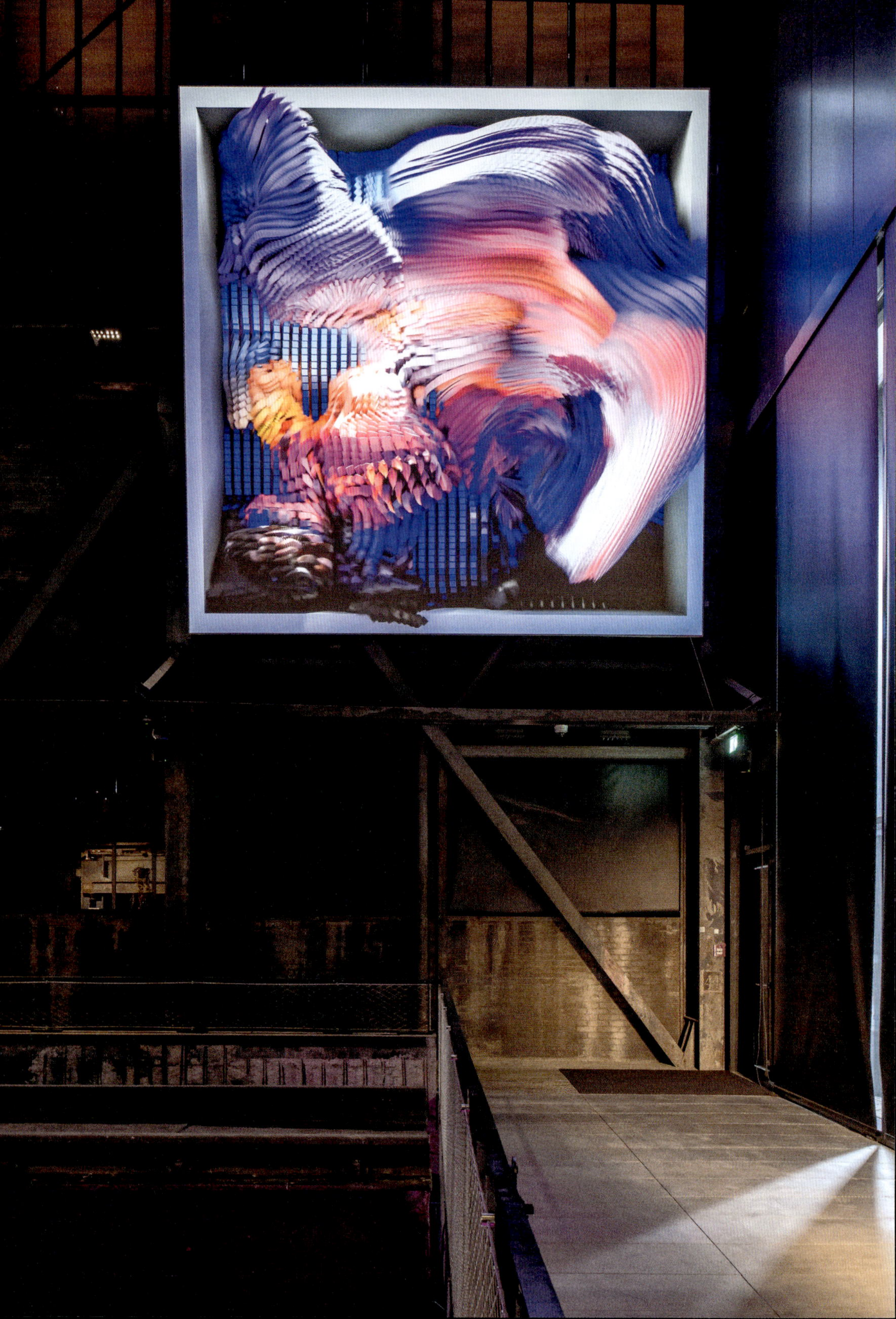

Refik Anadol

Quantum Memories – Probability – Square

2021

The morphing images of nature in *Quantum Memories - Probability - Square* by Refik Anadol remind us of familiar landscapes before dissolving into blurred abstract patterns. The work is generated by an artificial intelligence, based on the artist's research into digital representations of nature generated through the learned memories of algorithms. The "painted" digital landscapes that unfold in the video are the result of machine learning processes informed by existing data sets of real places. The artist has developed Generative Adversarial Networks in his studio, feeding these so-called GANs 300 million photographs of forests, clouds, mushrooms, and flowers. Using a qualitative evaluation of this data, the programme derived shapes, patterns, and pigments from nature to render an imaginary three-dimensional universe. What we see is the illusion of a landscape or planet, created by machine vision. The immersive video installation captures the ways that humans and technology use digital instruments to commemorate and reproduce nature. In a world that is continuously threatened by climate change, the landscapes presented in Anadol's work may come to represent our only remaining memories of nature.

Les images de nature en mutation dans *Quantum Memories Probability - Square* de Refik Anadol nous évoquent des paysages que nous connaissons ou qui nous semblent familiers, avant de se dissoudre en motifs abstraits indistincts. L'œuvre est générée par une IA (Intelligence Artificielle), à partir des recherches de l'artiste sur la représentation numérique de la nature via les mémoires acquises des algorithmes. Les paysages numériques « peints » qui évoluent dans la vidéo sont le résultat de processus d'apprentissage automatique formés sur des ensembles de données existants relatifs à des lieux réels. Des réseaux antagonistes génératifs ou GAN, ont été développés dans l'atelier de l'artiste. Ils ont été alimentés par 300 millions de photographies de forêts, de nuages, de champignons et de fleurs. Le programme a évalué qualitativement les données et, à partir de cette source, a élaboré des formes, des motifs, des pigments de nature pour générer un univers tridimensionnel imaginaire. Ce que nous voyons est l'illusion d'un paysage ou d'une planète, créée par la vision artificielle. Dans un monde continuellement menacé par le changement climatique, les « hallucinations » que nous propose l'œuvre d'Anadol pourraient bien devenir les seuls souvenirs qu'il nous restera.

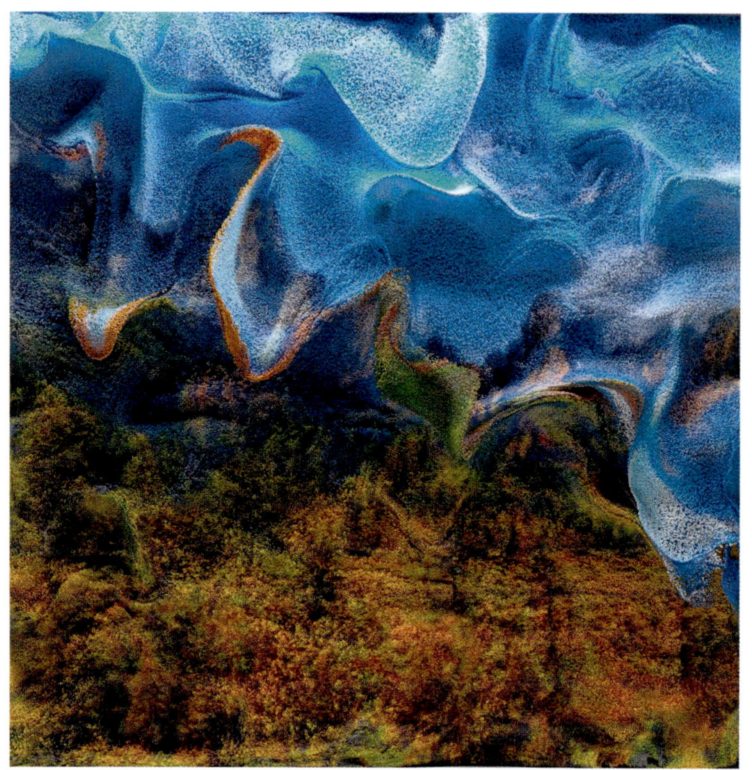

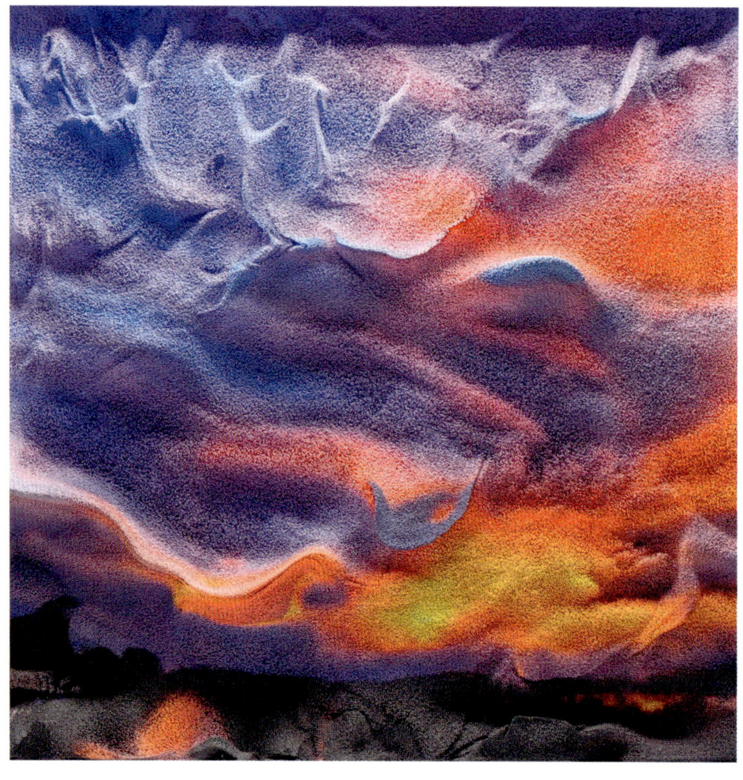

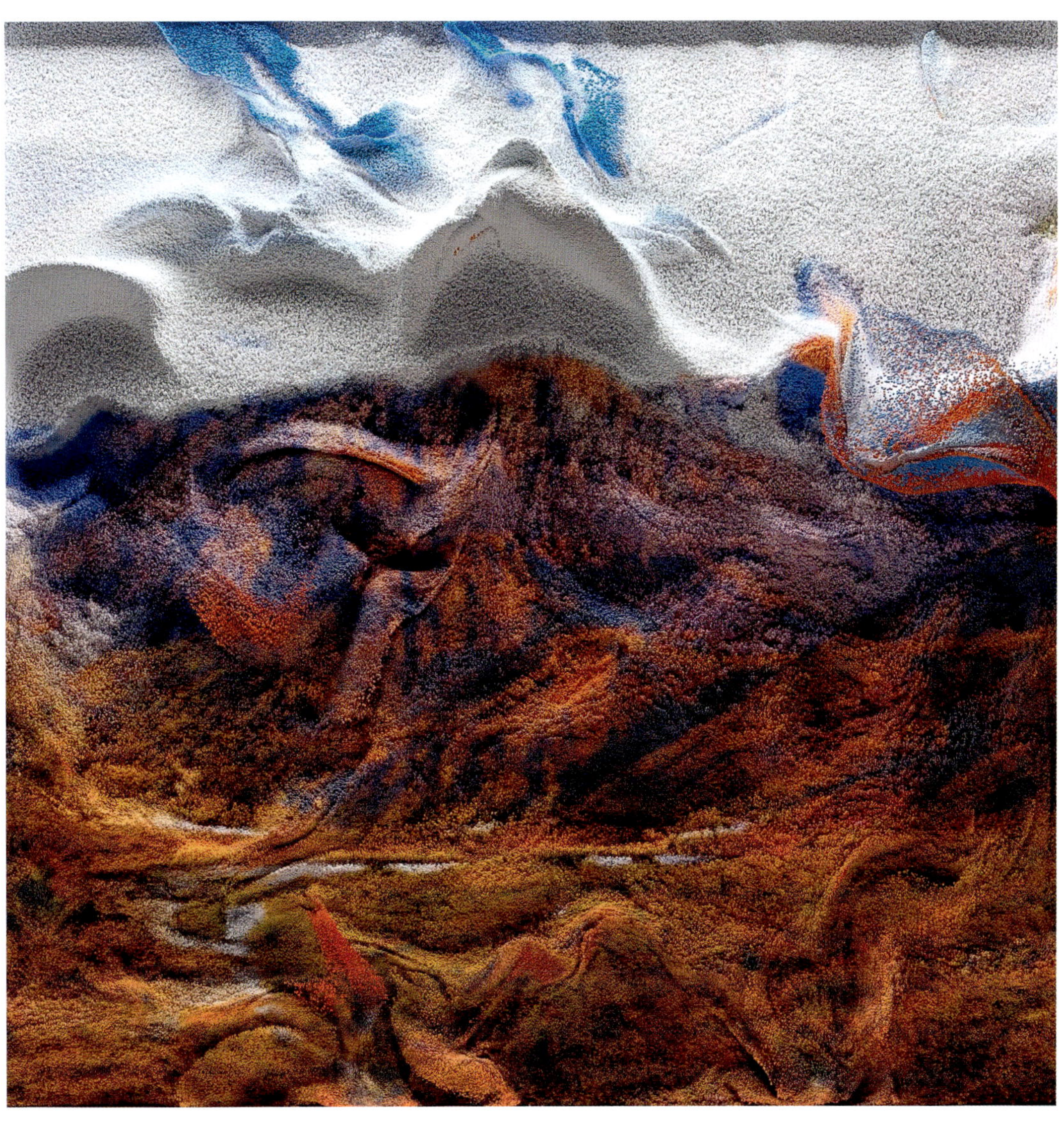

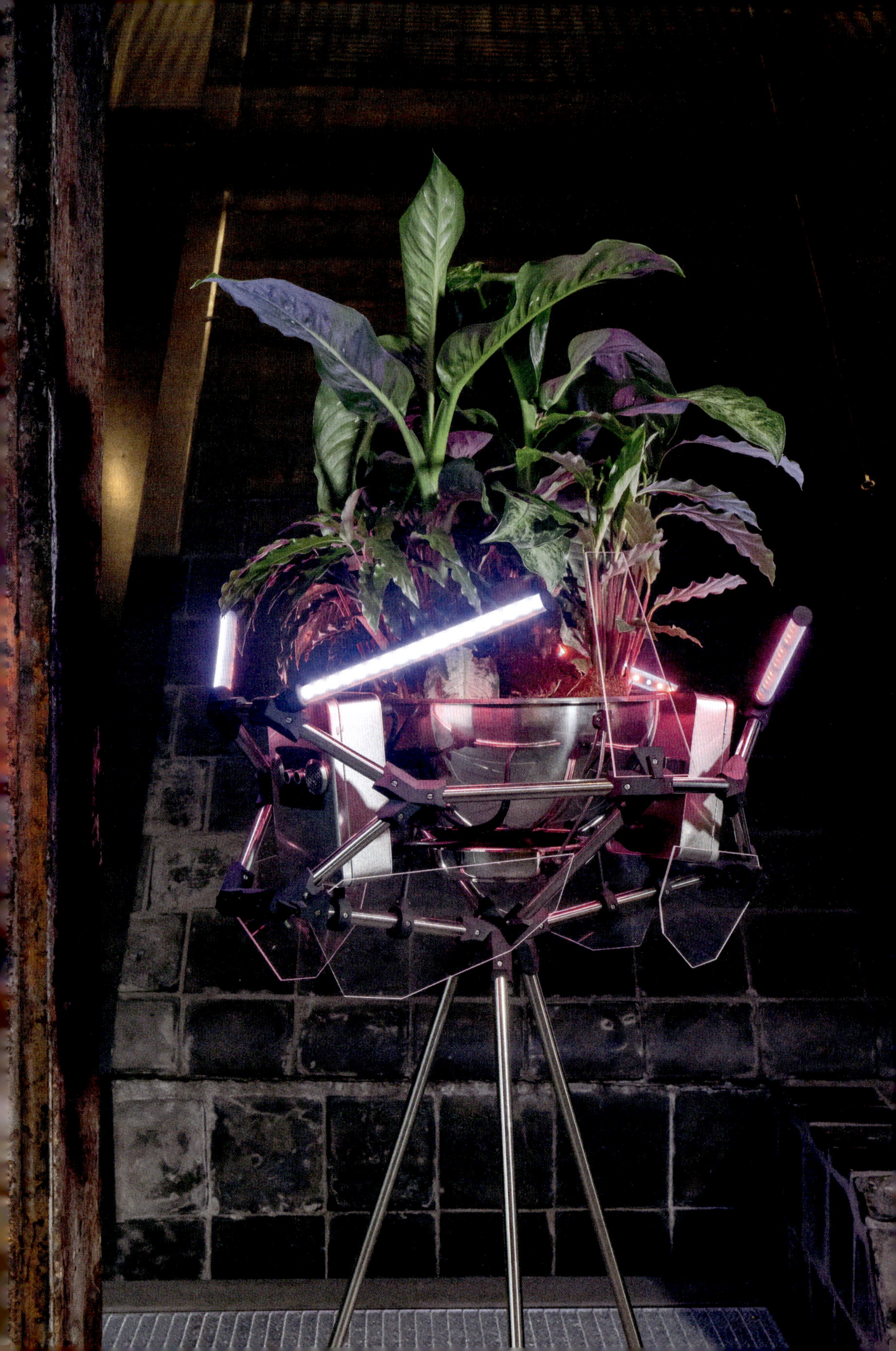

Donatien Aubert

Les jardins cybernétiques

2020

The digital animation video *Les jardins cybernétiques* exposes the origins and questions the consequences of a vision of nature that is reduced to computational models. The origins of this approach go back to cybernetics, a study of the interrelation between natural and technological systems. According to Donatien Aubert, the reduction of the world and natural phenomena to measurable, quantifiable model elements that are constructed according to artificially reproducible units, has led to the development of architectural and urban planning projects and thus the human exploitation of natural resources at the expense of the ecosystem.

La vidéo d'animation numérique *Les jardins cybernétiques* montre les origines et interroge les conséquences d'une vision de la nature fonctionnelle et réduite à des modèles informatiques. Les prémices de cette approche remontent à la cybernétique, la science qui étudie l'interrelation des systèmes naturels et technologiques. Selon l'artiste, la réduction du monde et des phénomènes naturels à des éléments de modèles mesurables et quantifiables, construits selon des unités artificiellement reproductibles, a entraîné l'élaboration de projets architecturaux et urbanistiques et l'exploitation des ressources naturelles pour les intérêts des êtres humains au détriment de l'écosystème.

Chrysalide n°3

2020

Chrysalide n°3, an installation accompanying the video, exemplifies the reduction of nature to its utilitarian value by simulating the cultivation of plants in isolated, automated cells. Aubert's work is an invitation to consider a less utilitarian approach to both plant and animal life, calling on humans to inhabit the planet with more care.

Accompagnant la vidéo, l'installation *Chrysalide n°3* témoigne du réductionnisme de la nature à sa valeur utilitaire en simulant la culture de plantes dans des cellules isolées et automatisées. L'œuvre de Donatien Aubert propose de repenser une approche moins utilitariste de la vie végétale et animale, et nous invite à une cohabitation plus harmonieuse avec la planète.

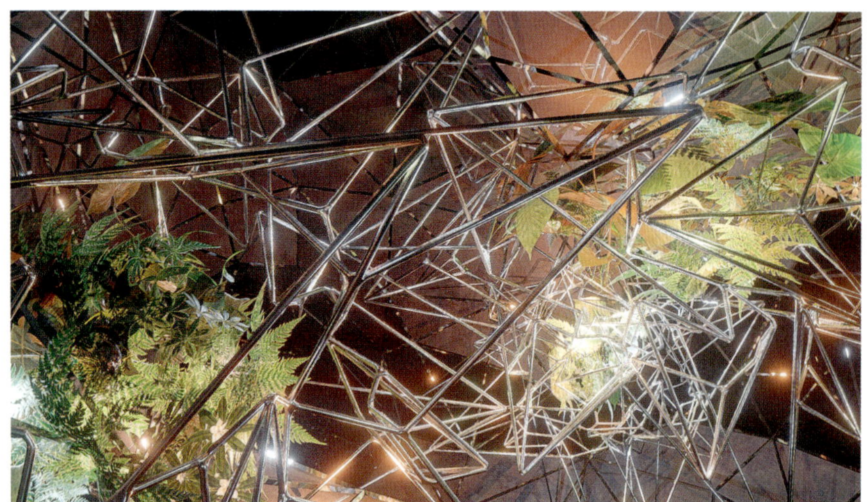

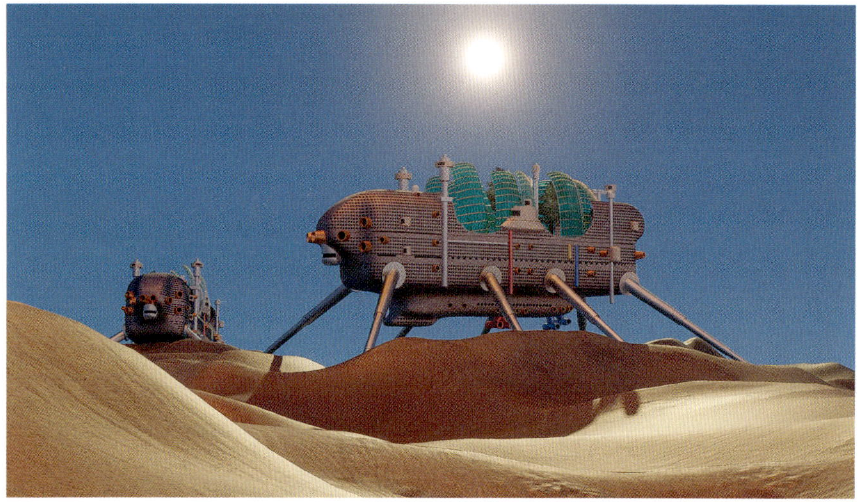

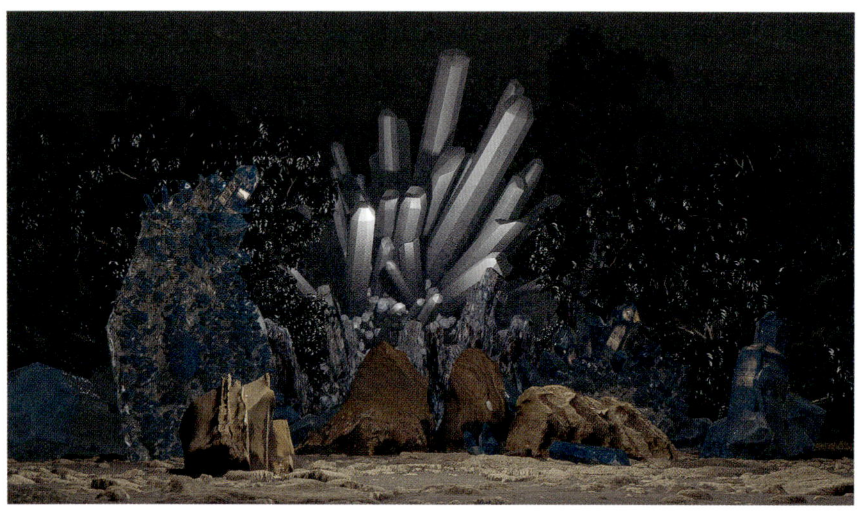

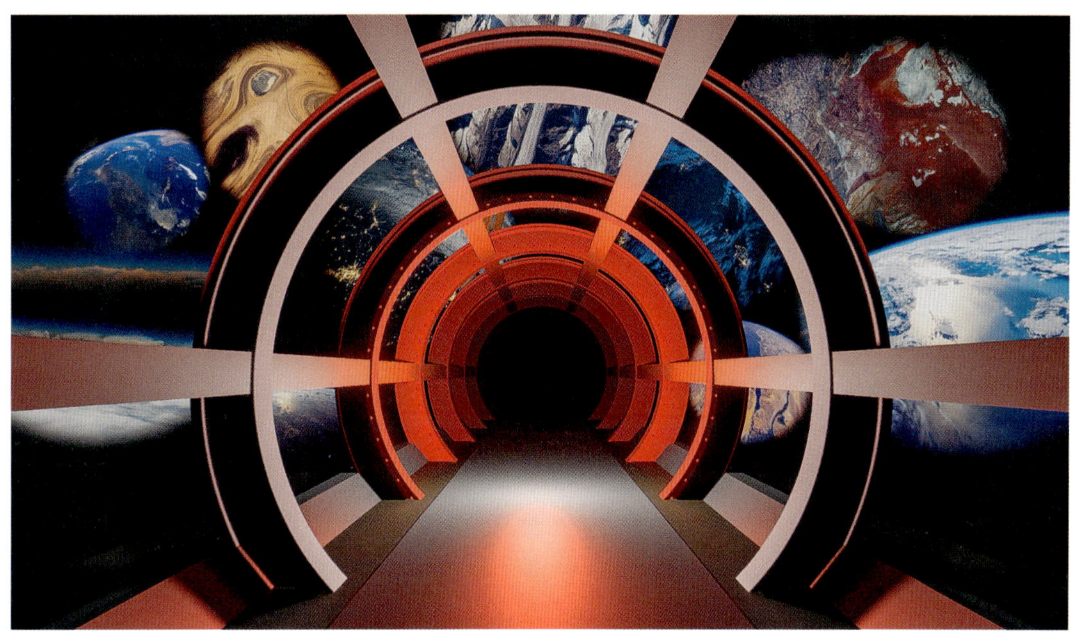

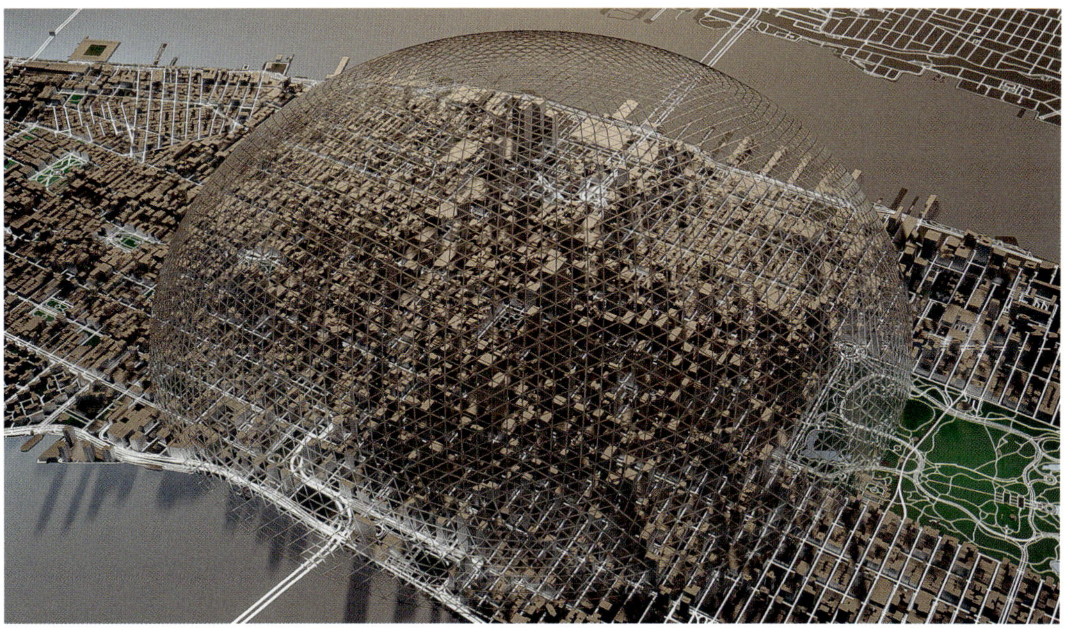

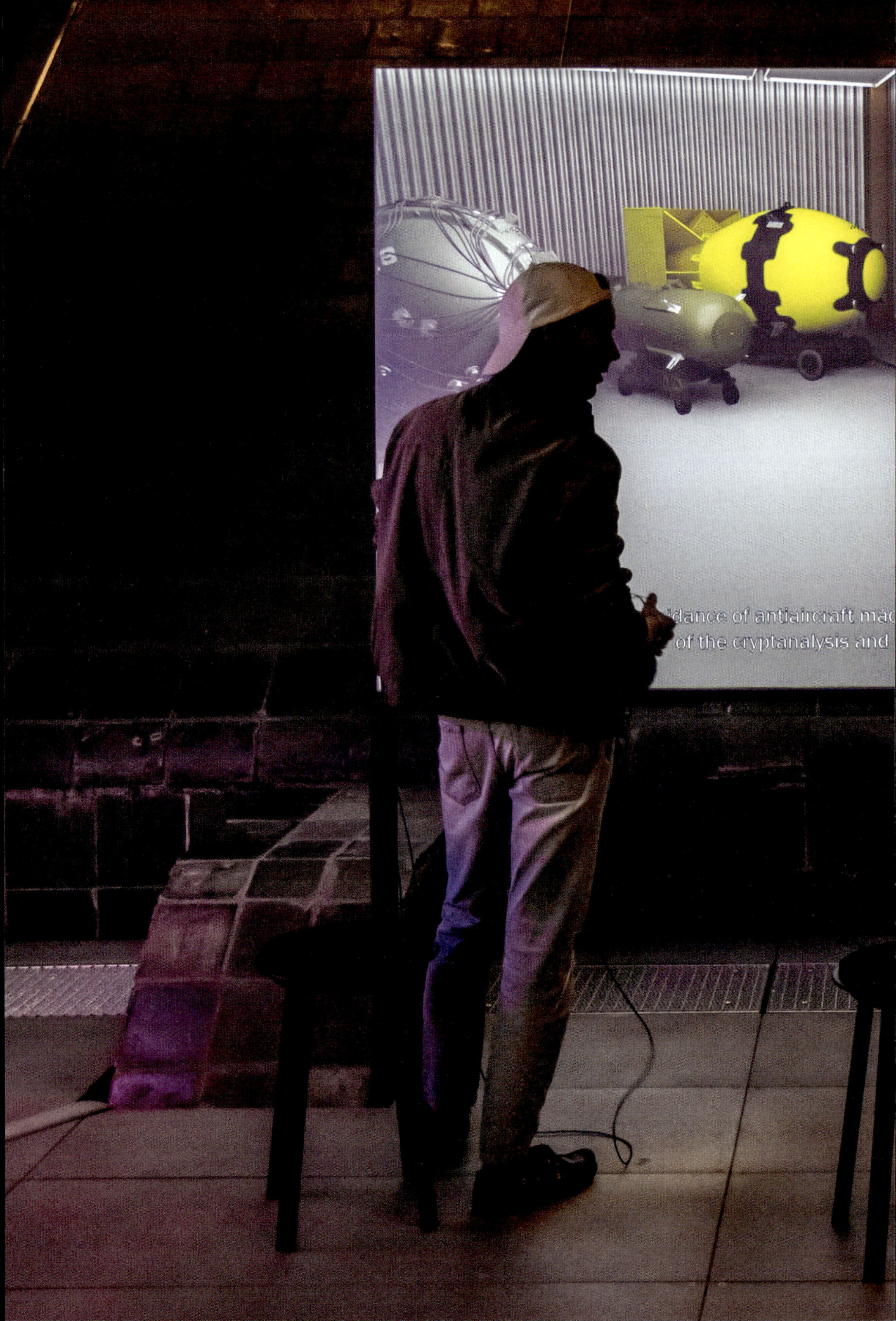
idance of antiaircraft mac
of the cryptanalysis and

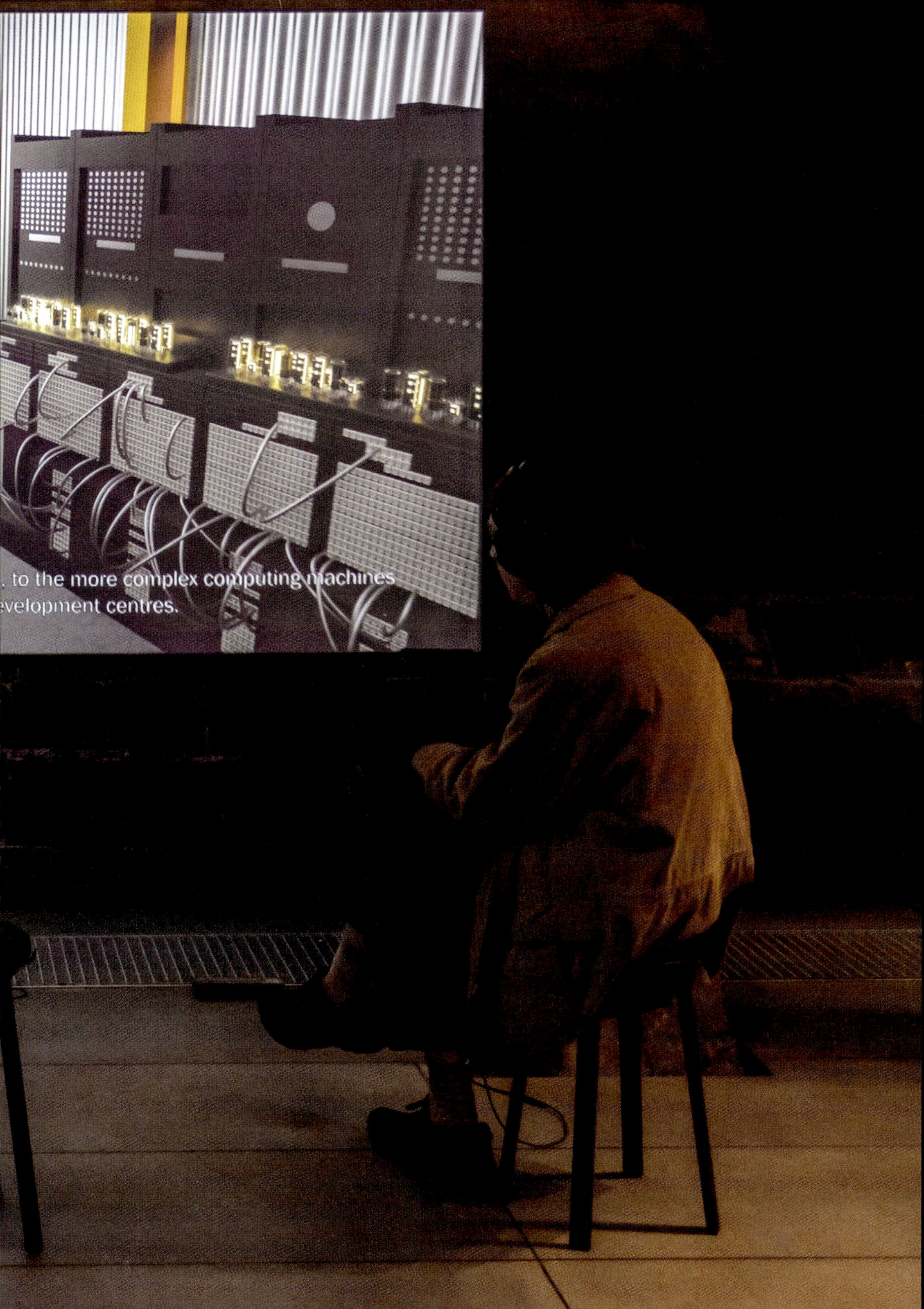
. to the more complex computing machines
evelopment centres.

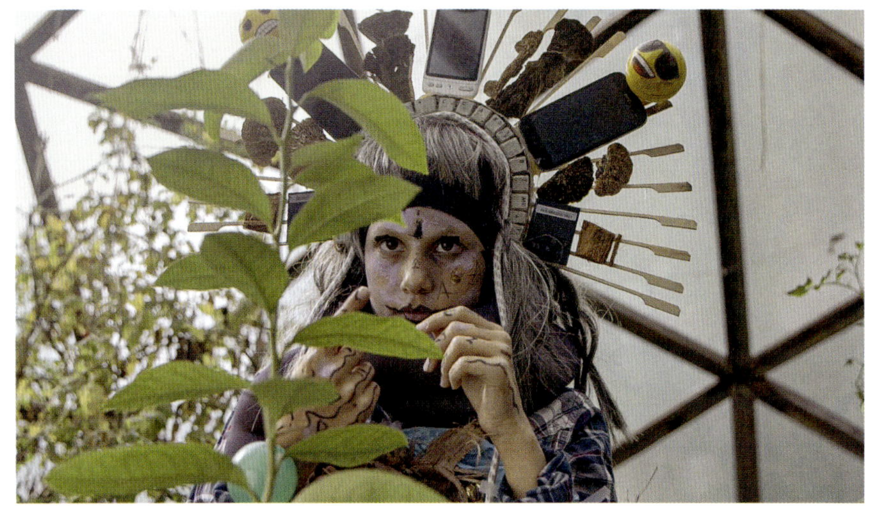
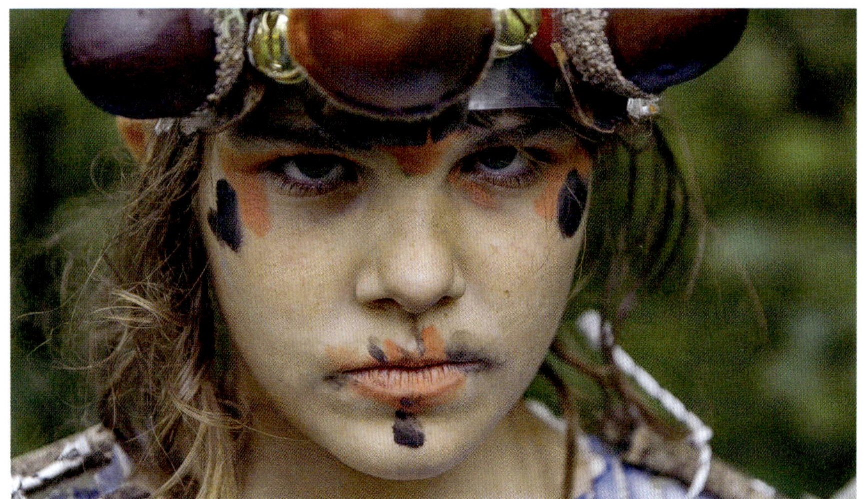
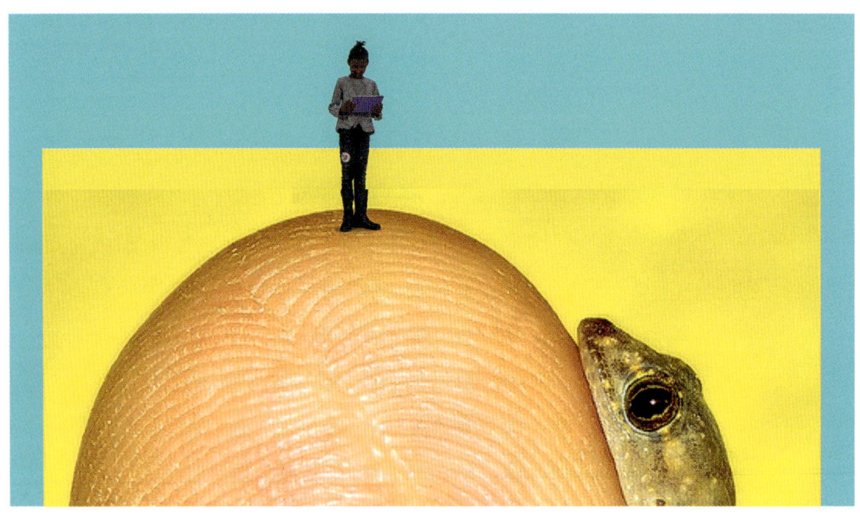

melanie bonajo

Progress vs Sunsets – Re-formulating the Nature Documentary

2017

The video *Progress vs Sunsets - Re-formulating the Nature Documentary* investigates how documentary movies and digital photography inform our perception of nature. melanie bonajo has been meticulously collecting images, photos, and animations of nature and animals online. Using that material as a source, she developed questions addressed to children whose honest and poignant responses agree that animals and humans have equal rights. The work is made up of sequences showing children in combination with animations and amateur videos. In the interviews, children ask questions concerning the rights of, and laws for, humans and nature. The children show a respectful attitude to each other, while illuminating the impact of surveillance technology and the exploitation of nature. Through these interviews, bonajo questions how we could experience the world of nature as children do, with curiosity and respect.

La vidéo *Progress vs Sunsets - Re-formulating the Nature Documentary* examine la manière dont les films documentaires et la photographie numérique influencent notre manière de percevoir la nature. melanie bonajo a collecté méticuleusement des images, des photos et des animations de nature et d'animaux en ligne. À partir de ce matériel, elle a formulé des questions qu'elle a adressées à la jeune génération. Les réponses honnêtes et touchantes des enfants expriment leur conviction d'une égalité des droits entre animaux et humains. L'œuvre se compose de séquences montrant des enfants associés à des animations et des vidéos amateurs. Dans les interviews, les enfants posent des questions concernant les droits et les lois pour les humains et la nature, l'attitude respectueuse des uns envers les autres ainsi que l'impact des technologies de surveillance et l'exploitation du milieu naturel. À travers ces interviews, bonajo se demande comment nous pourrions à nouveau faire l'expérience du monde de la nature avec curiosité et respect, à l'instar des enfants.

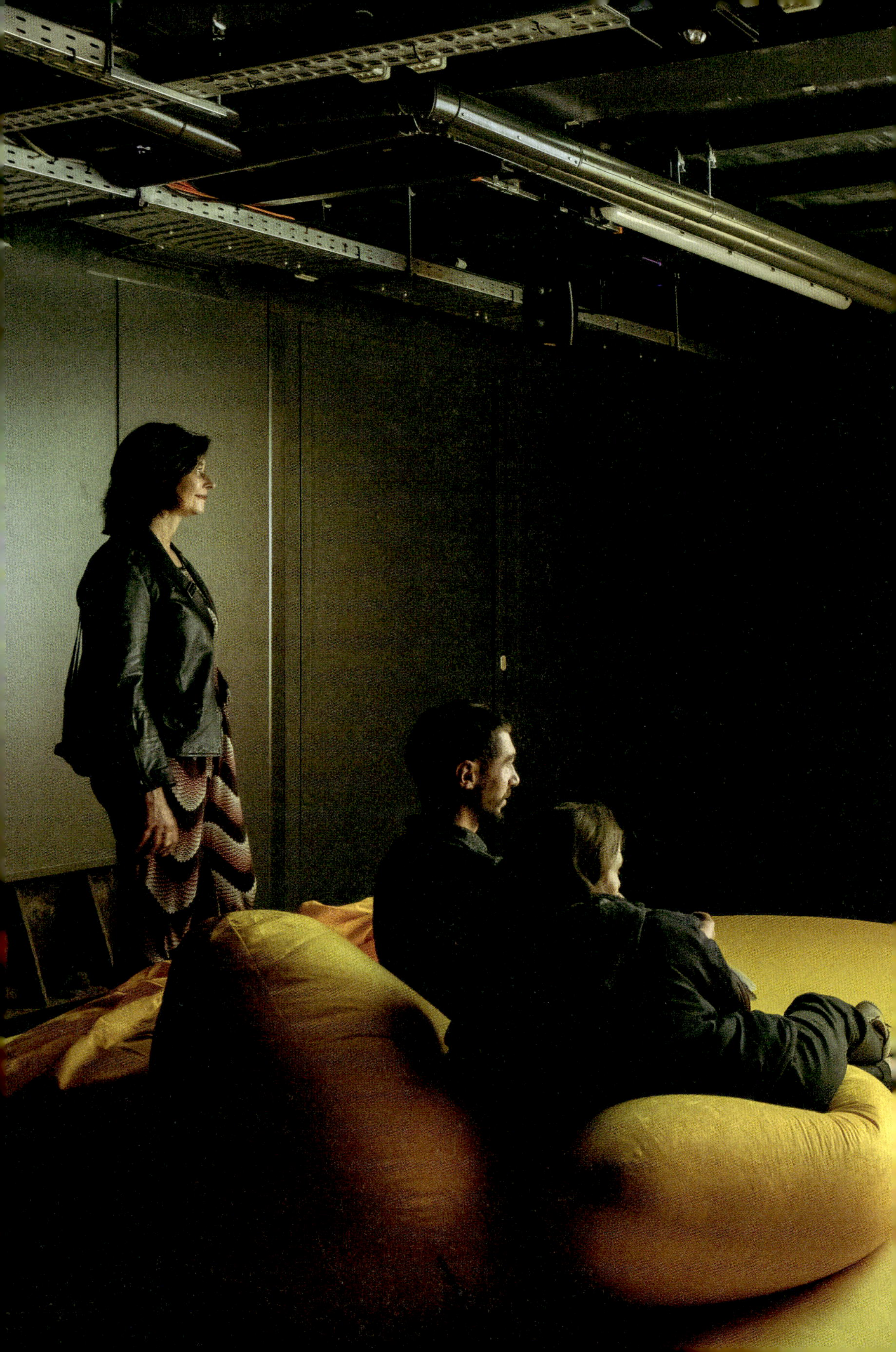

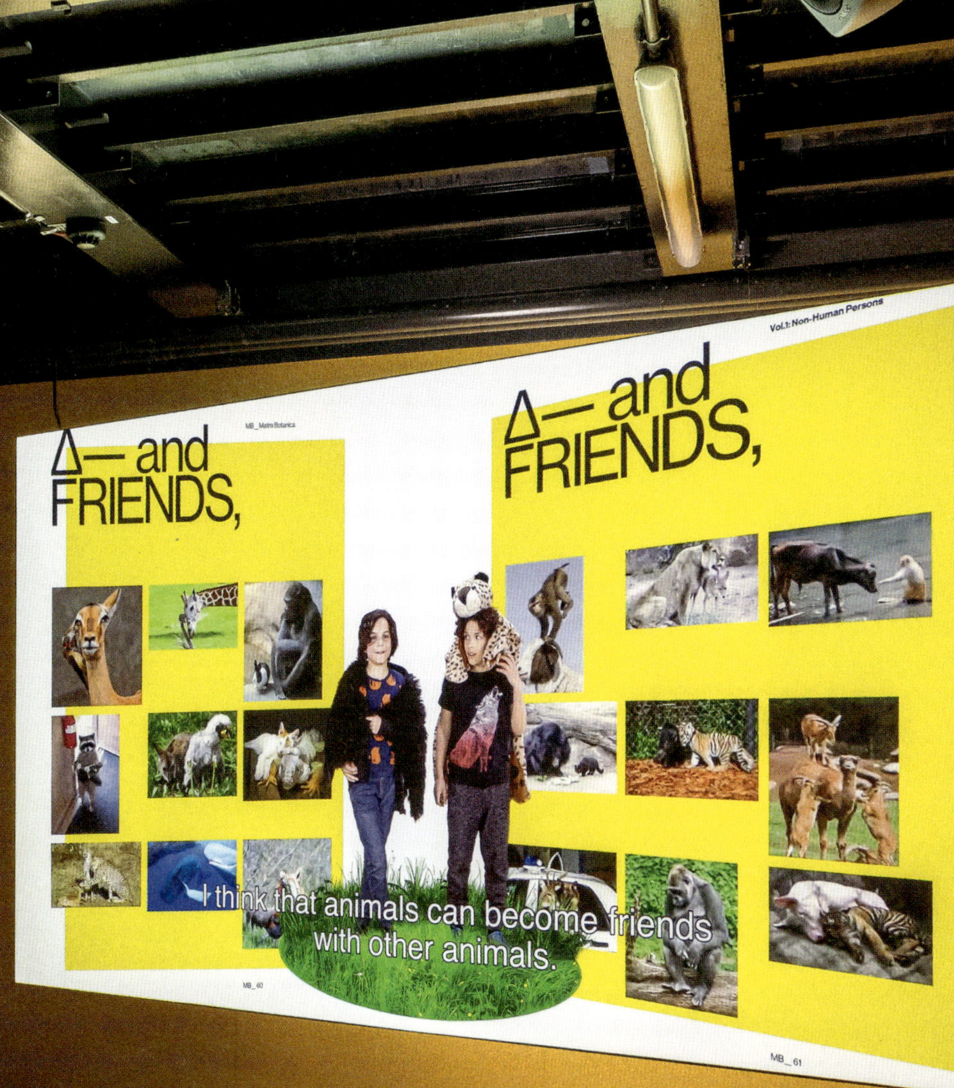
Δ— and
FRIENDS,
Vol.1: Non-Human Persons
Δ— and
FRIENDS,
I think that animals can become friends
with other animals.
MB_ 61

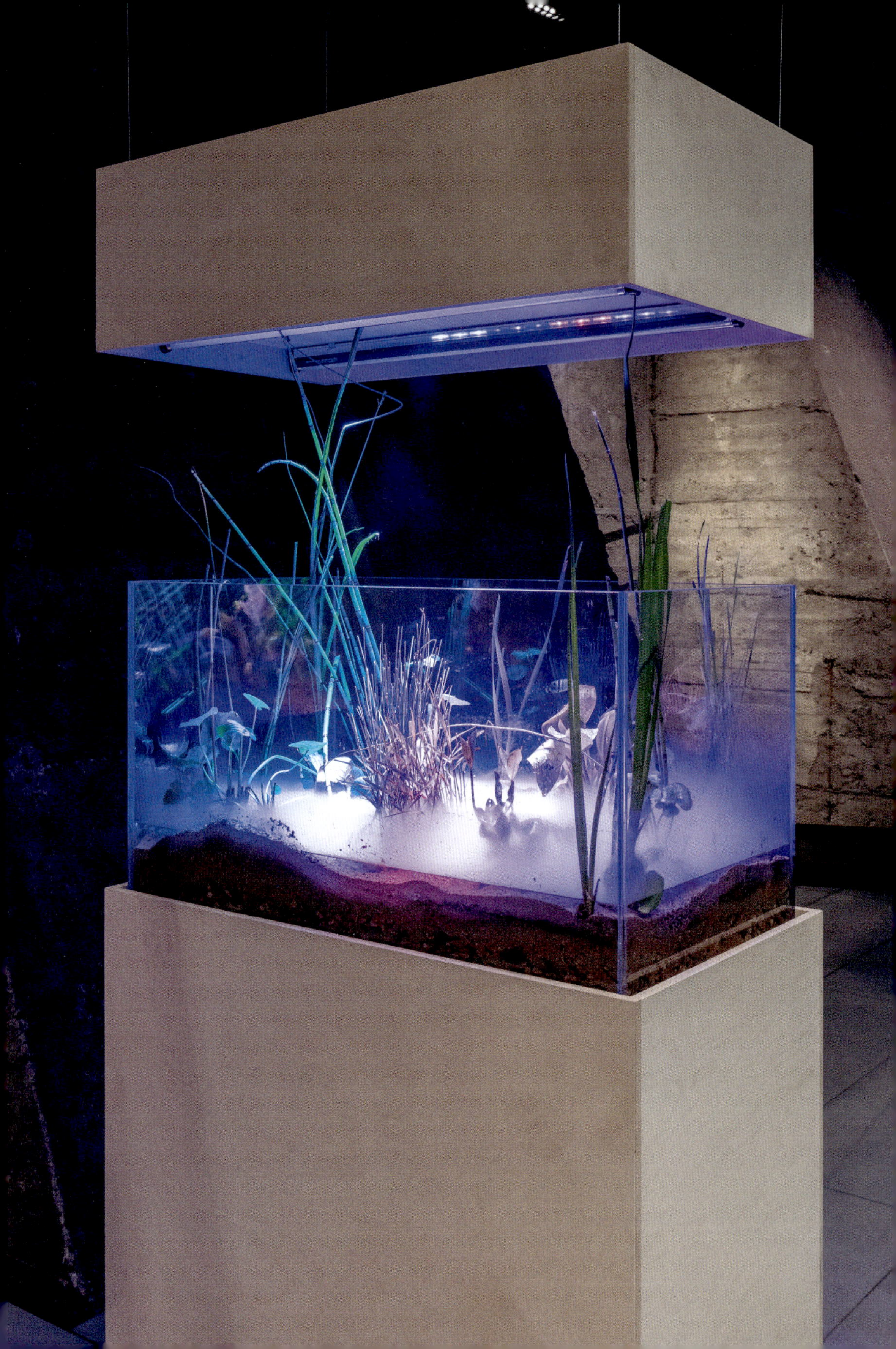

Tega Brain

Deep Swamp

2018

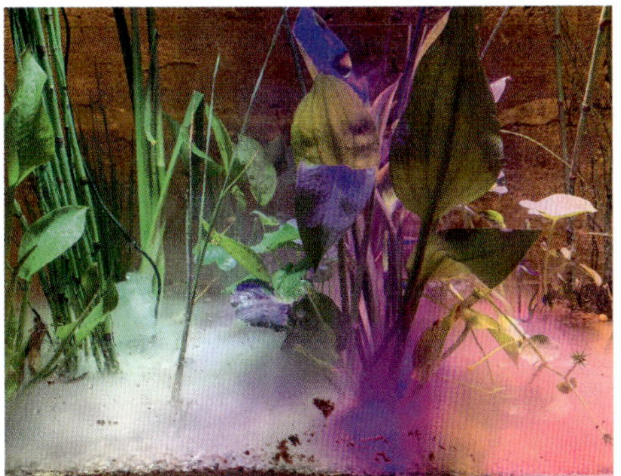

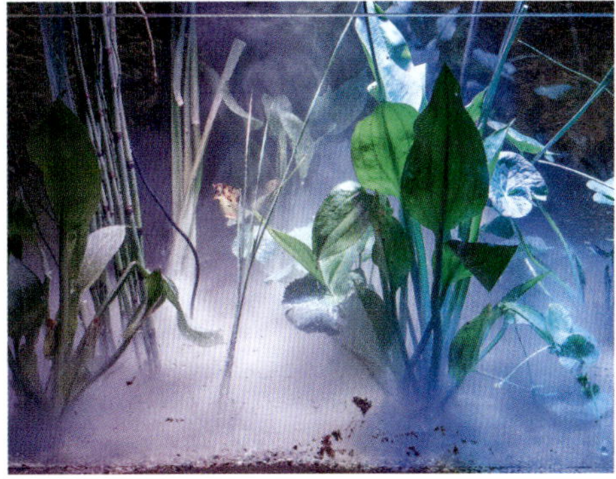

The *Deep Swamp* installation addresses the problem of systemic approaches to optimising natural resources through the use of artificial intelligence. Three glass tanks house semi-flooded environments occupied by swamp lifeforms that are monitored by cameras. Three artificial intelligence programs – named Nicholas, Hans, and Harrison – observe each of the environments in real-time and alter their conditions by modifying light, water flow, fog, and nutrients. The three software agents have different goals, which have been developed through deep learning technology and the analysis of thousands of images of wetlands found online. Harrison works to create a wetland that closely replicates a real environment, while Hans aims to produce a work of art, and Nicholas seeks to produce a composition that will attract a viewer's attention. In this work, Tega Brain emphasises how artificial intelligence is subject to manipulation and can provide different results depending on objectives. At the same time, the artist does not deny the benefits of digital technologies when they are used in a non-reductionist way to address ecological problems and to develop a more comprehensive view of the planet and its living forms.

L'installation *Deep Swamp* aborde le problème de l'optimisation des ressources naturelles par une approche systémique et l'utilisation de l'intelligence artificielle. Trois réservoirs en verre abritent des environnements semi-inondés occupés par des formes de vie des marais, surveillés par des caméras. Trois programmes d'intelligence artificielle – nommés Nicholas, Hans et Harrison – observent chacun en temps réel l'un des environnements et interviennent sur ses conditions de vie, en modifiant la lumière, le débit d'eau, le brouillard et les nutriments. Les trois agents logiciels ont des objectifs différents, développés grâce à une technologie d'apprentissage profond et à l'analyse de milliers d'images de zones humides existant en ligne : Harrison essaie de recréer une zone humide proche des environnements réels, Hans vise à produire une œuvre d'art et Nicholas tente de concevoir une composition qui attire l'attention du public. Avec cette œuvre, Tega Brain souligne comment l'intelligence artificielle est sujette à manipulation et peut donner des résultats différents selon les objectifs. En même temps, l'artiste ne nie pas les avantages des technologies numériques lorsqu'elles sont utilisées dans une optique non réductionniste pour répondre aux problèmes écologiques et développer une vision plus globale de la planète et de ses formes de vie.

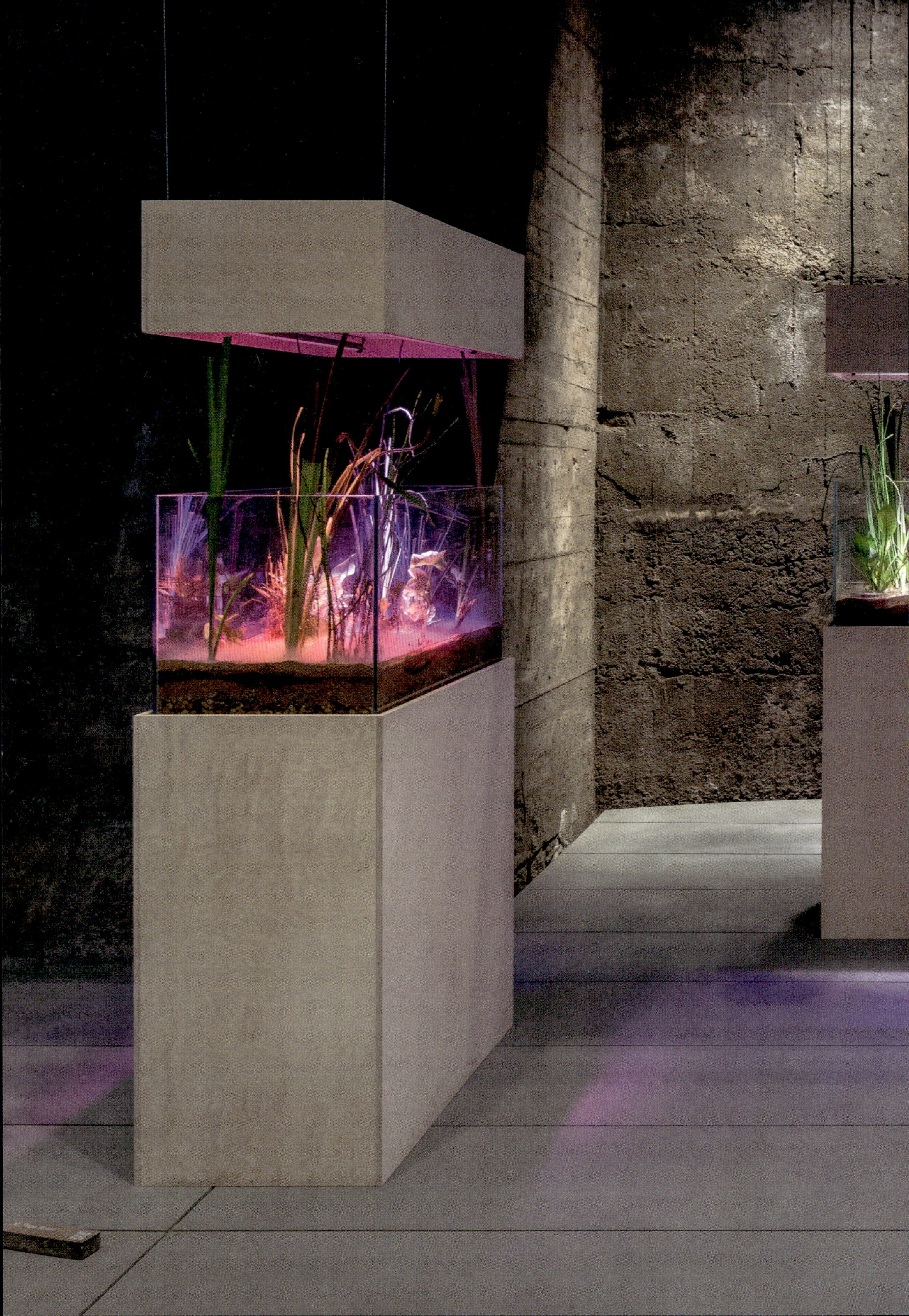

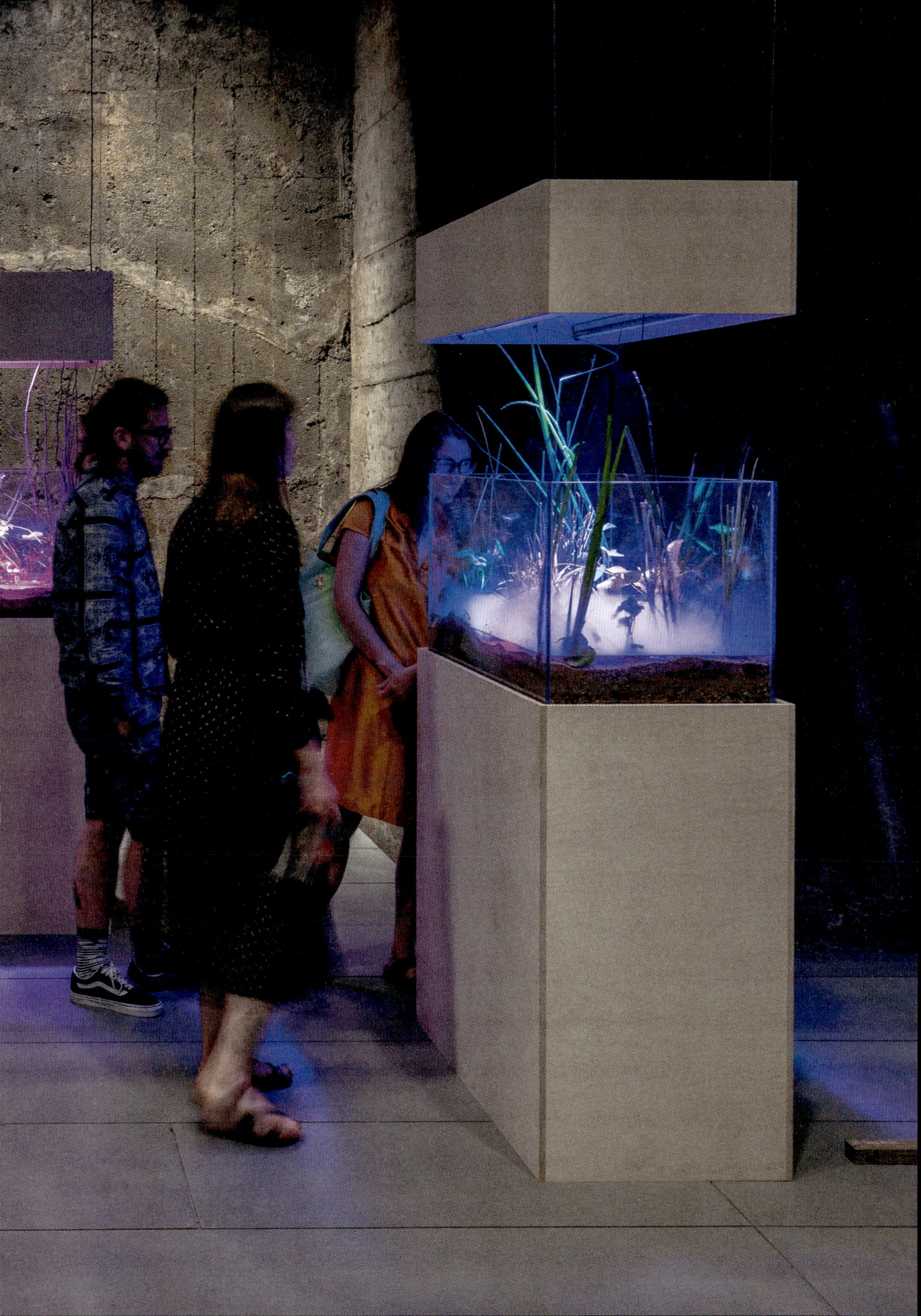

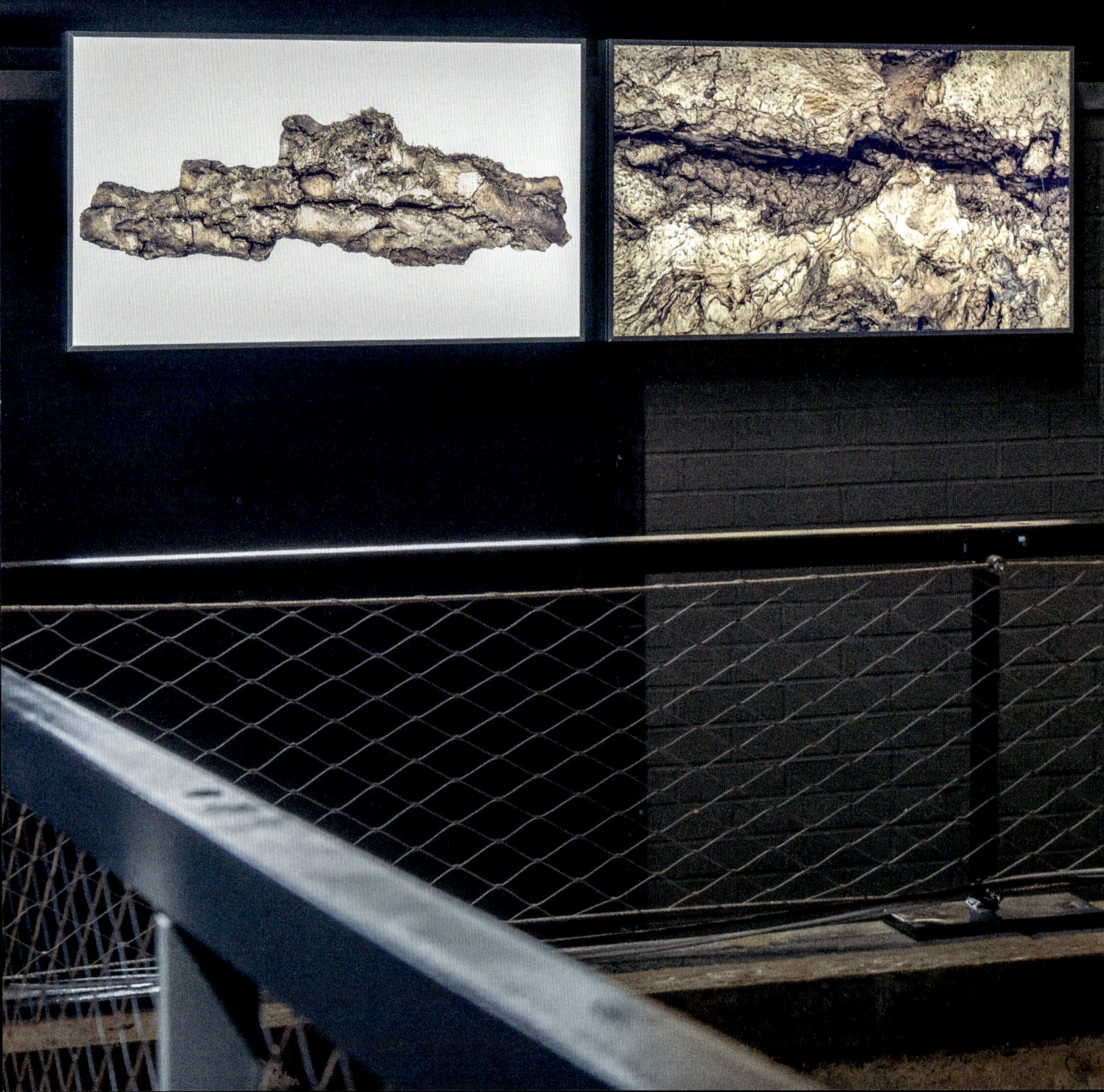

Persijn Broersen & Margit Lukács

Bark with a Trace

2022

In *Bark with a Trace*, the artist duo Persijn Broersen and Margit Lukács examine the role photography plays in constructing our perception of nature in the digital age. Central to the work is a piece of bark that the artists took from an ash tree in Poland's Białowieża Forest – a heavily contested area that is the last of the old-growth forests that used to cover much of Europe. Removed from its original habitat many years ago, the parched patch of bark still bears the marks of its history engraved on its surface; an intricate network of ancient fungi, moss, lichens, and trees. Broersen and Lukács made an extremely close reading of the bark with sensitive photographic equipment, capturing the finest details. Then they digitally combined hundreds of different photographs of the bark into a single image, presented here as a new territory, an unknown terrain. What is shown is a surface that is larger than the eye would normally perceive, but its depths remain impenetrable. The accompanying soundtrack is based on traditional Eastern European and Jewish melodies of the region, in which the spiritual transcends the material and physical world. The music reminds us of sounds we have become acquainted with through a century of science fiction films in which people try to project and tame the unknown within the framework of their knowledge. Amplified or reduced to a meticulous mapping of its almost boundless surface, the artists present us with a new construction of nature, which maintains its roots in the earth beneath our feet.

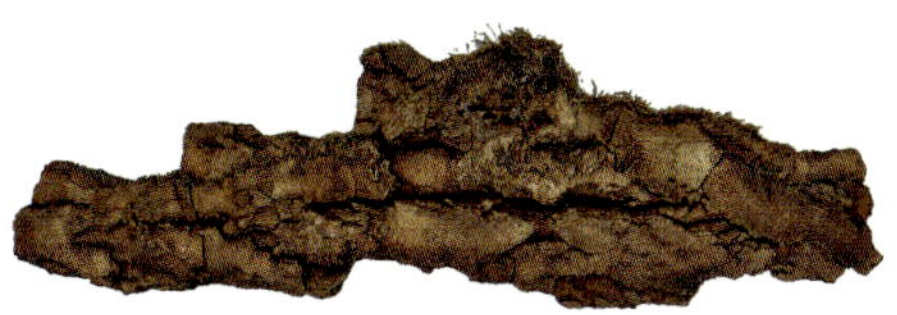

Dans *Bark with a Trace*, Margit Lukács et Persijn Broersen interrogent le rôle de la photographie dans la construction de notre perception de la nature à l'ère numérique. Au centre de l'œuvre se trouve un morceau d'écorce d'un frêne que les artistes ont ramassé dans la forêt polonaise de Białowieża – derniers vestiges de la plus grande forêt primaire d'Europe, qui couvrait une grande partie du continent et reste aujourd'hui une zone fortement disputée. Prélevée par les artistes il y a de nombreuses années dans son habitat d'origine – un réseau complexe de champignons, de mousses, de bisons et d'arbres séculaires – cette écorce desséchée porte encore les marques de son histoire, gravées sur sa surface. Broersen et Lukács ont fait une lecture extrêmement attentive de ce morceau d'écorce à l'aide d'un équipement photographique sensible pour capturer les détails les plus fins, puis l'ont reconstitué en combinant numériquement des centaines de photographies différentes de l'écorce en une seule image, présentée ici sous la forme d'un nouveau territoire, un terrain inconnu. Ce qui apparaît est une surface plus étendue que ce que l'œil perçoit normalement, mais dont les profondeurs restent impénétrables. La bande sonore de l'œuvre est inspirée des mélodies mystiques de la région, héritage est-européen et juif, dans lesquelles le spirituel transcende le monde du matériel et du physique. Ces mélodies évoquent des sons devenus familiers à travers un siècle de films de science-fiction dans lesquels les personnages tentent de visualiser et d'apprivoiser l'inconnu à partir de leurs connaissances. Amplifiés ou réduits à une cartographie méticuleuse de sa surface quasiment illimitée, les artistes nous proposent une nouvelle conception de la nature, dont les racines se trouvent toujours dans la terre que nous arpentons.

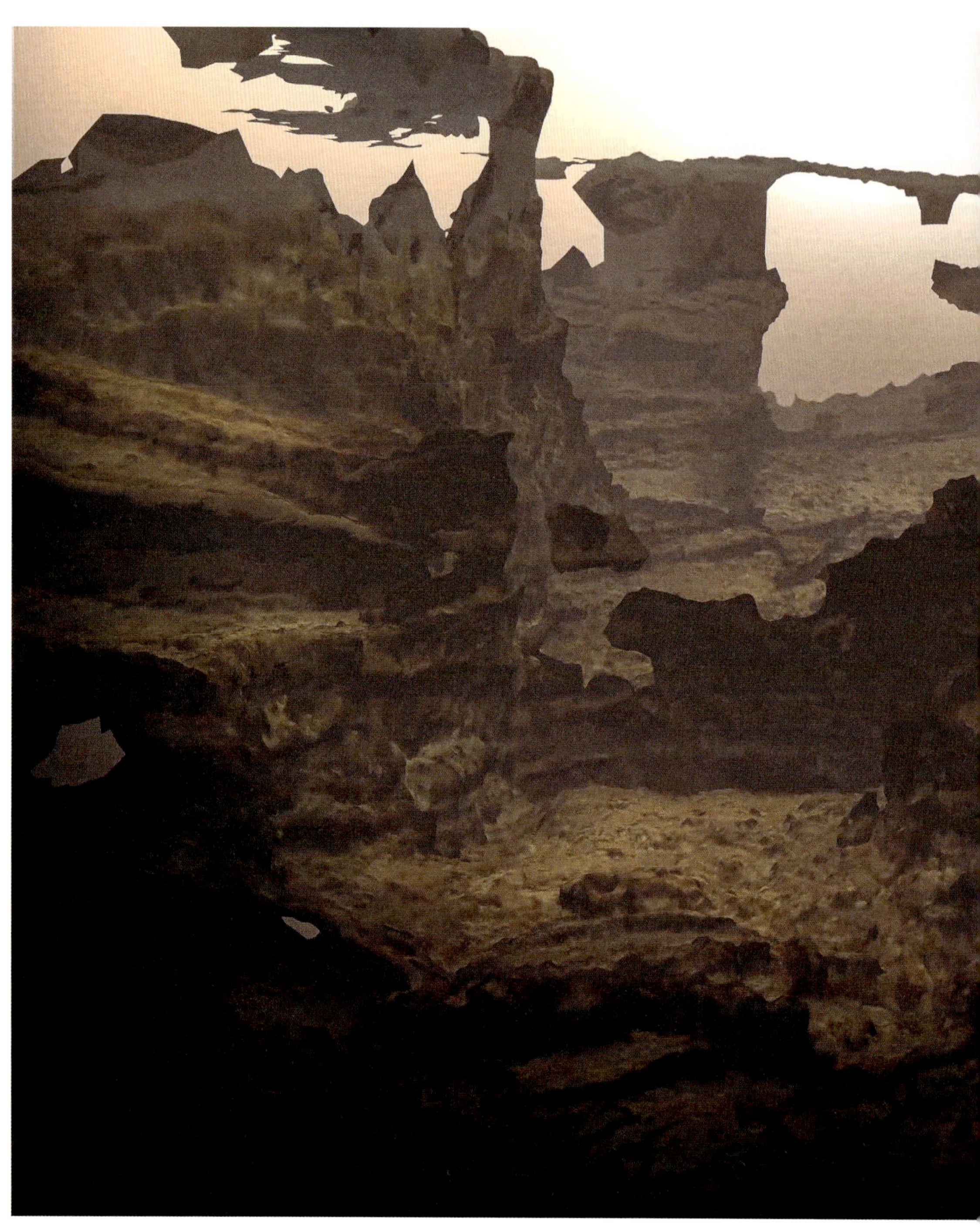

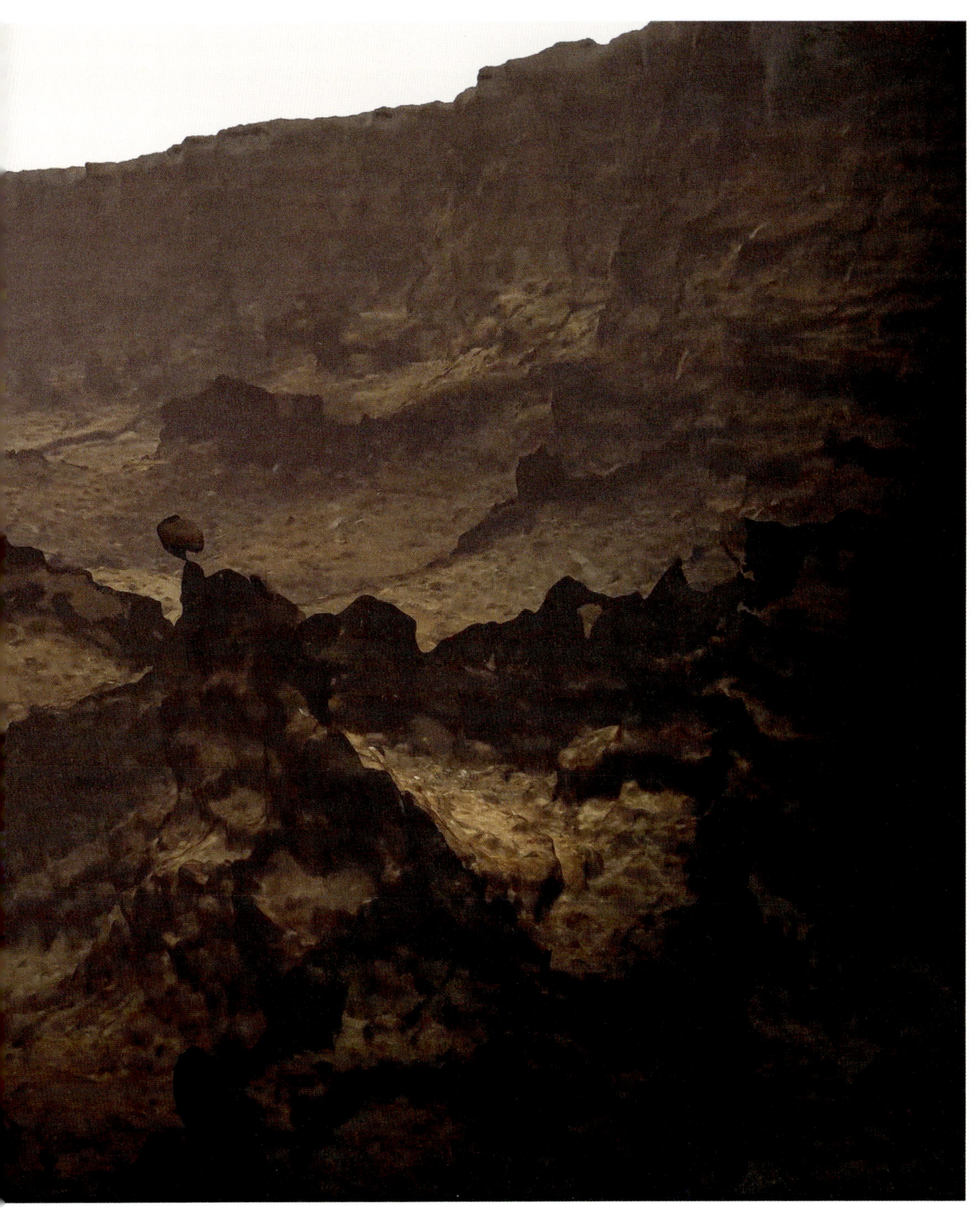

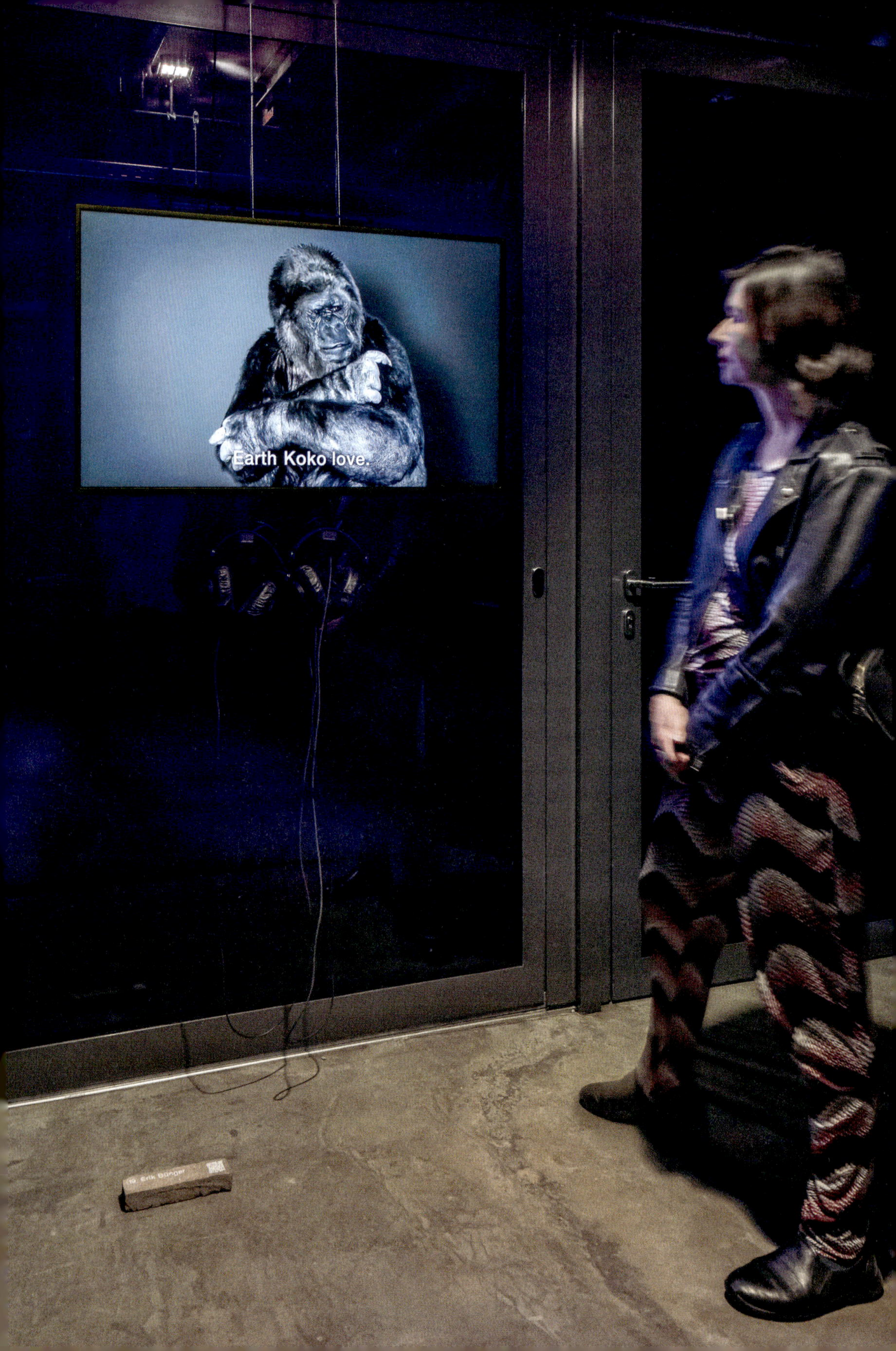
Earth Koko love.

Erik Bünger

Nature see you

2022

In 2015, a video message by a gorilla named Koko addressing leaders at the United Nations climate change conference went viral on the Internet. Koko was trained to communicate using American Sign Language. Using a few simple but poignant gestures, the gorilla urged humans to take action to save nature. Artist Erik Bünger uses sequences from the original video message and introduces a digital avatar to comment on Koko's sign language. The artist's digital interpreter analyses the syntax and vocabulary of the gorilla's gestures and how these have been misused by the gorilla's keepers to convey an alleged message from nature. Through the use of a digital interpreter, who acts as the artist's voiceover, Bünger intends to reveal the power and abuse of the voiceover. The video question whether nature can comprehend its extinction and why humans remain deaf to its appeals.

En 2015, le message vidéo du gorille Koko s'adressant aux leaders de la Conférence des Nations Unies (ONU) sur le changement climatique est devenu un phénomène viral sur Internet. Koko a été entraîné à communiquer en appliquant la langue des signes américaine. Par quelques gestes simples, mais poignants, le gorille exhorte les humains à agir et à sauver la nature. L'artiste Erik Bünger utilise les séquences du message vidéo original et introduit un avatar numérique pour faciliter la traduction des gestes effectués par le singe. L'interprète numérique de l'artiste analyse la syntaxe et le vocabulaire des gestes du gorille et la manière dont ceux-ci ont été détournés par les gardiens du gorille pour transmettre un prétendu message de la nature. Par l'intermédiaire d'un interprète numérique, qui fait office de voix off de l'artiste, Bünger entend révéler le pouvoir et l'abus de la voix off elle-même. La vidéo nous interroge sur la capacité de la nature à comprendre sa propre extinction et sur la raison pour laquelle l'humanité reste sourde à ses appels.

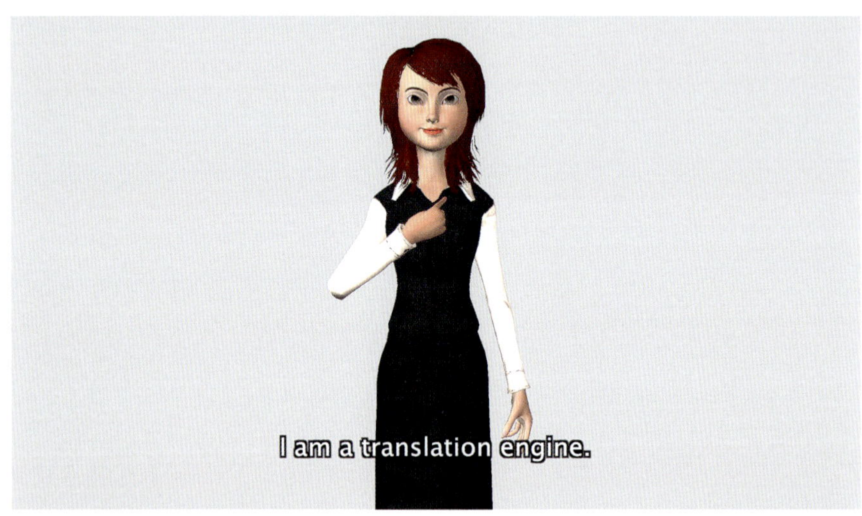
I am a translation engine.

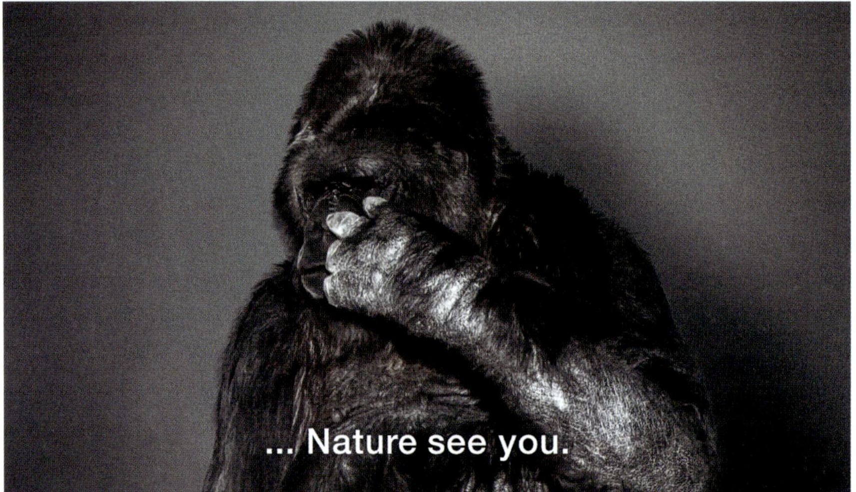
... Nature see you.

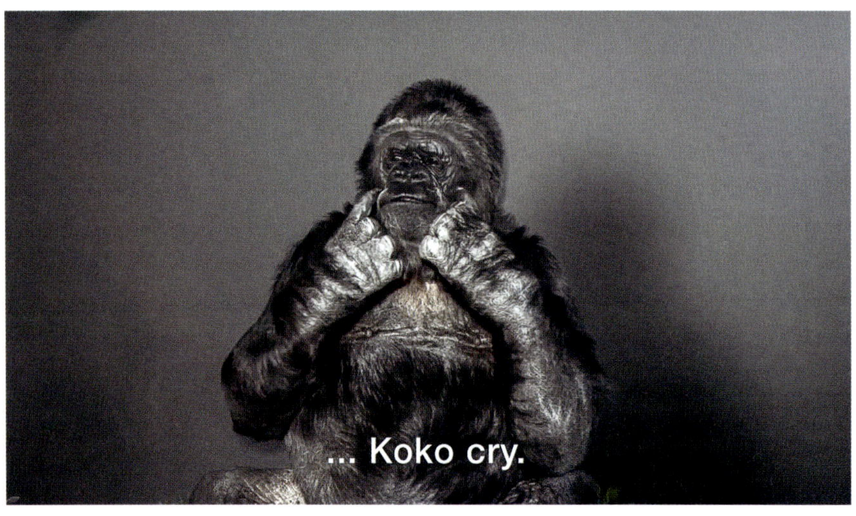
... Koko cry.

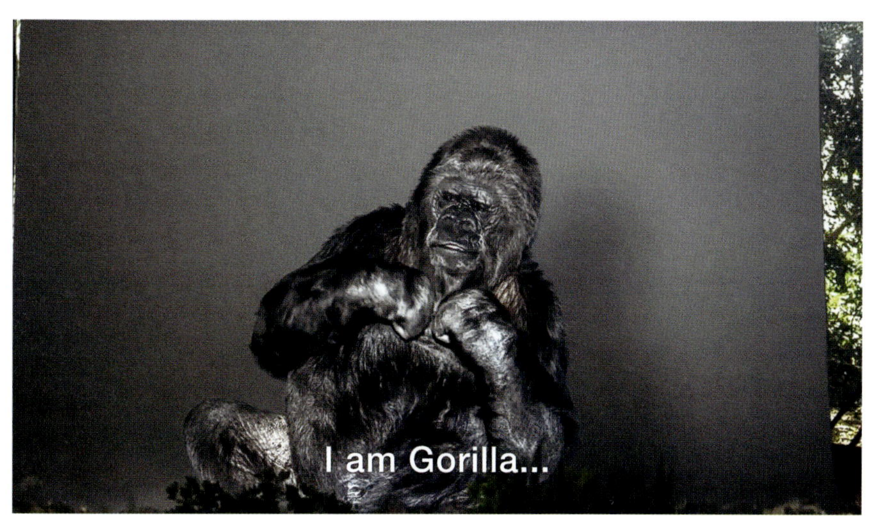
I am Gorilla...

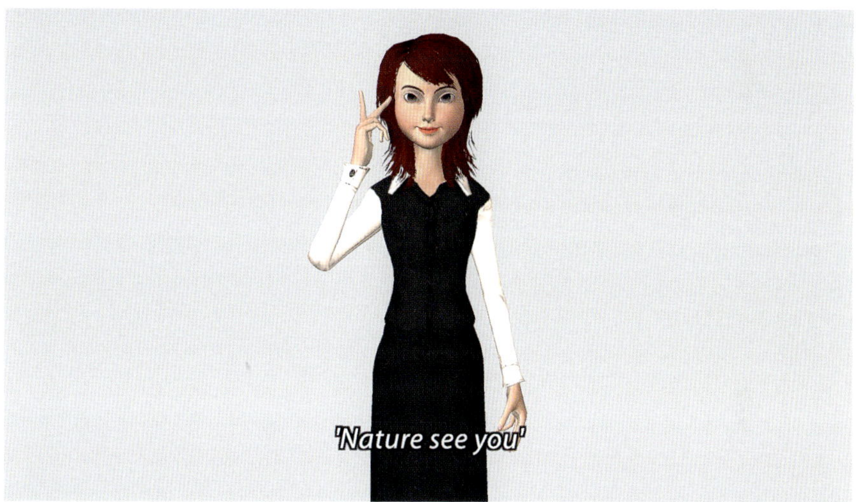
'Nature see you'

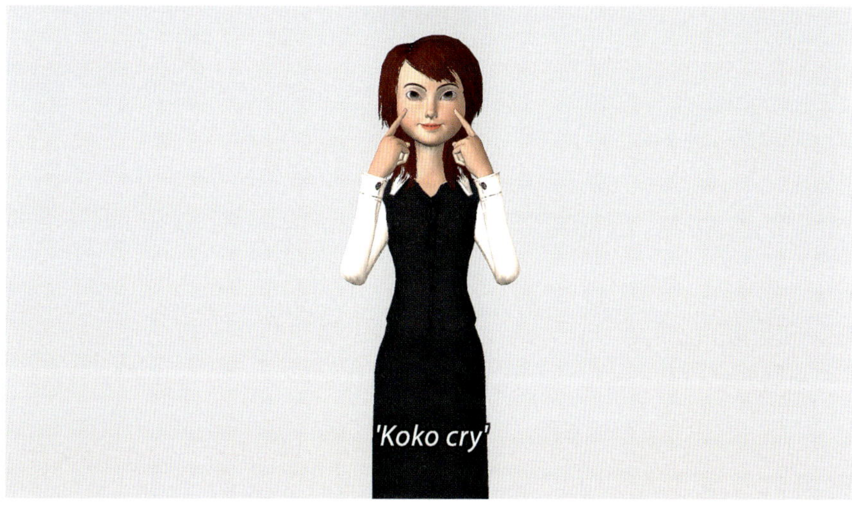
'Koko cry'

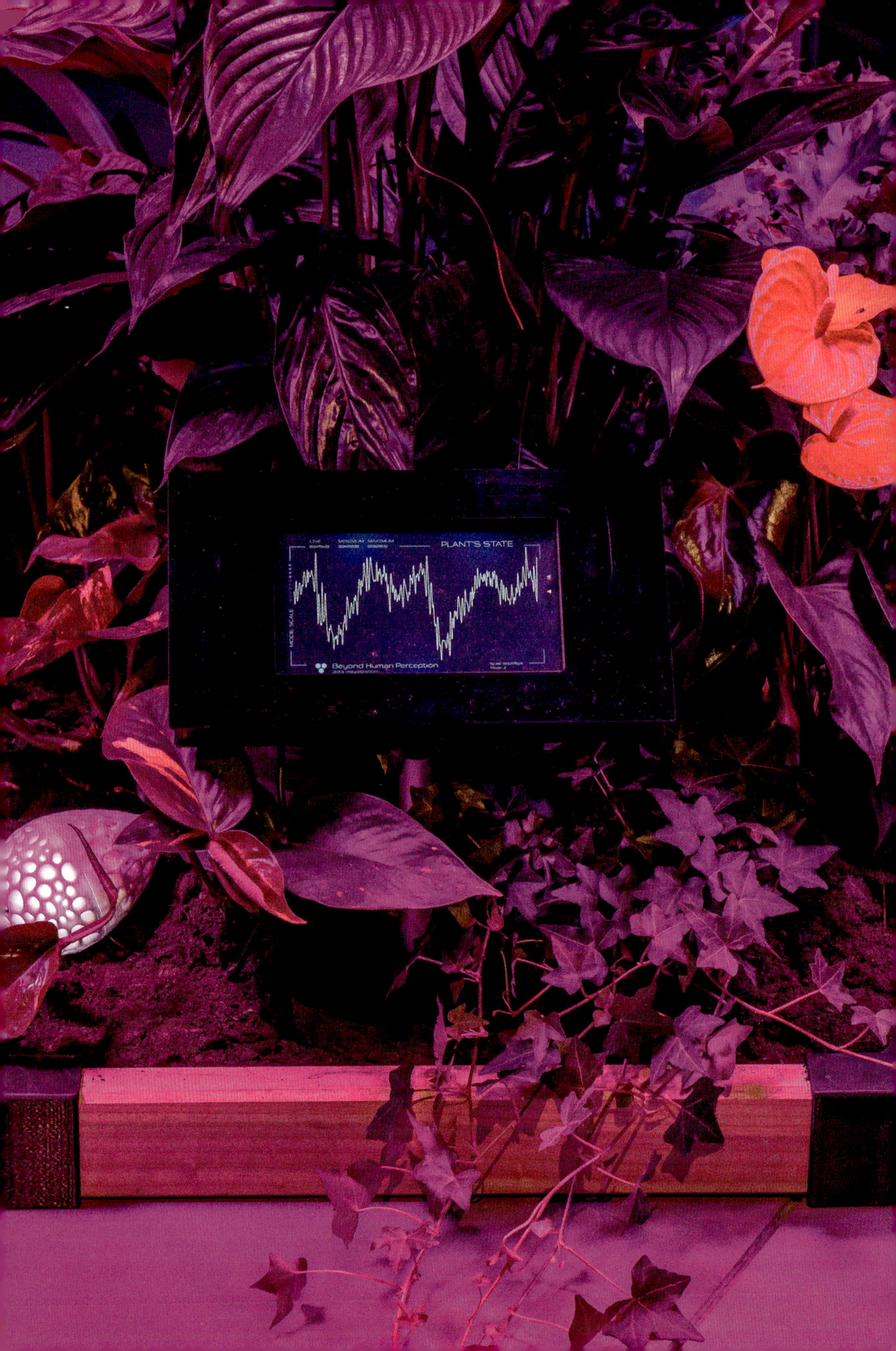
LIVE
MINIMUM MAXIMUM
PLANT'S STATE
MODE SCALE
Beyond Human Perception
data visualization

María Castellanos & Alberto Valverde

Beyond Human Perception

2020

Beyond Human Perception explores the "secret language of plants" and allows us a glimpse at how we might enter into communication with them. The installation looks at the reactions of human beings and plants to the stimuli of live music. Using EEG technology (electroencephalogram), human brain activity is measured and compared to electrical oscillations in plants, which is measured with special sensors developed by the artists. The two data sets are compared using the Fourier transform method. The synchronised videos render a visible result: one shows a recording of a concert held for an audience of plants and humans, while the other illustrates the corresponding response patterns in the form of data visualisation and graphic simulation. Through this direct comparison, María Castellanos and Alberto Valverde bring humans closer to the plant world and provide an understanding of how similarly both react to their common environment.

Beyond Human Perception est une exploration du « langage secret des plantes » et nous donne une idée de la manière dont nous pourrions entrer en communication avec elles. L'installation examine les réactions des êtres humains et des plantes aux stimuli de la musique live. Grâce à la technologie EEG (électroencéphalogramme), l'activité cérébrale humaine est mesurée et comparée aux oscillations électriques observées chez les plantes à l'aide de capteurs spéciaux mis au point par les artistes. Castellanos et Valverde utilisent la transformation de Fourier qui permet de comparer ces différents ensembles de données. Deux vidéos synchronisées donnent un résultat visible : l'une montre un enregistrement du concert organisé pour le public de plantes et d'humains, l'autre illustre les modèles de réponse correspondants sous forme de visualisation de données et de simulation graphique réalisées par les artistes. Par cette comparaison directe, les deux artistes nous rapprochent du monde végétal et nous permettent de comprendre la similitude des réactions entre les deux espèces vis-à-vis de leur environnement commun.

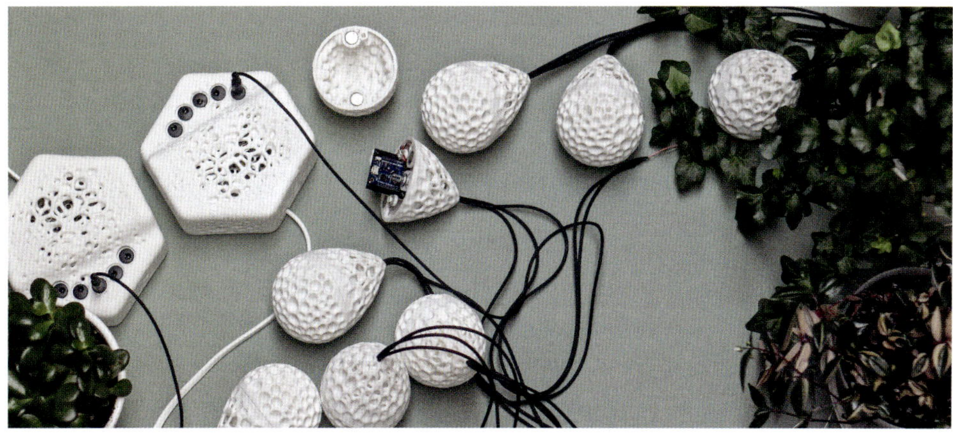

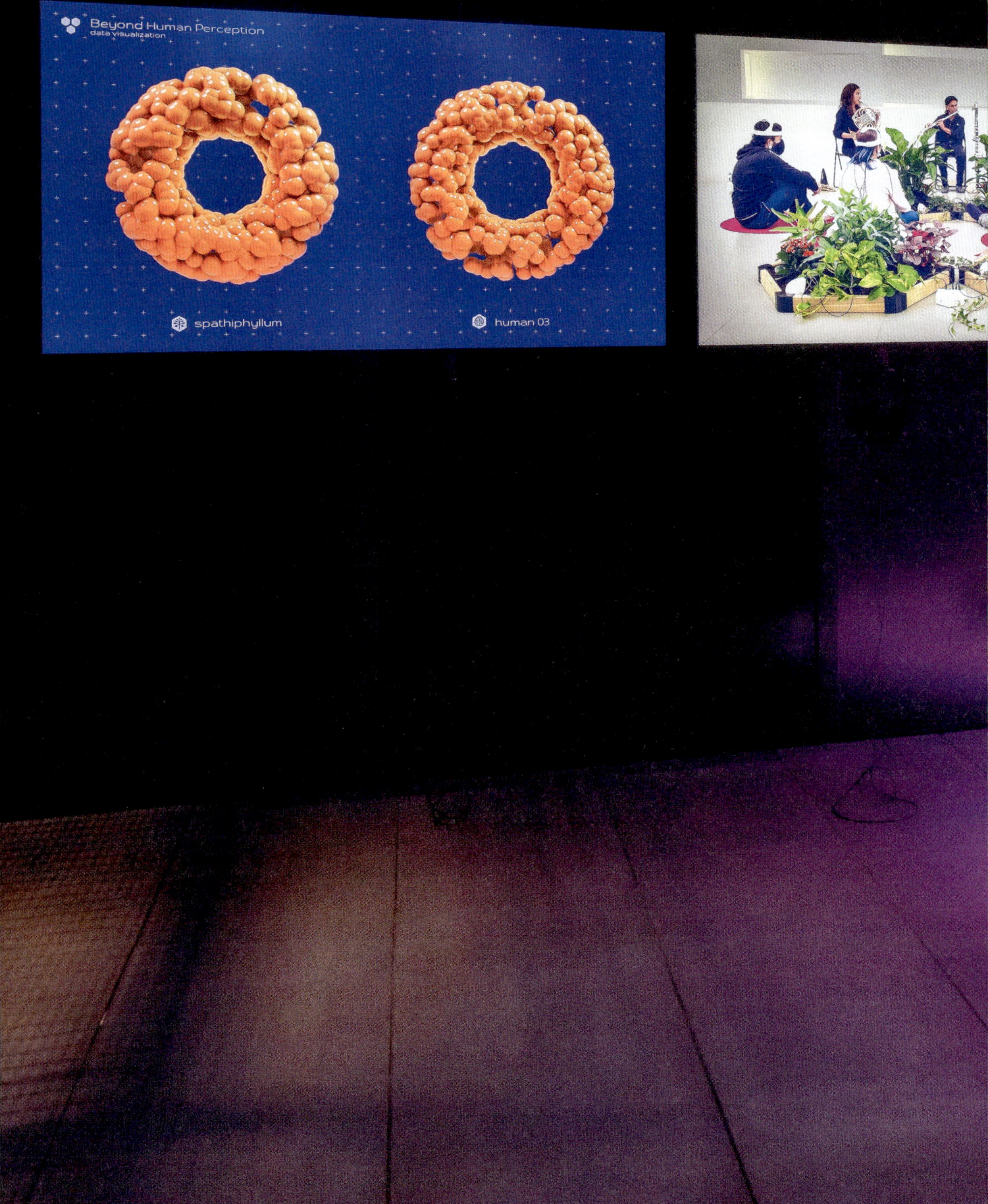
Beyond Human Perception
data visualization
spathiphyllum
human 03

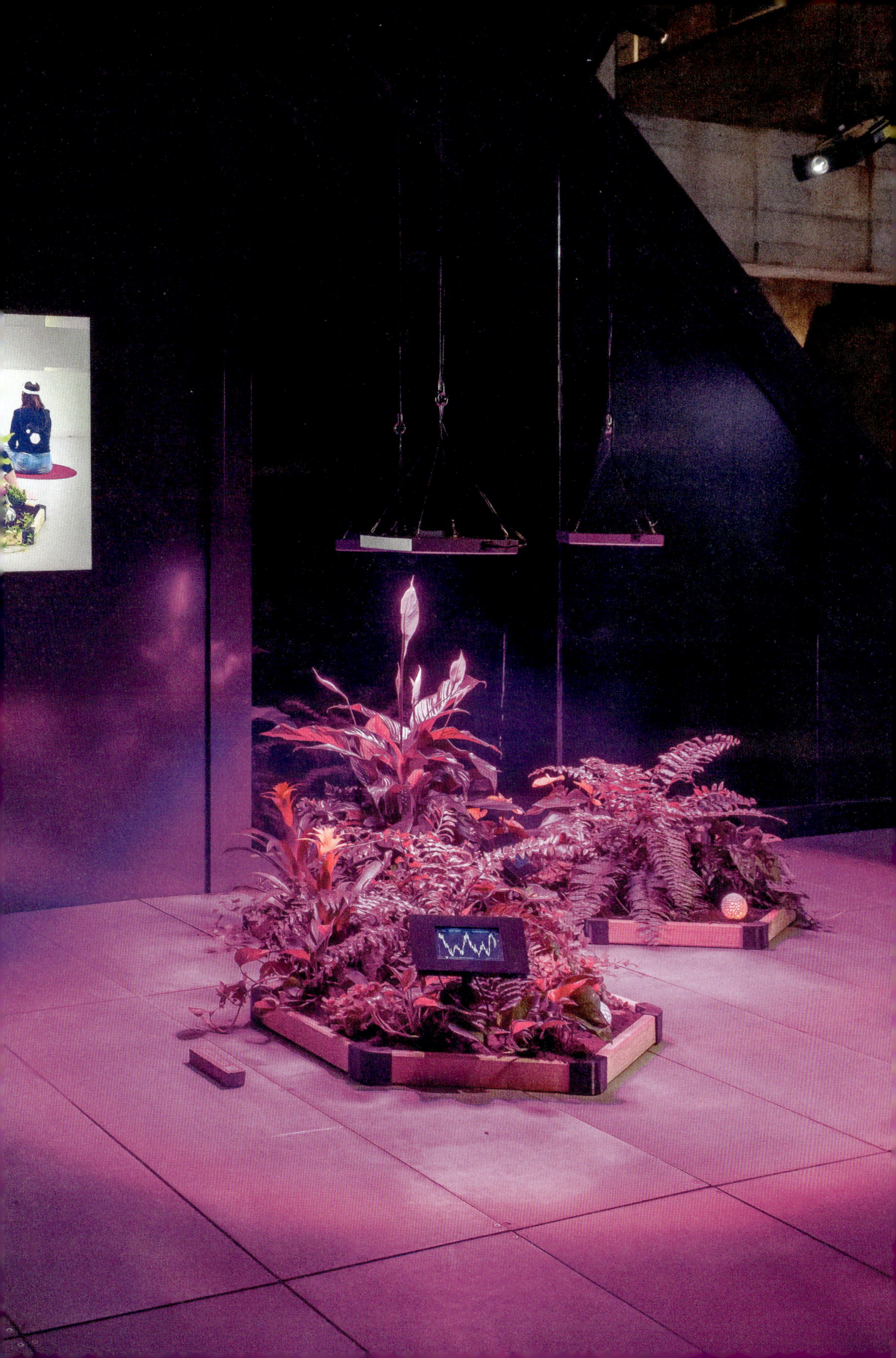

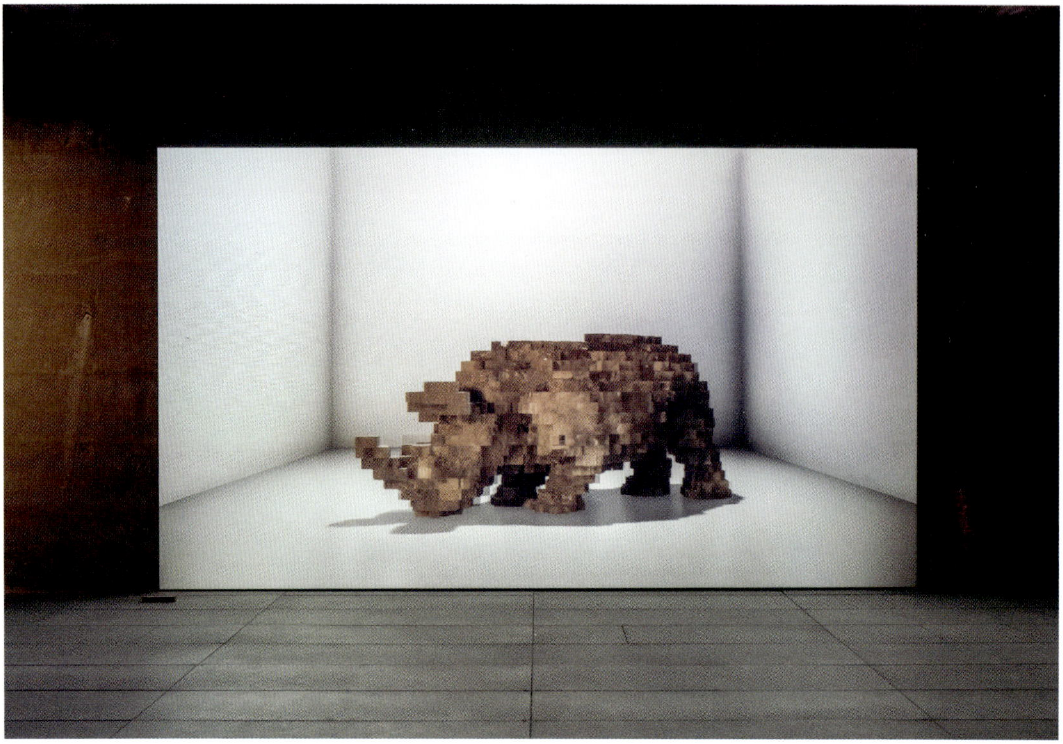

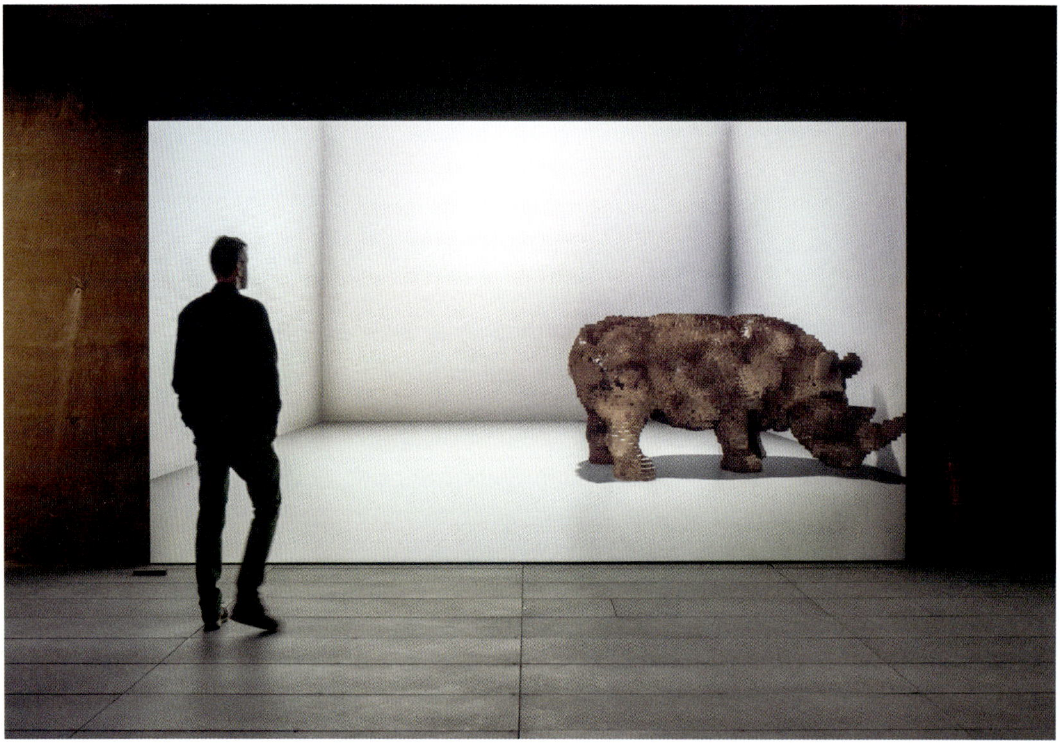

Alexandra Daisy Ginsberg

The Substitute

2019

The Substitute explores the striking paradox of our preoccupation with creating new life forms while neglecting those that already exist. Alexandra Daisy Ginsberg's work brings the virtually extinct northern white rhinoceros back to life digitally, thanks to advances in artificial intelligence. A life-size projection shows the artificial rhino finding its bearings in a virtual space. It becomes more "real" as it grows accustomed to its new digital environment, evolving from a pixelated distortion to a lifelike rendering, pointing to the ways that artificial intelligence learns from its environment. Behaviours and sounds stem from recordings of the rare sightings of the rhino; yet, in the absence of its natural surroundings, the rhino remains conspicuously artificial. Ginsberg's video installation looks at our trust in biotechnology to preserve or return extinct species. It also questions whether humanity would be able to protect a resurrected rhinoceros, considering our previous destruction of an entire species. Or is this artificial rhino a substitute for the real thing?

The Substitute interroge le paradoxe flagrant de notre préoccupation à vouloir créer de nouvelles formes de vie tout en négligeant celles qui existent déjà. Le rhinocéros blanc du Nord, pratiquement disparu, est ramené à la vie, numériquement, grâce aux progrès de l'intelligence artificielle. Une projection grandeur nature montre le rhinocéros artificiel découvrant son environnement dans un espace blanc virtuel. Au fur et à mesure qu'il s'habitue à son nouvel espace, il devient de plus en plus « réel » et passe d'une distorsion pixelisée à un état proche de la réalité – une analogie avec la capacité de l'intelligence artificielle à apprendre de son environnement. Les comportements et les sons sont extraits de rares séquences d'observations scientifiques ; pourtant, faute d'environnement naturel, le rhinocéros reste manifestement artificiel. L'installation vidéo d'Alexandra Daisy Ginsberg s'intéresse à notre confiance dans la biotechnologie comme moyen de faire revivre des espèces déjà éteintes. Évidemment, la question se pose de savoir si nous serions capables de protéger un rhinocéros ressuscité, étant donné que nous avons déjà anéanti une espèce entière. Ou bien ce rhinocéros artificiel est-il un meilleur substitut au véritable animal ?

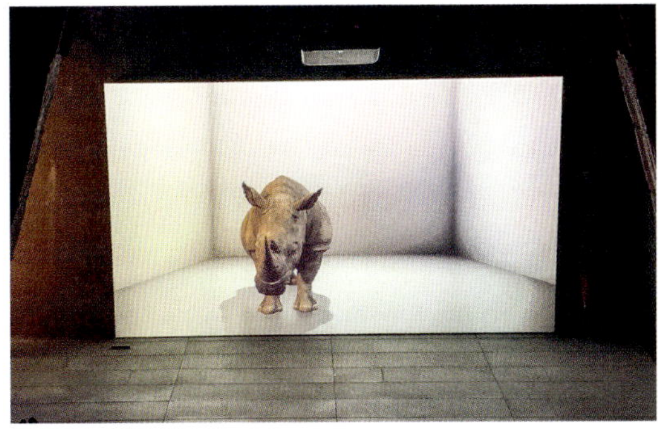

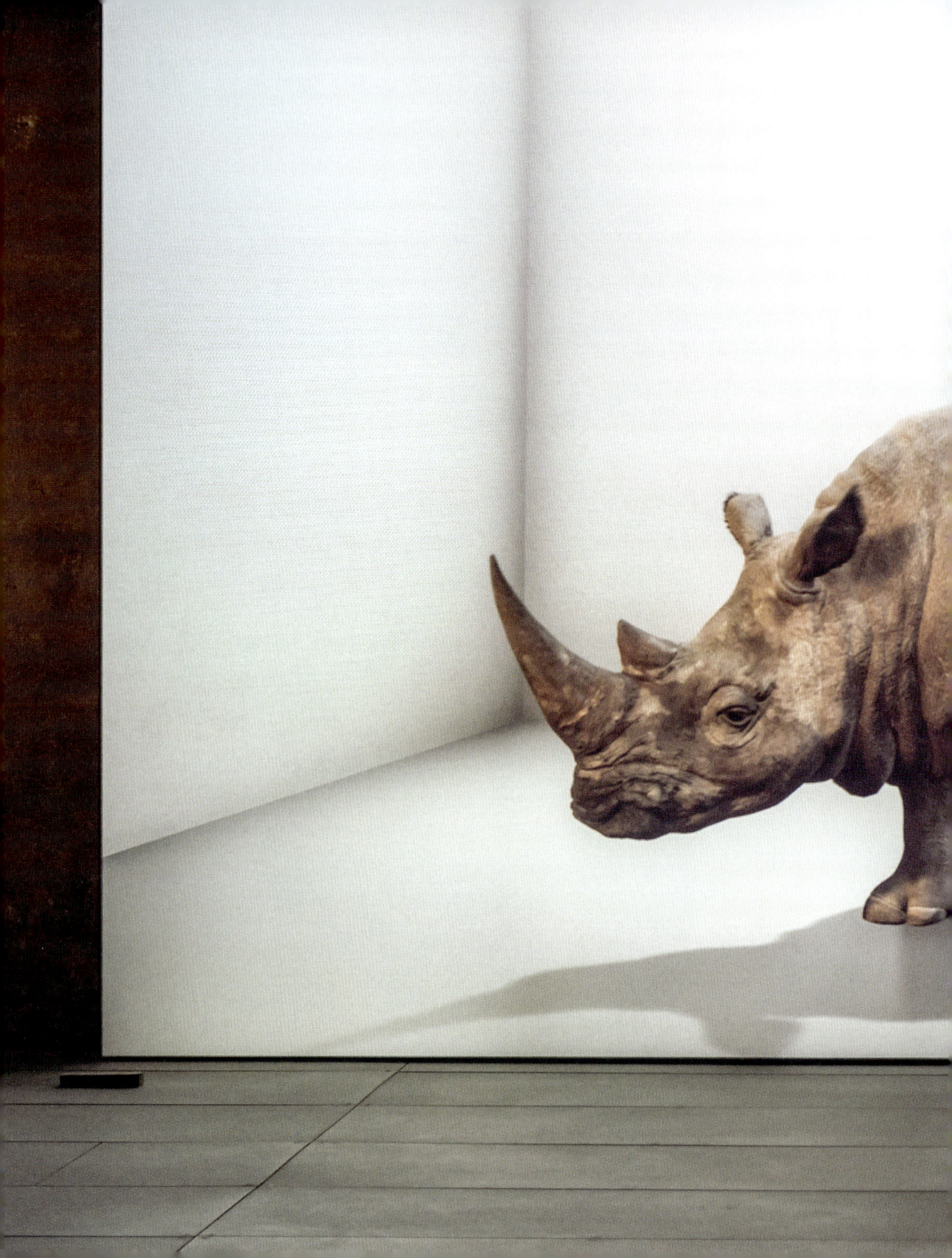

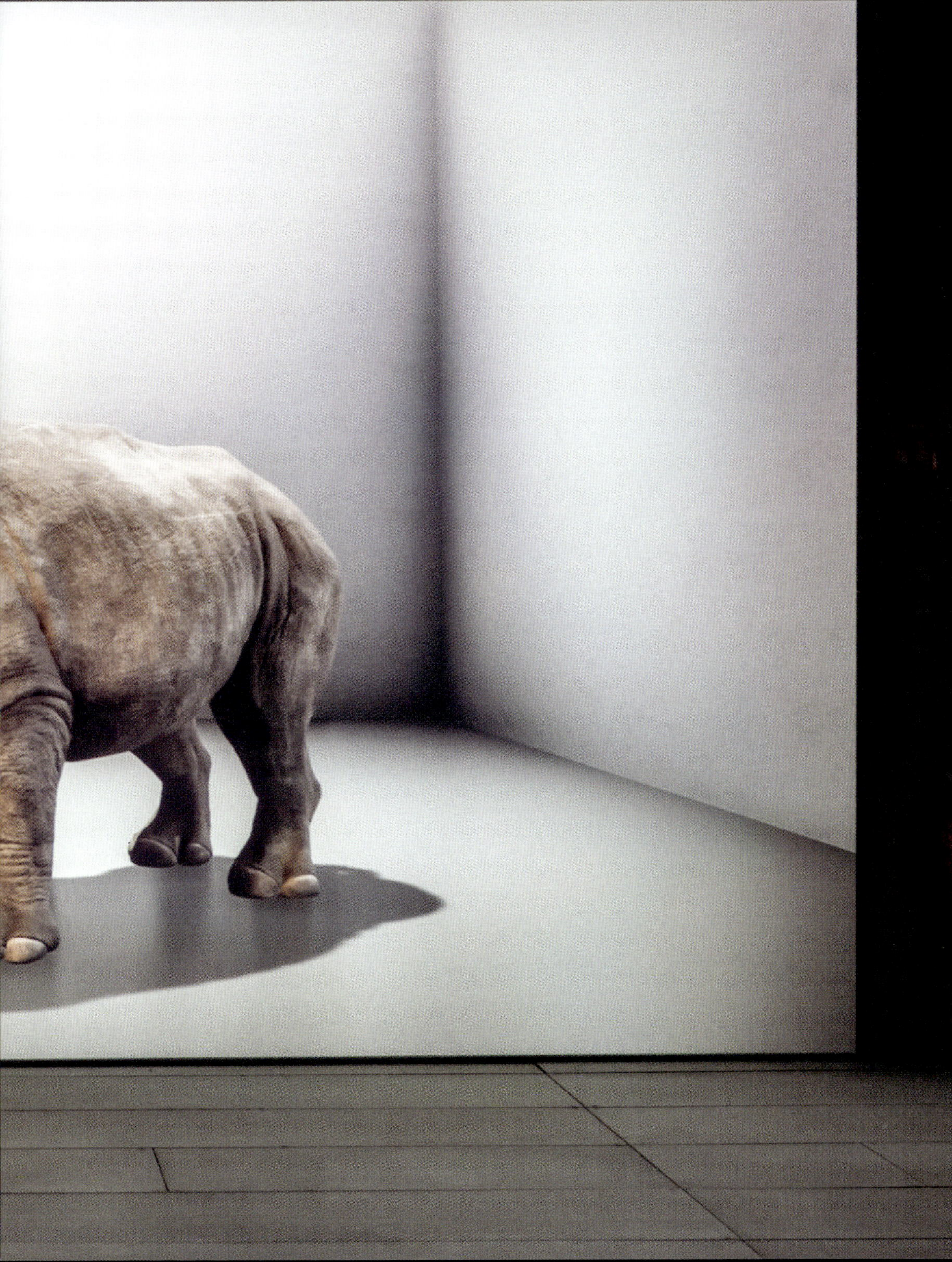

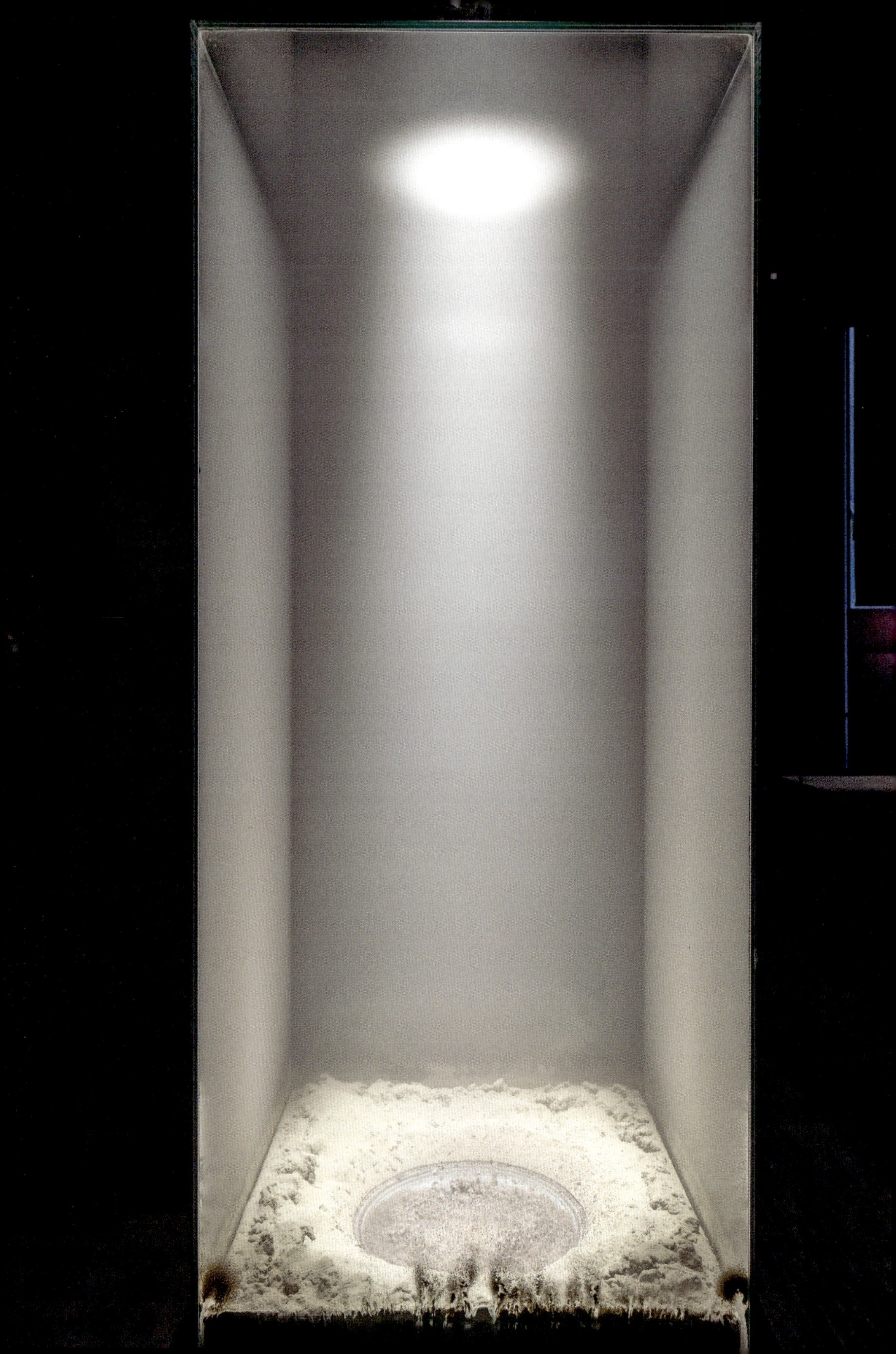

Gil Delindro

RHONE Suspension

2021

RHONE Suspension is a kinetic sculpture resulting from three months of research and field recordings made by Gil Delindro at the Rhone Glacier in Switzerland. Shifts, alterations, and changes in the glacier's surfaces are ongoing but almost imperceptible. The artist used highly sensitive microphones to capture low frequencies and infrasound made by the glacier's movement. These audio waves are below the limits of human perception. The installation consists of a kinetic sculpture based on a custom-made sound system that the artist has filled with gravel collected from the bottom of the glacier. This debris sits on top of a sound amplifier and is brought to float within a glass vitrine by the vibrating acoustic energy of the recorded sounds. The gravel of the Rhone Glacier levitates, creating a variety of shapes and densities, making it possible to experience hidden and ephemeral processes of nature.

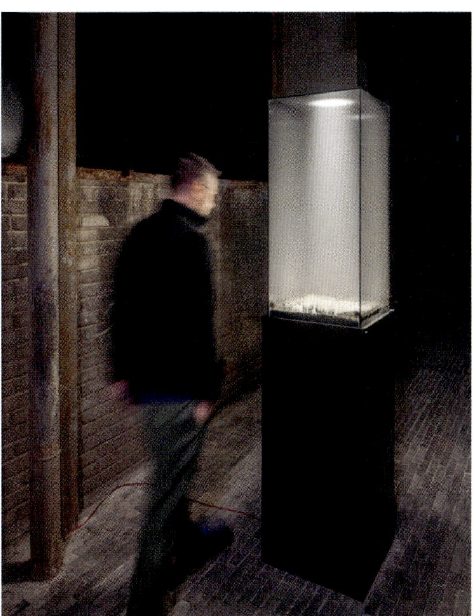

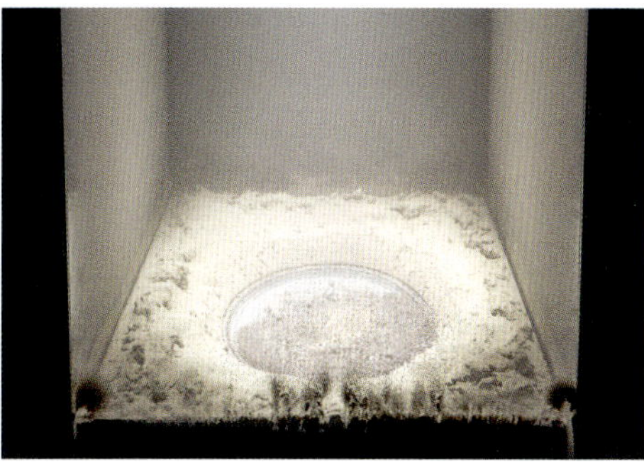

RHONE Suspension est une sculpture cinétique conçue à partir des enregistrements sur le terrain et des recherches effectuées pendant trois mois par Gil Delindro sur le glacier du Rhône en Suisse. Les déplacements, les altérations et les évolutions de la surface du glacier sont des processus continus, mais imperceptibles. L'artiste a utilisé des microphones très sensibles pour capter les basses fréquences et les infrasons des mouvements de la glace et du glacier. Ces ondes sonores sont inférieures aux limites de la perception humaine et ne peuvent être entendues. Pour son installation, l'artiste a conçu une sculpture cinétique à partir d'un système sonore sur mesure qu'il remplit de gravier recueilli au fond du glacier. Cette poussière placée au sommet d'un amplificateur est amenée à vibrer et à flotter dans l'air à l'intérieur de la vitrine en verre par l'énergie acoustique des sons enregistrés. Les graviers du glacier du Rhône lévitent et dessinent une variété de formes et de densités qui rendent possible l'expérience des processus cachés et éphémères de la nature.

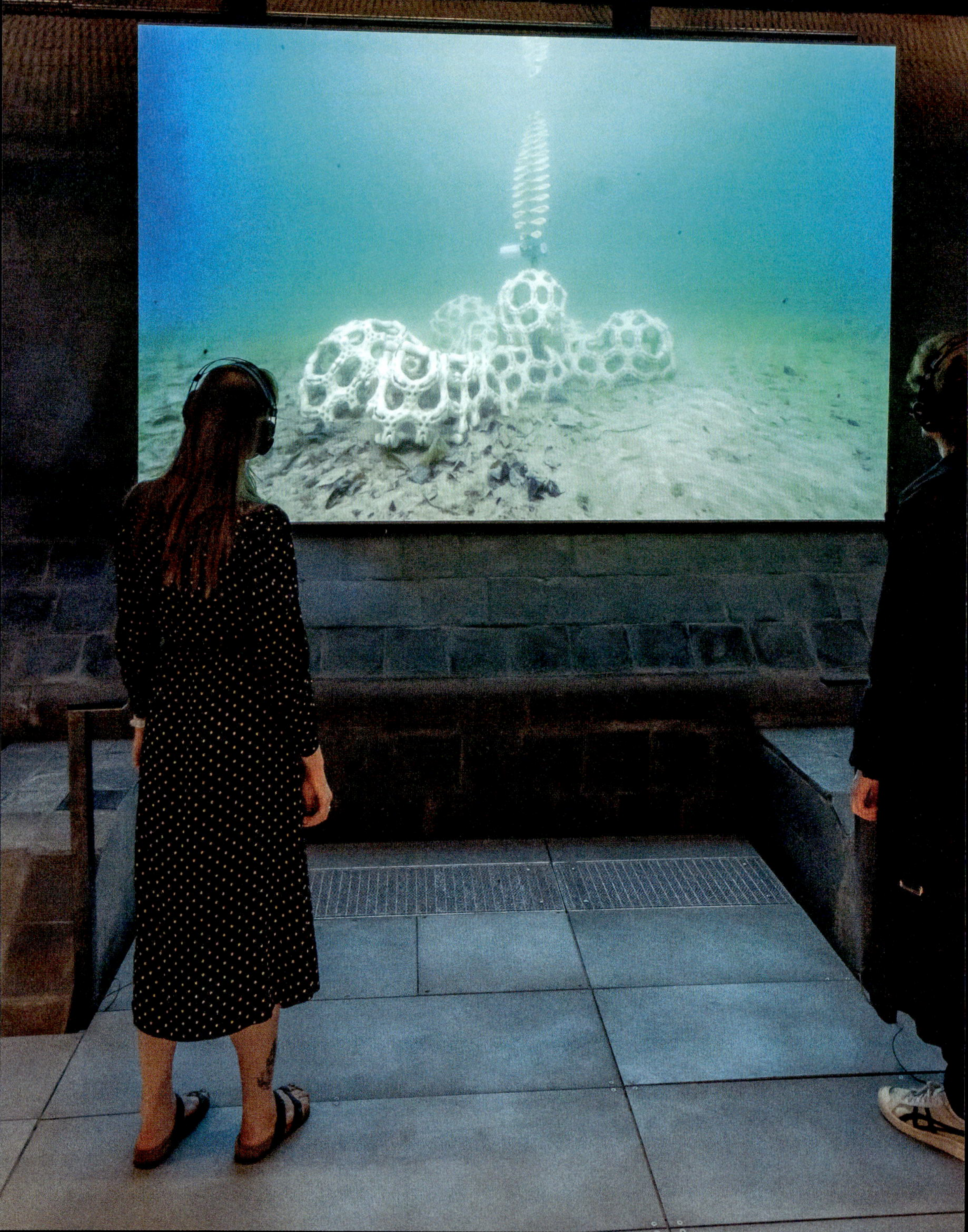

Gilberto Esparza

KORALLYSIS

2019 – Ongoing

The installation *KORALLYSIS* by Gilberto Esparza involves kinetic systems developed to be embedded in coral colonies, forming a symbiotic relationship with them. The project's initial experiments have already been placed as artistic interventions underwater at various locations in the Mexican Caribbean. Its aim is to raise awareness of, and actively counteract, coral reef destruction caused by marine pollution and climate change. Modular ceramic structures, which function like prostheses, are integrated into the damaged coral reefs and as the ocean's currents cause their kinetic structures to generate energy, a new process of reef colonisation is triggered. This attracts natural organisms such as plankton, algae, and barnacle larvae, which accelerates the growth of corals. Here, man-made constructions implanted into the dying reef enable its revitalisation. The creative and cooperative development process of *KORALLYSIS* involves art students, engineers, biologists, physicists, and civil associations.

L'installation *KORALLYSIS* de Gilberto Esparza se compose de systèmes cinétiques développés afin d'être intégrés dans des colonies de corail et former une relation symbiotique avec elles. Les premières expériences du projet ont déjà été implantées sous l'eau en tant qu'interventions artistiques à divers endroits des Caraïbes mexicaines. Son objectif est de sensibiliser la société à la destruction des récifs coralliens causée par la pollution marine et le changement climatique, et de lutter activement contre ce phénomène. Des structures céramiques modulaires, qui opèrent comme des prothèses, sont incorporées à des récifs coralliens abîmés. Les courants océaniques entraînent la production d'énergie grâce à ces structures cinétiques, déclenchant ainsi un nouveau processus de colonisation du récif dans lequel elles sont intégrées. Ce phénomène attire les organismes naturels tels que le plancton, les algues et les larves cypris, et accélère la croissance des coraux. Ici, les constructions artificielles implantées dans le récif naturel mourant permettent sa revitalisation. La création coopérative de *KORALLYSIS* a mobilisé des personnes étudiantes en art, ingénieures, biologistes, physiciennes et des associations citoyennes.

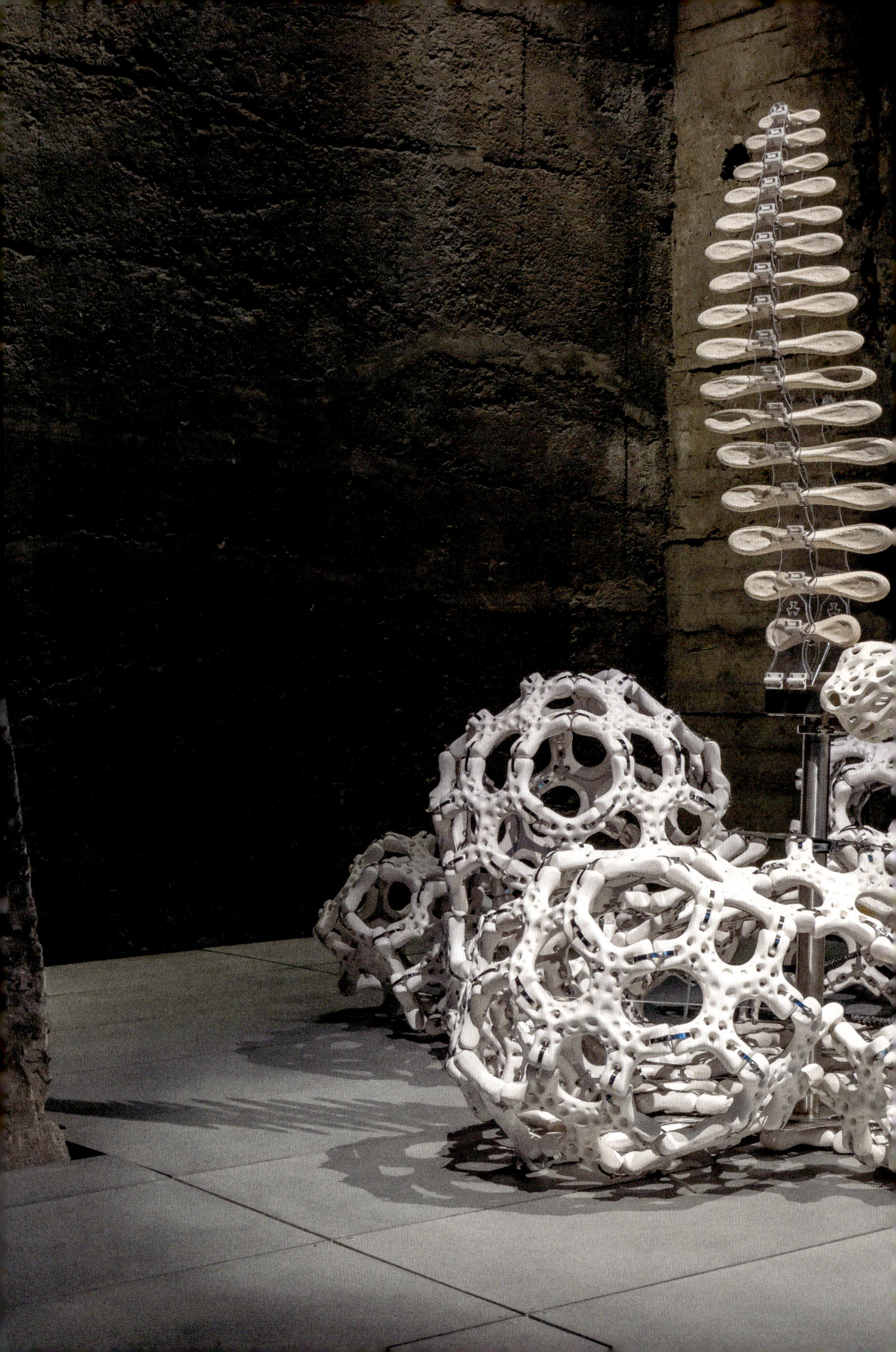

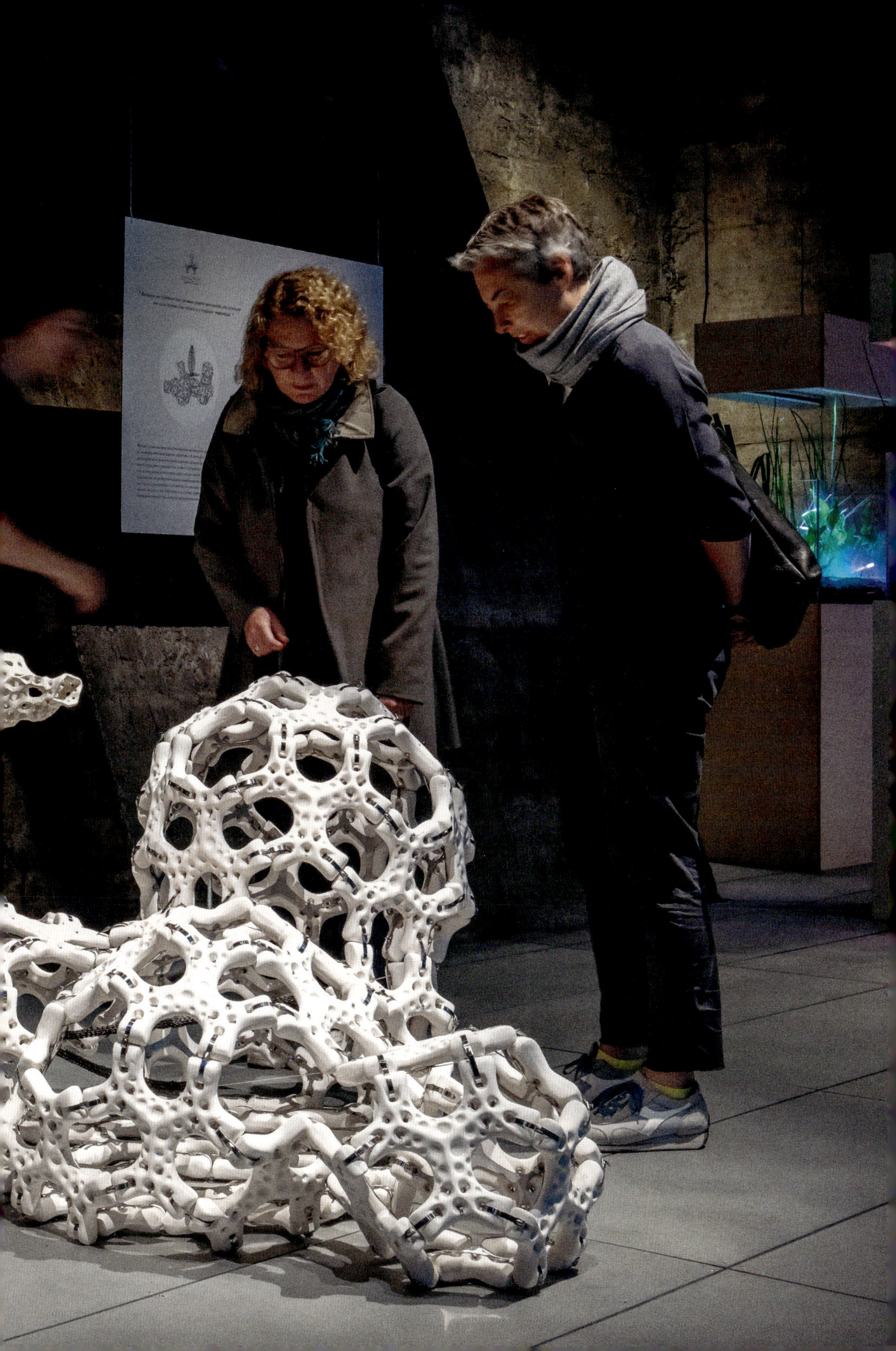

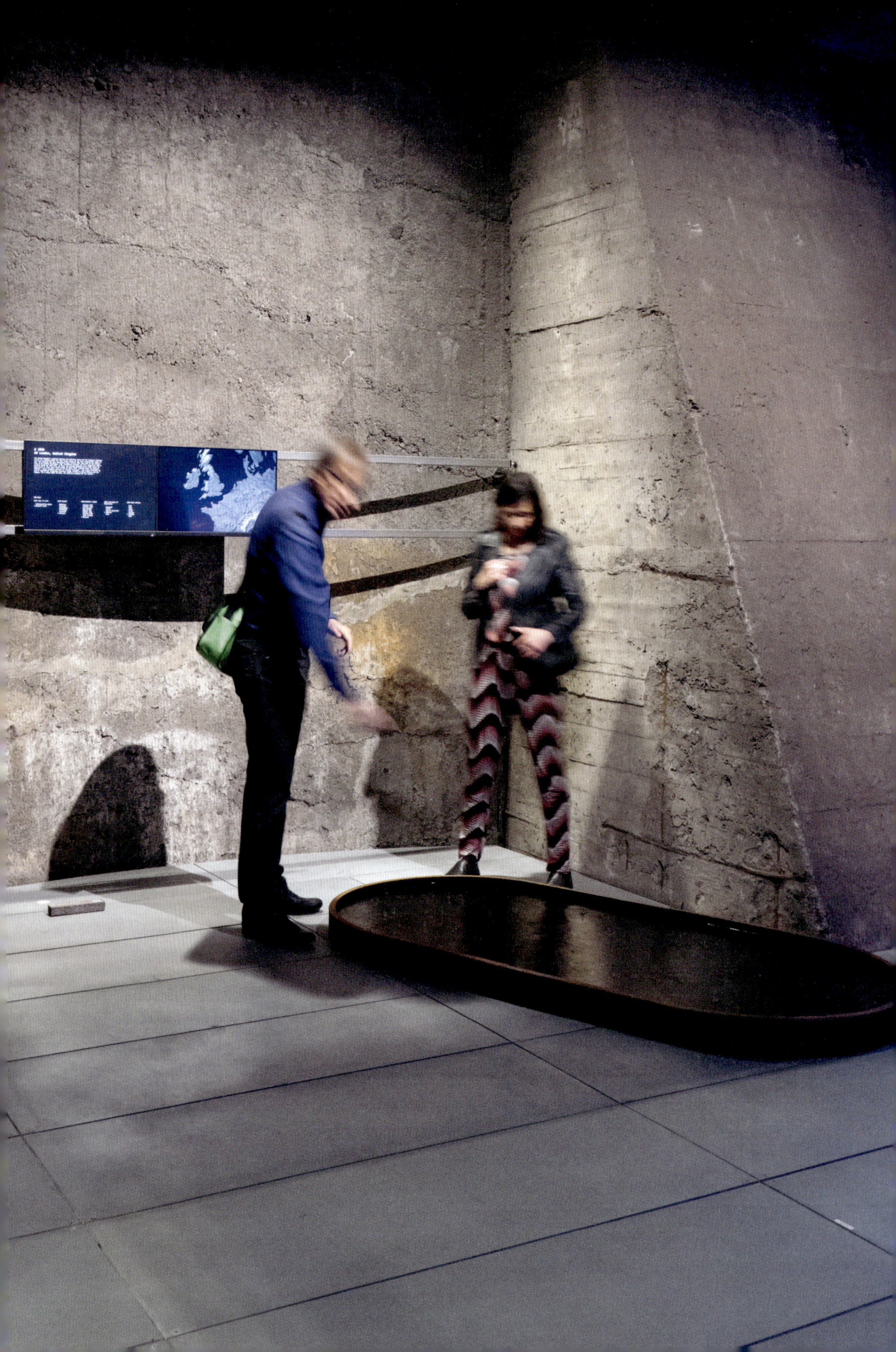

Fragmentin

Displuvium

2019

Fragmentin's installation *Displuvium* investigates human efforts to control the weather. Known as geoengineering or cloud seeding, practices of modifying the weather have been used in various countries since the 1940s. In a pool of water, jets simulate the impression of falling raindrops. At first the water droplets appear natural, then artificial patterns emerge, making it clear that manipulation is at play. Two screens beside the basin report on exceptional historical weather phenomena of heavy rainfall, both natural and resulting from deliberate weather modifications. Among them is a 1992 military parade in Moscow where chemicals ensured that no rain would disrupt celebrations. In 2008, by contrast, Beijing's attempt to trigger rain after a prolonged drought produced a devastating snowstorm instead. These two incidences are mirrored in the water basin, which switches between natural and manmade rain patterns. The title of the work refers to the ancient Roman displuvium, a basin located in an open atrium to collect falling rainwater and serving as a window to the weather of the outside world. Fragmentin's work draws attention to the far-reaching extent of human intervention into natural processes. However, the severe meteorology of recent years clearly indicates that humans will never have control over the weather.

L'installation *Displuvium* du collectif d'artistes Fragmentin analyse les efforts déployés par les humains pour contrôler la météo. Connues sous le nom de géo-ingénierie ou d'ensemencement des nuages, les pratiques visant à modifier le temps sont utilisées dans divers pays depuis les années 1940. Dans un bassin d'eau, des jets immergés simulent l'impression de gouttes de pluie. Au début, les gouttes d'eau semblent naturelles, puis des motifs artificiels apparaissent, montrant clairement qu'il s'agit d'une manipulation. Placés à côté du bassin, deux écrans présentent des phénomènes météorologiques historiques exceptionnels : de fortes précipitations naturelles ou résultant de modifications délibérées. Parmi elles, un défilé militaire à Moscou en 1992, au cours duquel des produits chimiques ont permis d'éviter que la pluie ne vienne perturber les célébrations. En 2008, en revanche, la tentative à Beijing de déclencher la pluie après une sécheresse prolongée a provoqué une tempête de neige dévastatrice. Le bassin d'eau reflète les phénomènes illustrés sur les deux écrans, alternant les modèles de pluie naturels et artificiels.
Le titre de l'œuvre fait référence à la Rome antique, où le displuvium désignait un bassin situé dans l'atrium ouvert où l'eau de pluie était recueillie, faisant office de fenêtre pour suivre la météo du monde extérieur. L'œuvre de Fragmentin attire notre attention sur la portée de l'intervention humaine dans les processus naturels. Cependant, la météorologie violente de ces dernières années atteste avec évidence que l'humain ne parviendra jamais à contrôler le temps.

1986
Gomel, Belarus

In the wake of the catastrophic meltdown of the Chernobyl nuclear reactor in Pripyat, Ukraine, people in Belarus reported heavy, black-coloured rain around the city of Gomel. Shortly beforehand, aircraft had been spotted circling in the sky, ejecting coloured material behind them. Russian Major Aleksei Gurshin – who was flying that day – revealed in 2007 that the location of this downpour was not exactly the product of pure misfortune. Clouds were seeded for rain over Belarus, as winds were about to carry the radioactive cloud straight toward the heavily populated areas of Moscow and Nizhny Novgorod: "If the rain had fallen on those cities it would've been a catastrophe for millions" said Gurshin.

Data

Reason

Military
> Economical

Ecological
Political
Natural event
Unwanted
Unknown

Weather target

Avoiding hail
Avoiding rain
Avoiding drought
Dispeling pollution/smog
Dispeling the fog
Decreasing cyclones
> Rain

Full control
Unknown

Technique of Dispersion

> Plane

Rocket
Ground generator
Unknown
None

Side effects

Hail
Snow
> Toxic

Flood
Unknown
None

2017
Port Arthur, United States

Disaster it would seem, has a taste for Port Arthur. This small Gulf Coast city on the Texas-Louisiana border has seen its fair share of calamity over the past fifteen years. It was still recovering from hurricanes Rita (2005) and Ike (2005) when Harvey struck In 2017. First with the battering winds of a hurricane and then with four days of unrelenting downpour, culminating in a meter and a half of accumulated rainfall. A new U.S. record. The fact that the city of 55'000 inhabitants has one of the largest concentrations of oil refineries in North America is but a cruel twist of fate.

Data

Reason

Military
Economical
Ecological
Political
> Natural event

Unwanted
Unknown

Weather target

Avoiding hail
Avoiding rain
Avoiding drought
Dispeling pollution/smog
Dispeling the fog
Decreasing cyclones
Rain
Full control
> Unknown

Technique of Dispersion

Plane
Rocket
Ground generator
Unknown
> None

Side effects

Hail
Snow
Toxic
> Flood

Unknown
None

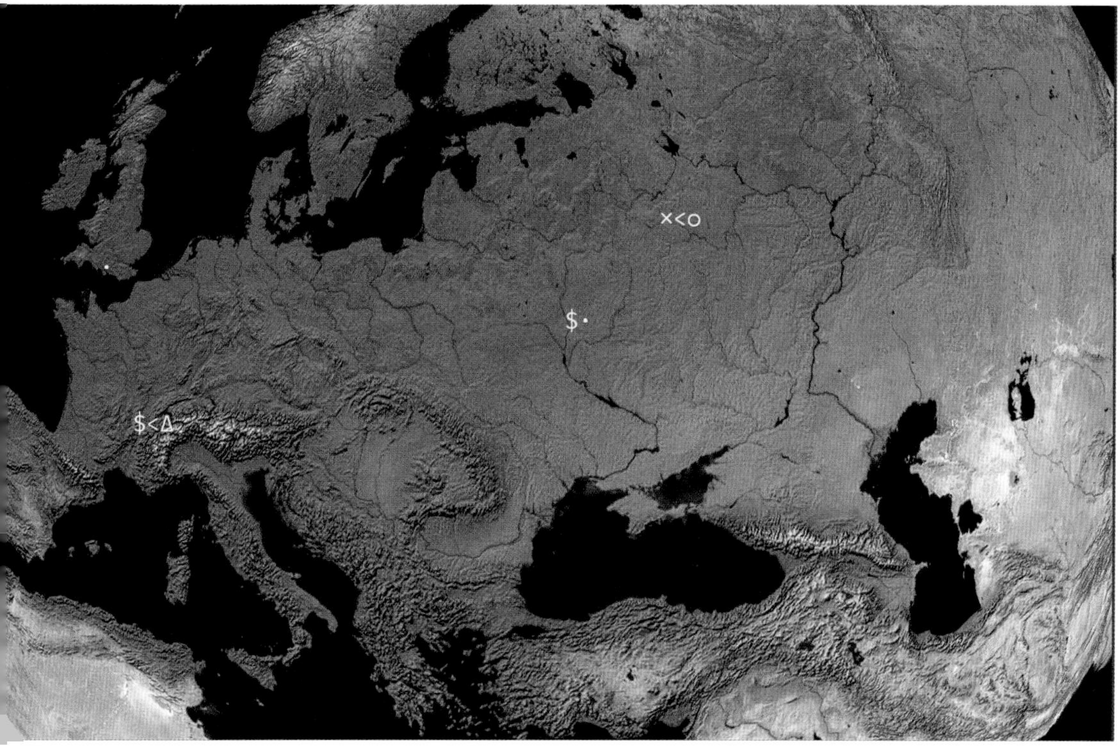

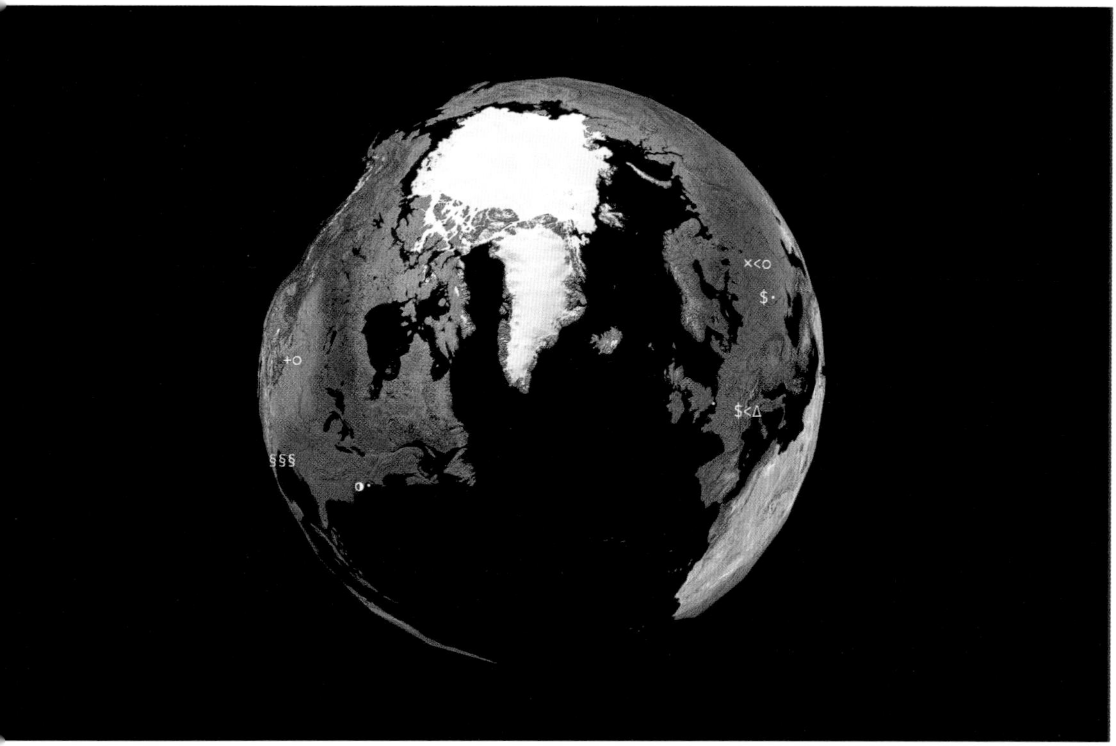

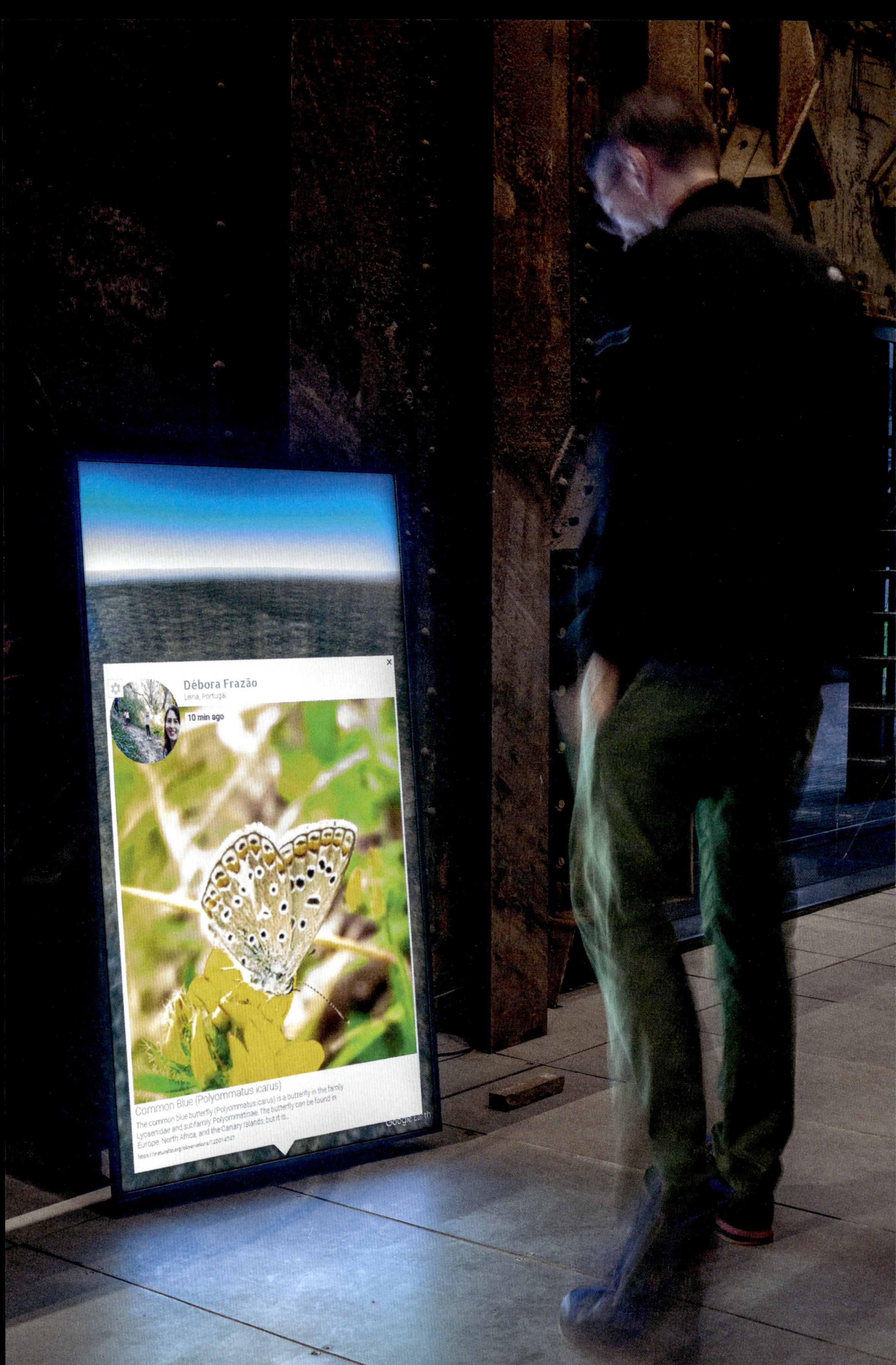
Débora Frazão
10 min ago
Common Blue (Polyommatus icarus)
The common blue butterfly (Polyommatus icarus) is a butterfly in the family
Lycaenidae and subfamily Polyommatinae. The butterfly can be found in
Europe, North Africa, and the Canary Islands, but it is...

Marc Lee

Used to Be My Home Too

2021

The title of this work by Marc Lee takes the perspective of extinct animal species in relation to their former environments, which have become subject to human cultivation. For his net-based installation, Lee uses live data from the online project iNaturalist, which publishes images of flora and fauna taken by naturalists and private individuals around the globe. By means of the images' geolocation data, these live images and observations appear at their real-time locations on Google Earth and are linked to the Red List (RedList.org) of endangered species. With each post, the locations of new observations are displayed live on Google Earth and enhanced with related information about extinct or endangered animal species. Instead of idyllic nesting sites and habitats, viewers are faced with asphalt deserts or natural reservoirs in obvious decline. The work is an homage to the biodiversity of our planet and illustrates how it is threatened by human activity.

Avec le titre de son œuvre *Used to Be My Home Too*, Marc Lee adopte le point de vue d'espèces animales disparues sur l'exploitation croissante des terres par l'homme. Pour son installation en réseau, il utilise les données en direct fournies par le projet en ligne iNaturalist, qui publie des images de la flore et de la faune prises par des spécialistes ou amateur·es de la nature du monde entier. Grâce aux données de géolocalisation des images, ces observations en direct apparaissent à leur emplacement en temps réel sur Google Earth, et sont à leur tour liées à la liste rouge (RedList.org) des espèces menacées. À chaque post, les emplacements des nouvelles observations sont affichés et enrichis d'informations connexes sur les espèces animales disparues ou en voie de disparition. Au lieu de sites de nidification et d'habitats idylliques, le public est confronté à des déserts d'asphalte ou à des réservoirs naturels sur le déclin. L'œuvre est un hommage à la biodiversité de notre planète et témoigne de la menace que représente l'activité humaine pour elle.

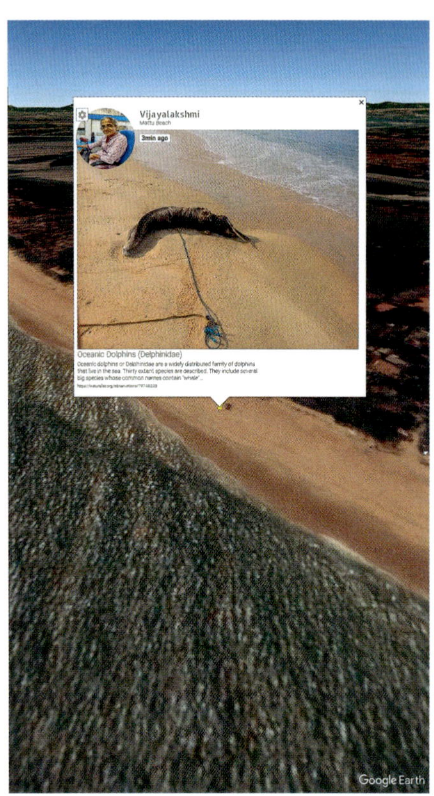
Vijayalakshmi
Mattu Beach
3min ago
Oceanic Dolphins (Delphinidae)
Oceanic dolphins or Delphinidae are a widely distributed family of dolphins that live in the sea. Thirty extant species are described. They include several big species whose common names contain "whale"...
Google Earth

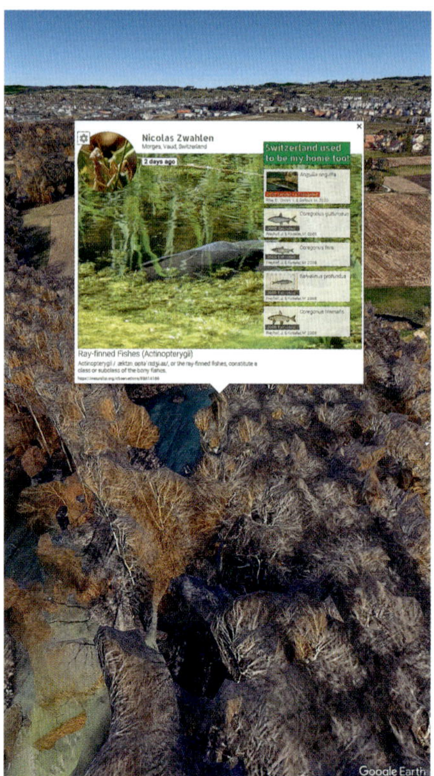
Nicolas Zwahlen
Morges, Vaud, Switzerland
2 days ago
Switzerland used to be my home too!
Anguilla anguilla
Coregonus gutturosus
Coregonus fera
Salvelinus profundus
Coregonus hiemalis
Ray-finned Fishes (Actinopterygii)
Actinopterygii, or the ray-finned fishes, constitute a class or subclass of the bony fishes.
Google Earth

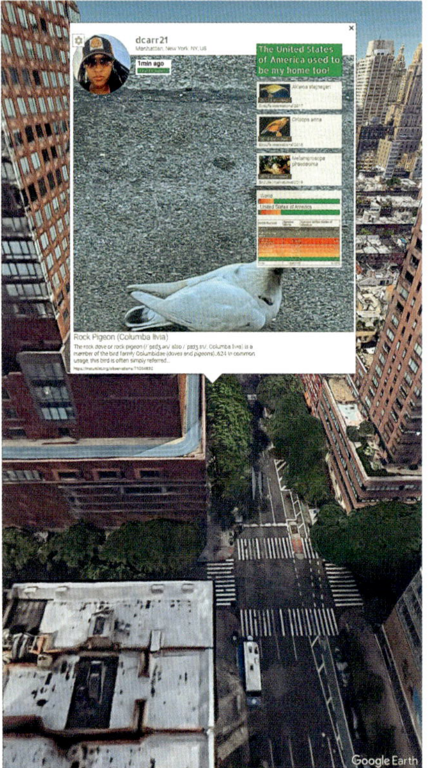
dcarr21
Manhattan, New York, NY, US
1min ago
The United States of America used to be my home too!
Akialoa stejnegeri
Ciridops anna
Melamprosops phaeosoma
World
United States of America
Rock Pigeon (Columba livia)
The rock dove or rock pigeon (…, Columba livia) is a member of the bird family Columbidae (doves and pigeons).:624 In common usage, this bird is often simply referred...
Google Earth

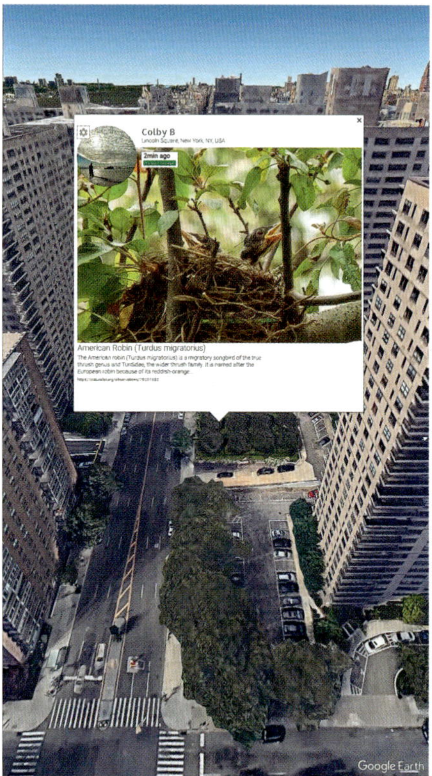
Colby B
Lincoln Square, New York, NY, USA
2min ago
American Robin (Turdus migratorius)
The American robin (Turdus migratorius) is a migratory songbird of the true thrush genus and Turdidae, the wider thrush family. It is named after the European robin because of its reddish-orange...
Google Earth

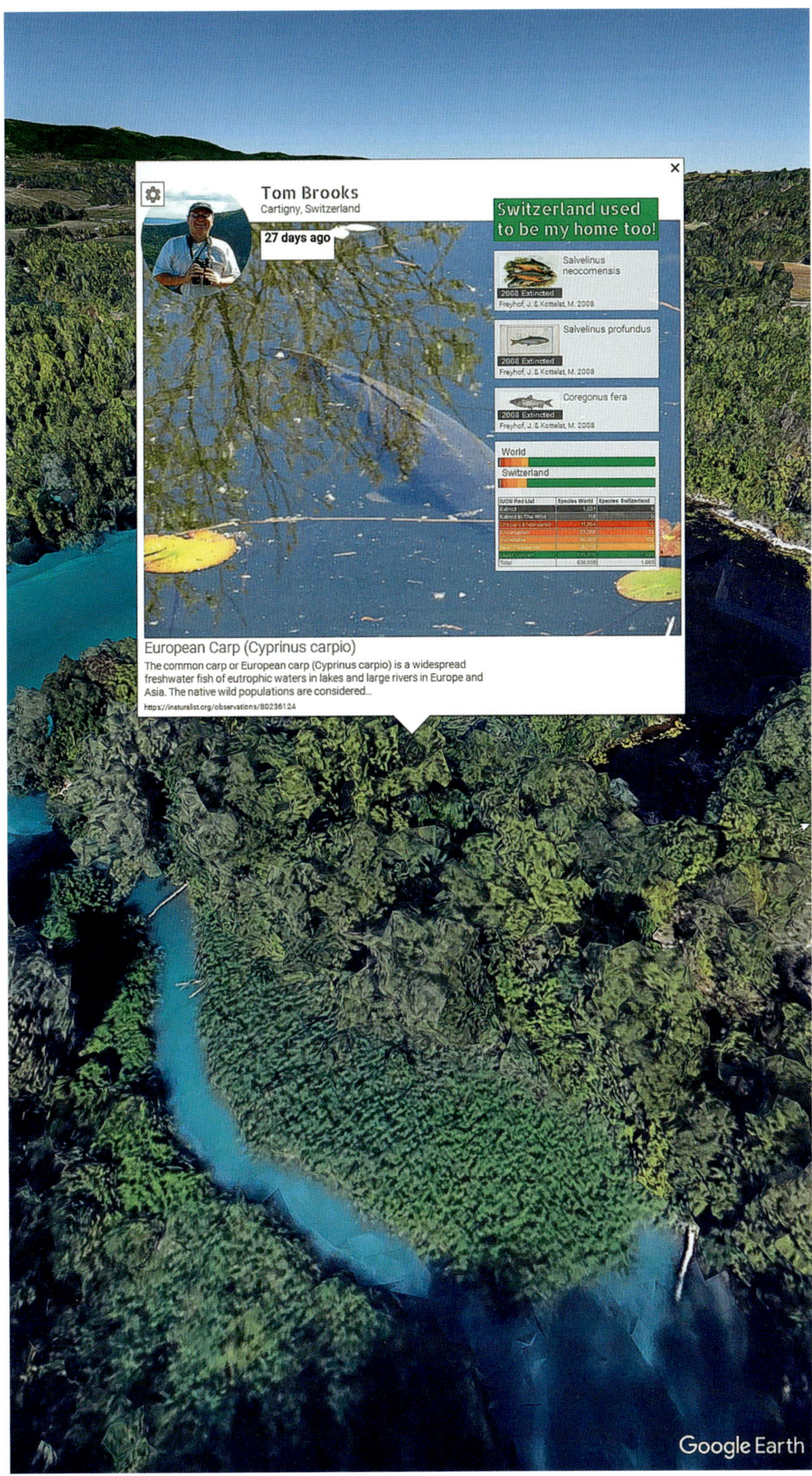
Tom Brooks
Cartigny, Switzerland
27 days ago
Switzerland used to be my home too!
Salvelinus neocomensis
2008 Extincted
Freyhof, J. & Kottelat, M. 2008
Salvelinus profundus
2008 Extincted
Freyhof, J. & Kottelat, M. 2008
Coregonus fera
2008 Extincted
Freyhof, J. & Kottelat, M. 2008
World
Switzerland
European Carp (Cyprinus carpio)
The common carp or European carp (Cyprinus carpio) is a widespread freshwater fish of eutrophic waters in lakes and large rivers in Europe and Asia. The native wild populations are considered...
https://inaturalist.org/observations/80236124
Google Earth

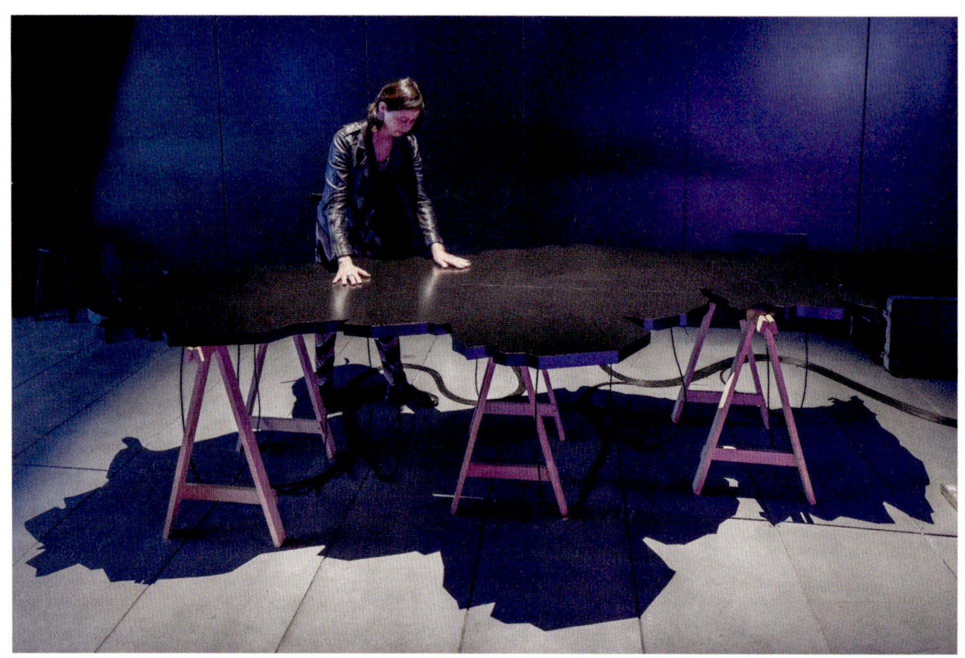

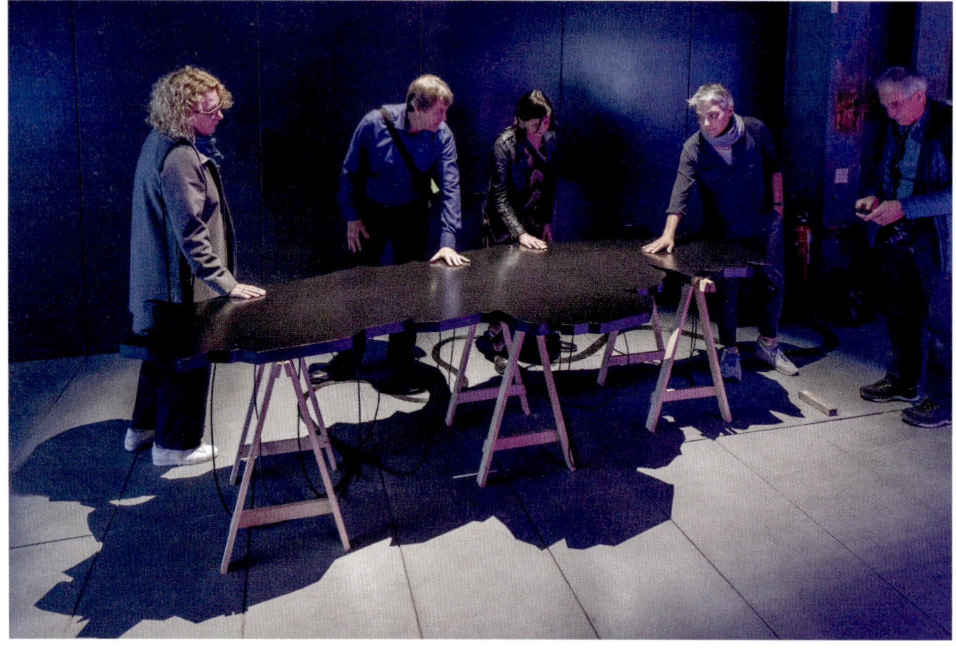

Marcus Maeder

Edaphon Braggio

2019

The black wooden plate outlines a map of the natural area in the municipality of Braggio, in the Calanca valley within the Canton of Grisons in Switzerland. Howling, rumbling, and humming sounds fill the space and cause the plate to resonate. Marcus Maeder's installation is a part of the artist's long-term scientific and artistic research into the acoustic realm of soil biodiversity. "Edaphon" is a word coined by Austrian microbiologist Raoul Heinrich Francé for the totality of underground life. Maeder used a custom-made contact microphone to capture the acoustic lives of soil inhabitants. Ants, springtails, spiders, grasshoppers, and other species use the vibrations and friction produced by their bodies to communicate and navigate acoustically. The resulting sounds vary from soil to soil, so a forest sounds different from a meadow, while agricultural and highly cultivated areas are silent. Species leave these areas because of the impact of biochemicals and agricultural instruments. Maeder made this work in a former industrial location to explore the potential revitalisation of the area.

La plaque en bois noir dessine la carte de la zone naturelle de la commune de Braggio, dans la vallée de Calanca dans le canton des Grisons, en Suisse. Des sons d'éclats, de grondements et de bourdonnements emplissent l'espace et font résonner la plaque. L'installation s'inscrit dans le cadre d'une longue recherche scientifique et artistique menée par l'artiste Marcus Maeder sur le domaine acoustique lié à la biodiversité du sol. « Edaphon » fait référence au concept inventé par le microbiologiste autrichien Raoul Heinrich Francé pour désigner l'ensemble de la vie souterraine. Maeder a utilisé un microphone de contact fabriqué sur mesure pour enregistrer la vie acoustique des populations souterraines. Grâce aux vibrations et aux frottements produits par leur corps, les fourmis, les cicadelles et d'autres espèces communiquent et se déplacent par voie acoustique. Le son varie d'un sol à l'autre, de sorte que la forêt sonne différemment d'une prairie, les zones agricoles et fortement cultivées sont au contraire silencieuses. Les espèces quittent ces espaces à cause de l'impact des produits biochimiques et des machines agricoles. Conçue dans un ancien quartier industriel, cette œuvre pose la question de la revitalisation potentielle du site après le départ de l'industrie.

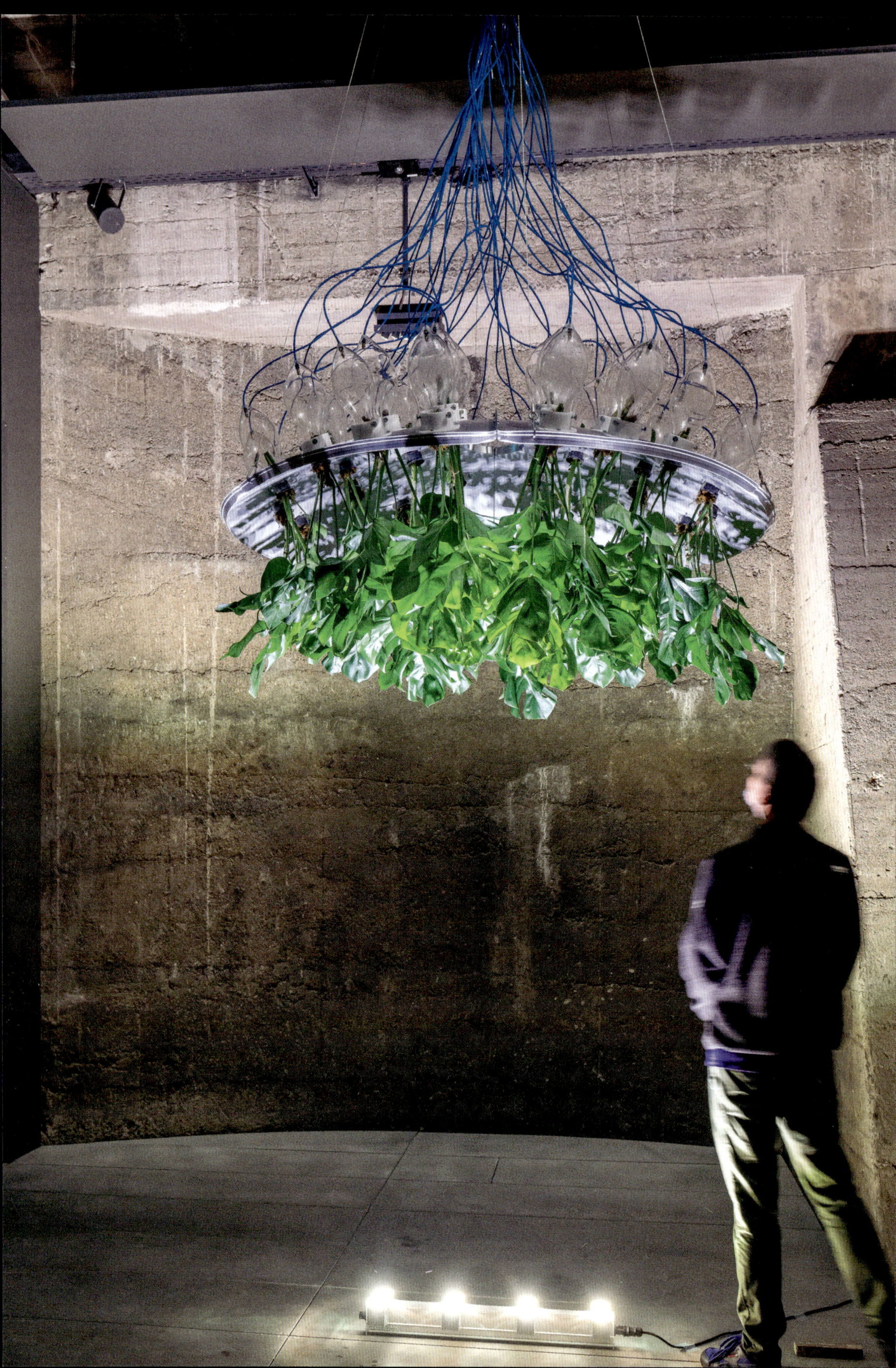

Mary Maggic

Plants of the Future

2013 – 2020

The processes of urbanization and deforestation are endangering the biodiversity of our planet. Beginning from this observation, Mary Maggic has created a post-natural organism that can survive a future in which the earth no longer has fertile soil, in order to reflect the techno-utopian discourse of our civilisation. The plants in this installation are grown according to hydroponic cultivation (i.e., without soil) with nutrient solutions and, in this case, artificial light. Employing the aesthetic of science fiction imagery, the artist questions a utopian vision of the future in which technology is able to solve environmental problems in harmony with nature. The *Plants of the Future* are beautiful and fascinating, arranged with an inverted orientation that allows more prosperous growth than the traditional upright position. This work is perhaps also a cautionary tale about a techno-utopian ideology that increasingly distances us from our planet.

Les processus d'urbanisation et de déforestation menacent la biodiversité de notre planète. Partant de ce constat, Maggic a conçu un organisme post-naturel qui traduit le discours techno-utopique de notre civilisation et qui peut survivre dans un futur où la terre ne disposerait plus de sols fertiles. Les plantes de cette installation sont en effet cultivées selon le principe de la culture hydroponique, c'est-à-dire hors du sol, avec des solutions nutritives et, dans ce cas, de la lumière artificielle. En combinant une esthétique futuriste proche de l'imagerie de science-fiction, l'artiste questionne une vision utopique du futur dans laquelle la technologie serait capable de résoudre les problèmes environnementaux en harmonie avec la nature. Les *Plants of the Future* sont belles et fascinantes avec leur dispositif de présentation qui permet une croissance inversée et apparemment plus prospère qu'une croissance naturelle. Pourtant, cette œuvre constitue peut-être aussi une mise en garde contre l'idéologie techno-utopique qui nous éloigne de plus en plus de notre planète.

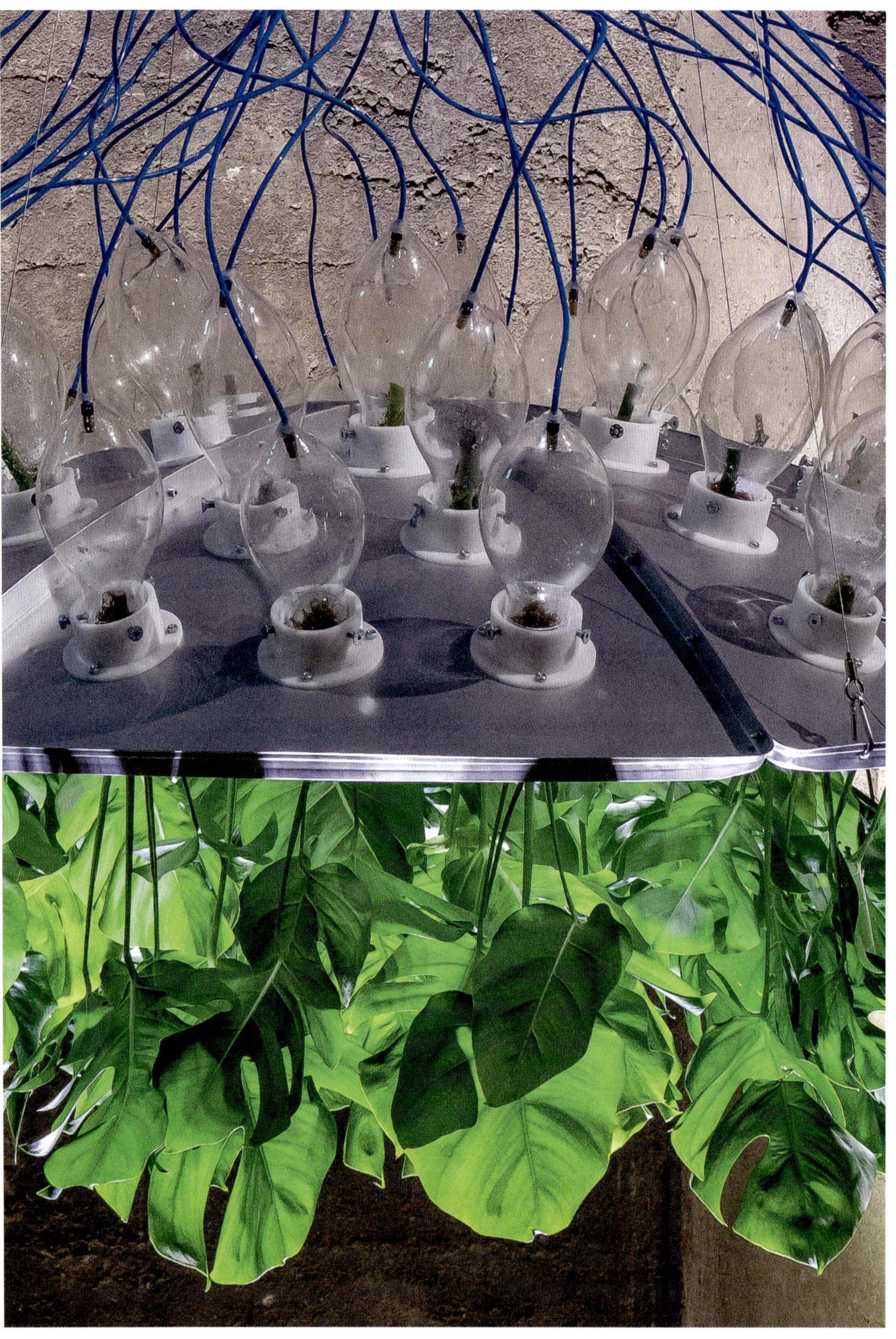

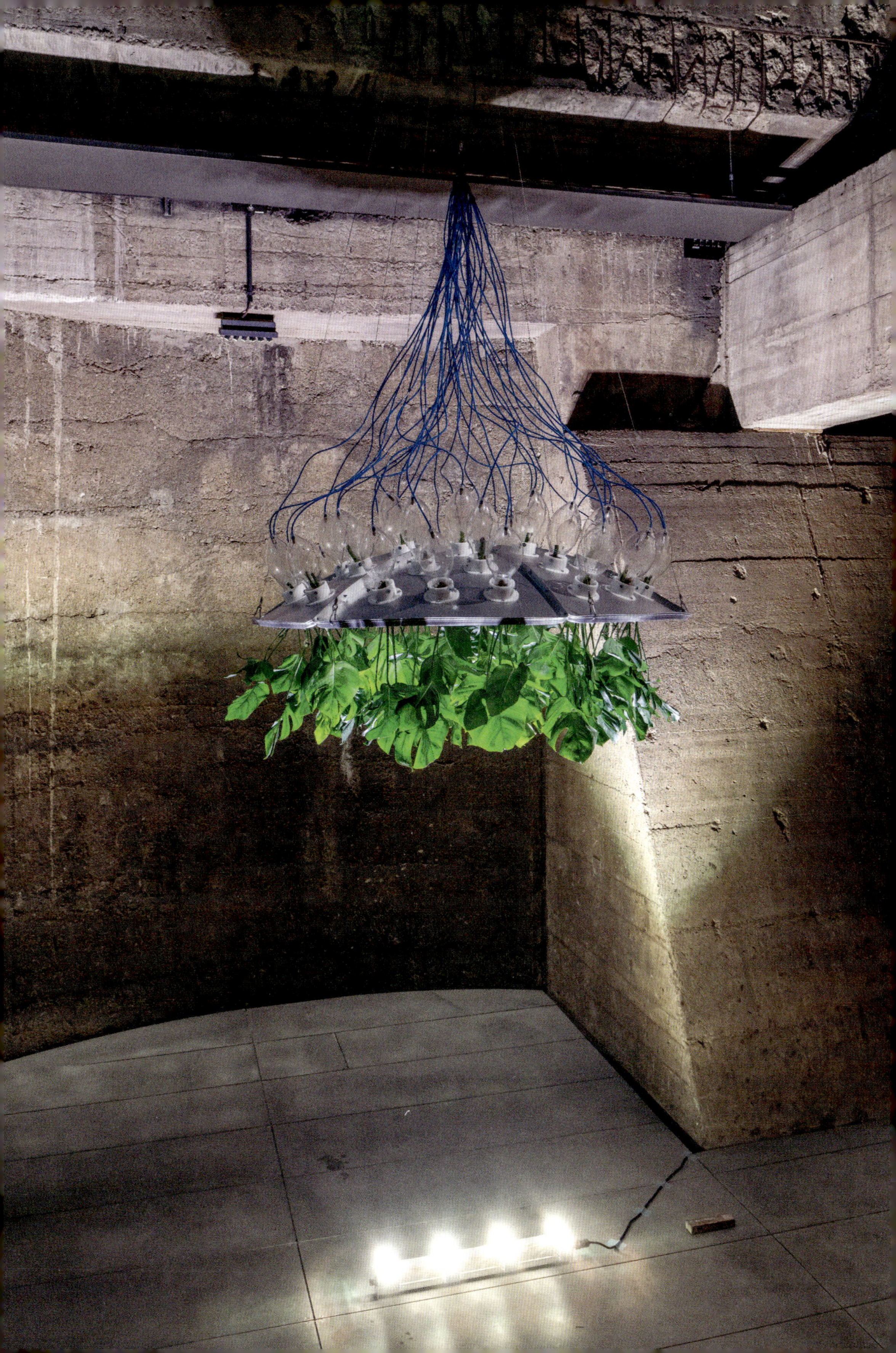

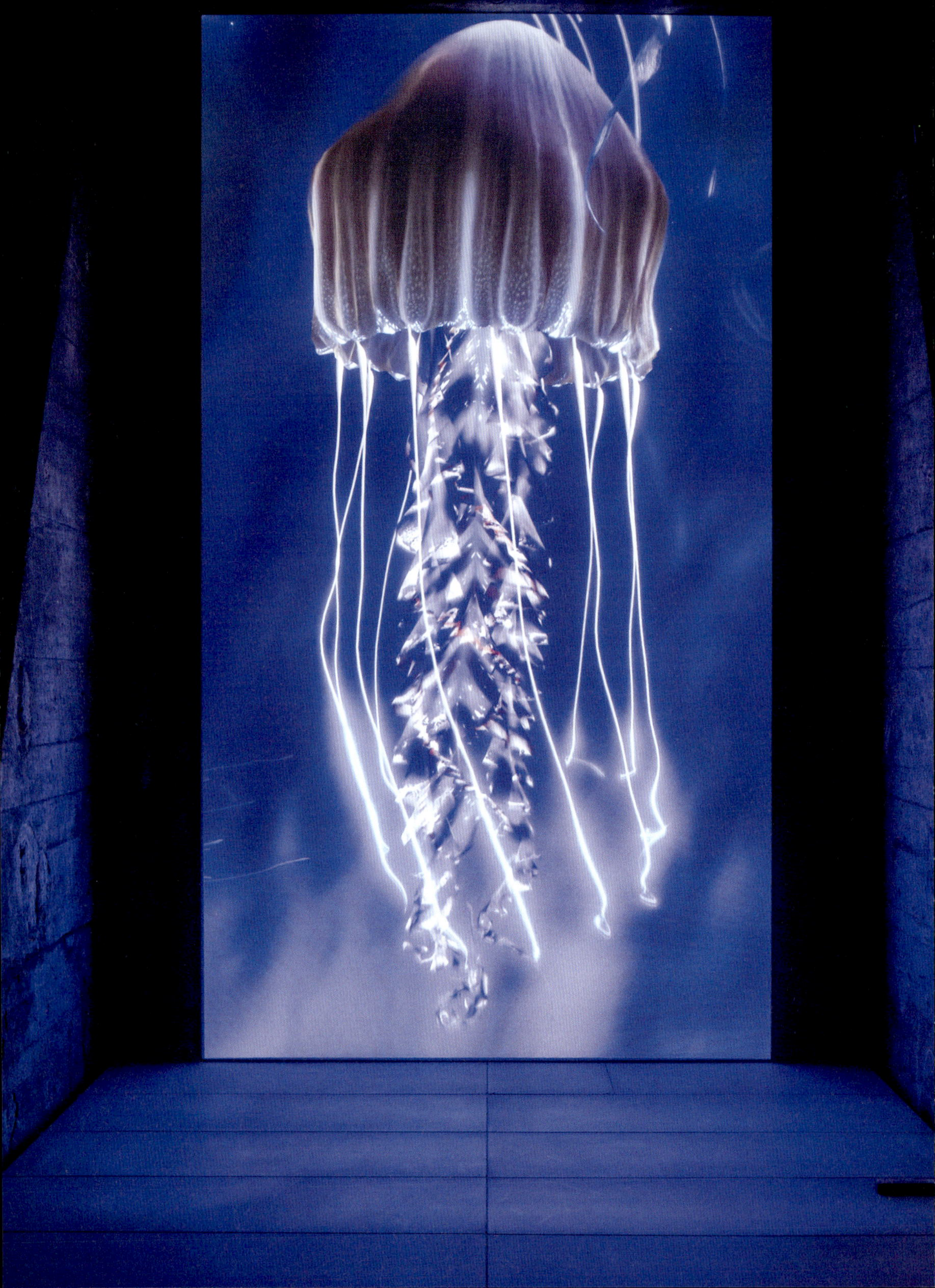

Mélodie Mousset & Eduardo Fouilloux

The Jellyfish

2021

The virtual reality experience *The Jellyfish* created by Mélodie Mousset and Eduardo Fouilloux invites viewers to immerse themselves in an underwater world and interact with luminous jellyfish. Sea creatures swim around the spectators and are awakened if they look at them or make sounds with their voices. The jellyfish will respond to a viewer's singing with their own sounds and colourful animations. If they continue to sing, more jellyfishes will gather to create a polyphonic chorus. The work is powered by a synthesiser, developed by the artists, equipped with real-time voice analysis that measures the pitch, tonality, and phrasing of a spectator's voice. Concurrently, it generates audio-visual compositions of an underwater environment, which is transformed into a soundscape. Through harmonious interaction and synesthetic exchange between visitors and virtual beings, the artists have created a sense of connection between species in a poetic and playful way.

L'expérience de réalité virtuelle *The Jellyfish* créée par Mélodie Mousset et Eduardo Fouilloux nous invite à nous immerger dans un monde sous-marin et à interagir avec des méduses lumineuses. Les créatures marines qui nagent autour de nous se réveillent si nous les regardons ou si nous émettons des sons avec notre voix. La méduse s'approche et répond par des sons et des animations colorées à nos chants. Si nous continuons à chanter, d'autres méduses se rassemblent pour former un chœur polyphonique. L'œuvre est alimentée par un synthétiseur développé par les artistes, équipé d'une analyse vocale en temps réel mesurant la hauteur, la tonalité et le phrasé de notre voix, tout en générant des compositions audiovisuelles du milieu sous-marin environnant, qui se transforme en un véritable paysage sonore. Grâce à l'interaction harmonieuse et à l'échange synesthésique entre le public et les êtres virtuels, les artistes suscitent un sentiment de connexion avec d'autres espèces d'une manière poétique et ludique.

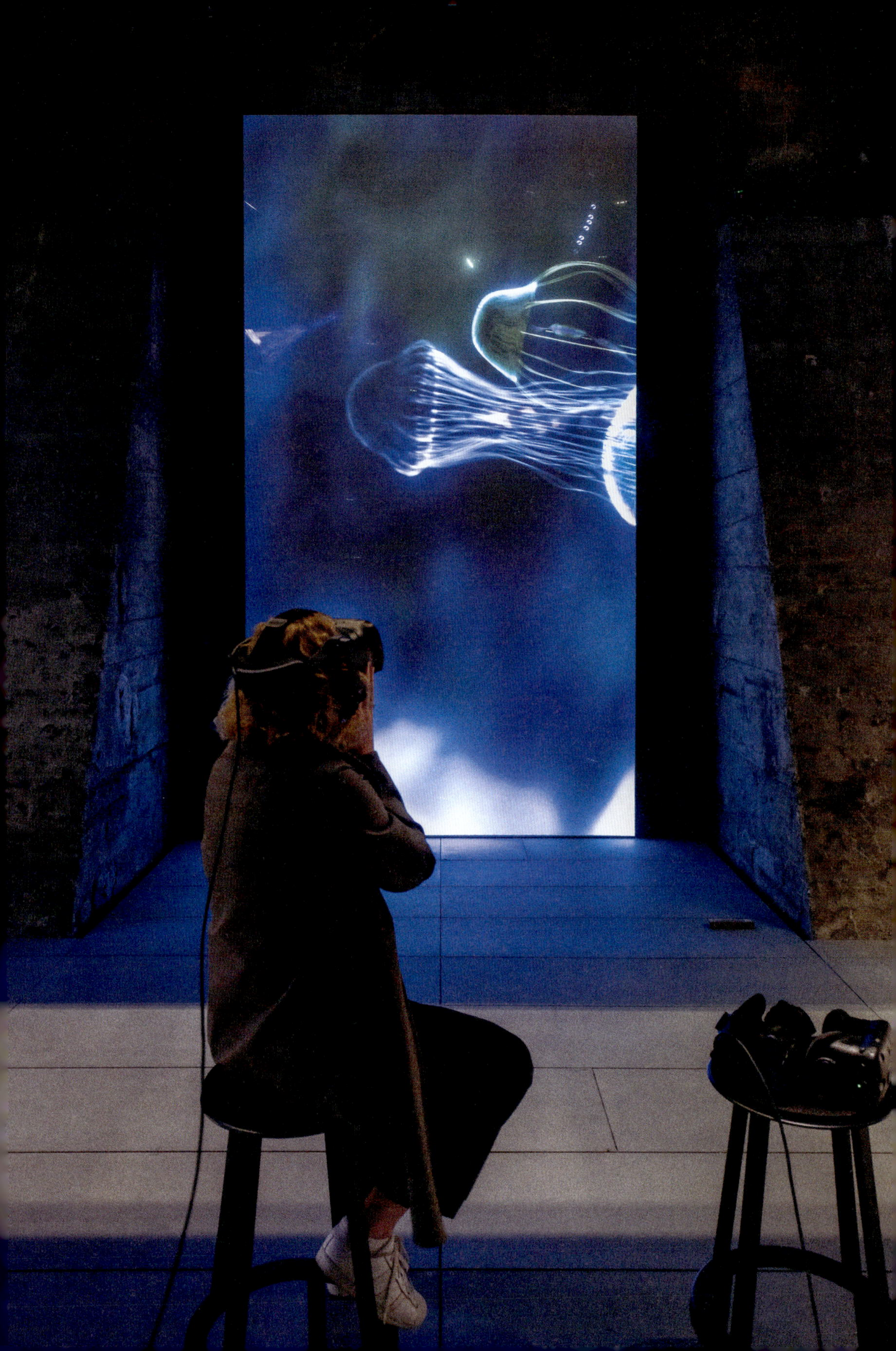

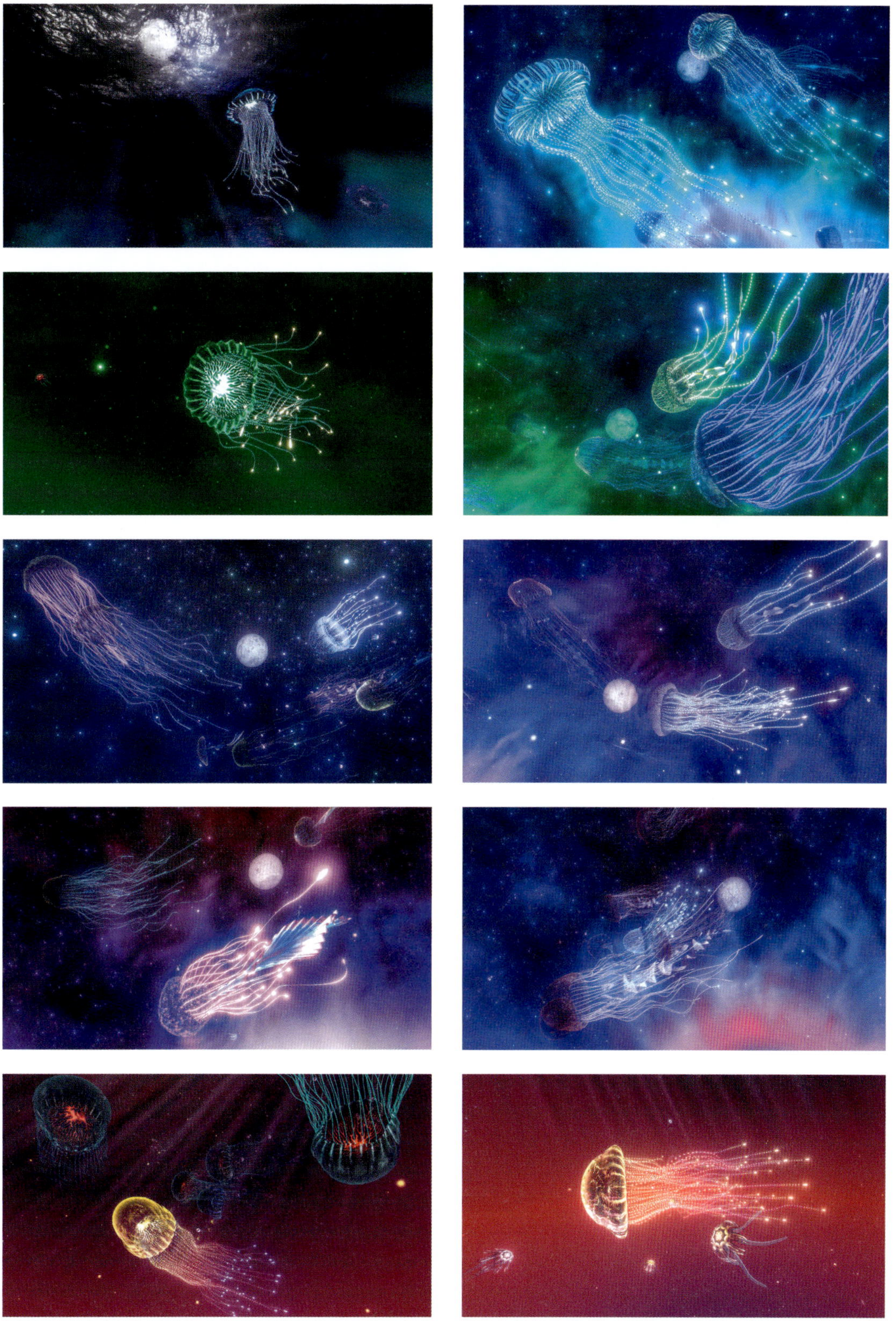

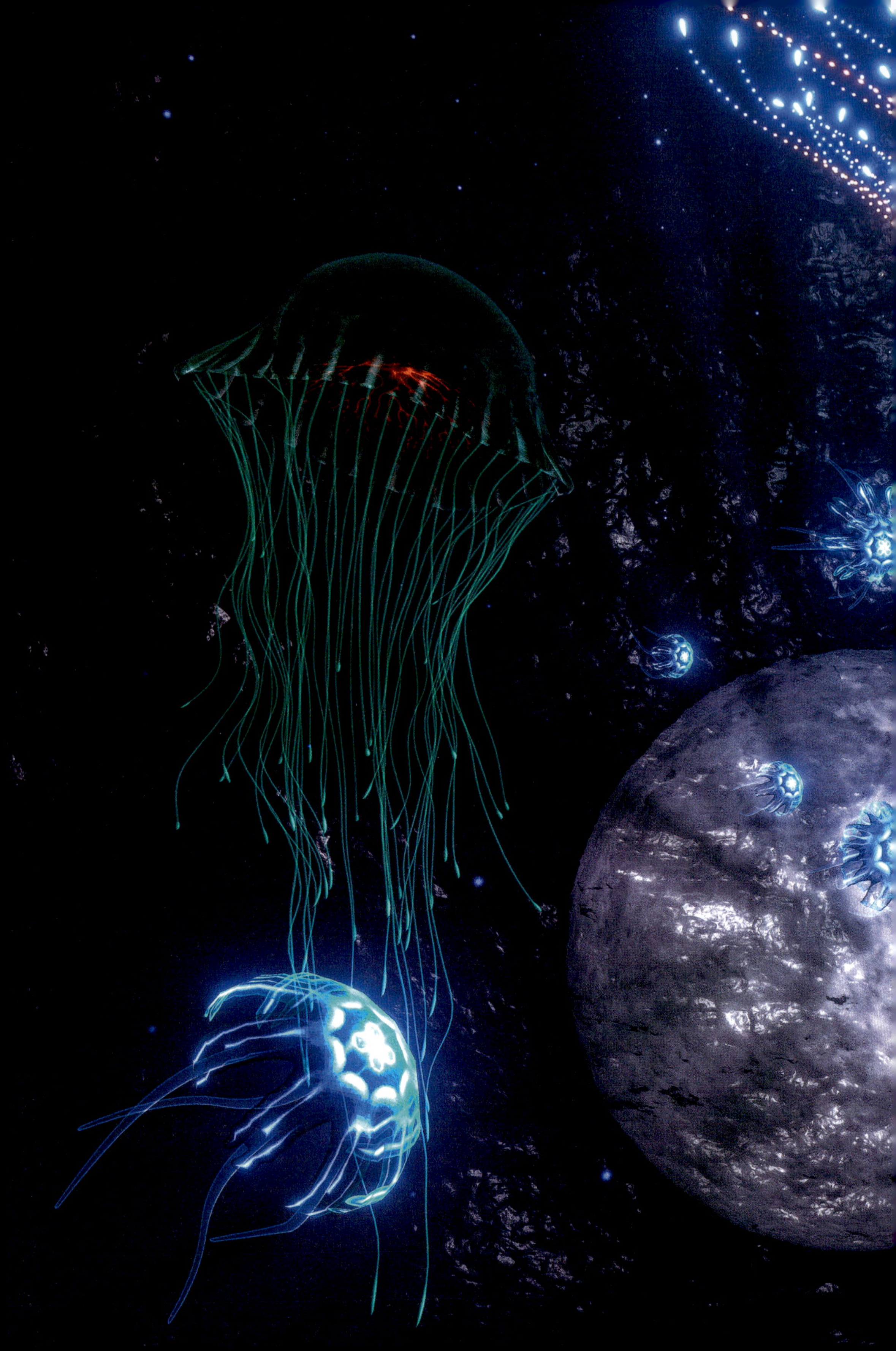

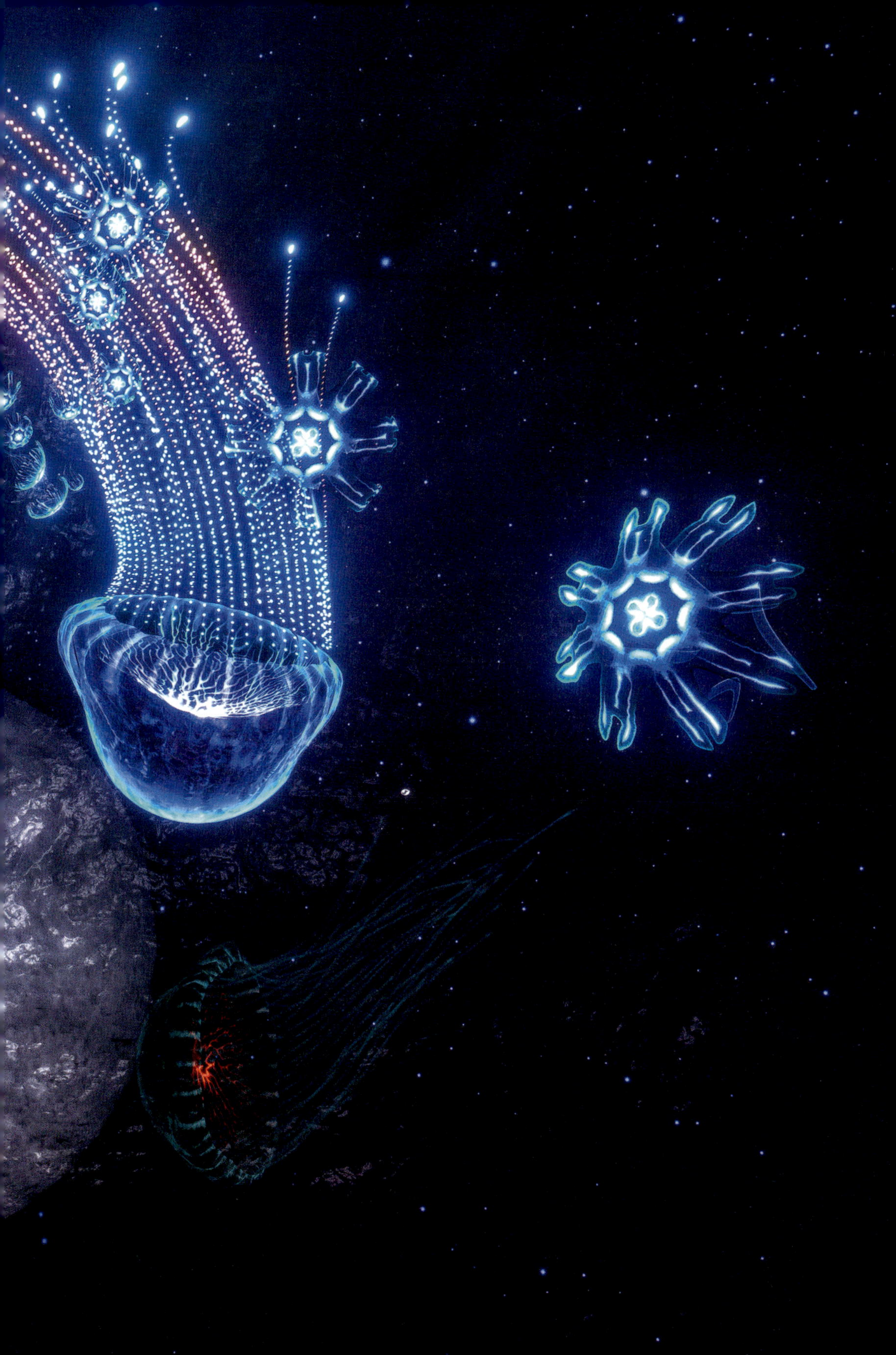

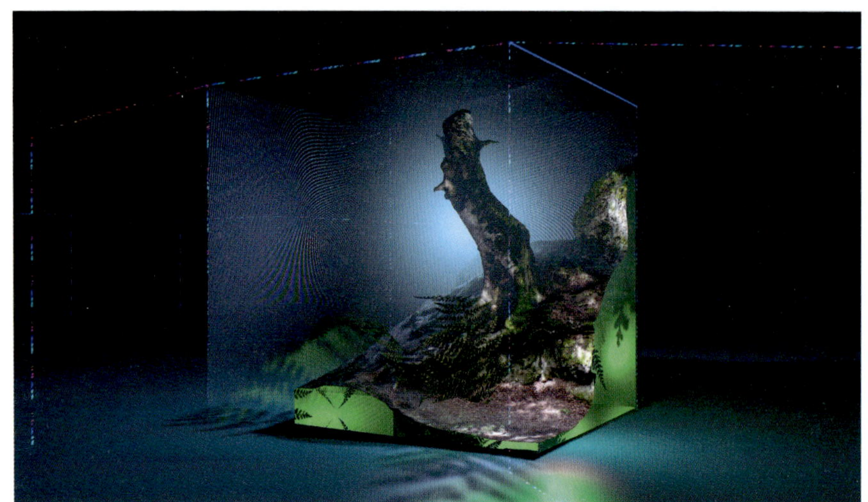

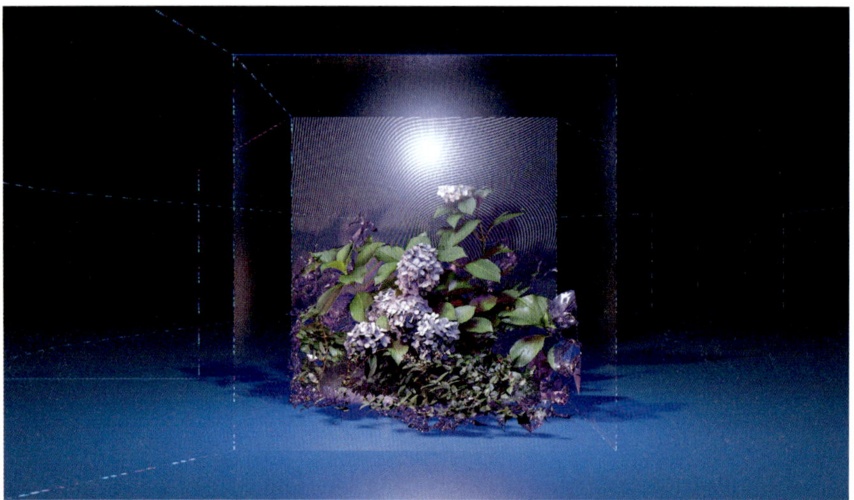

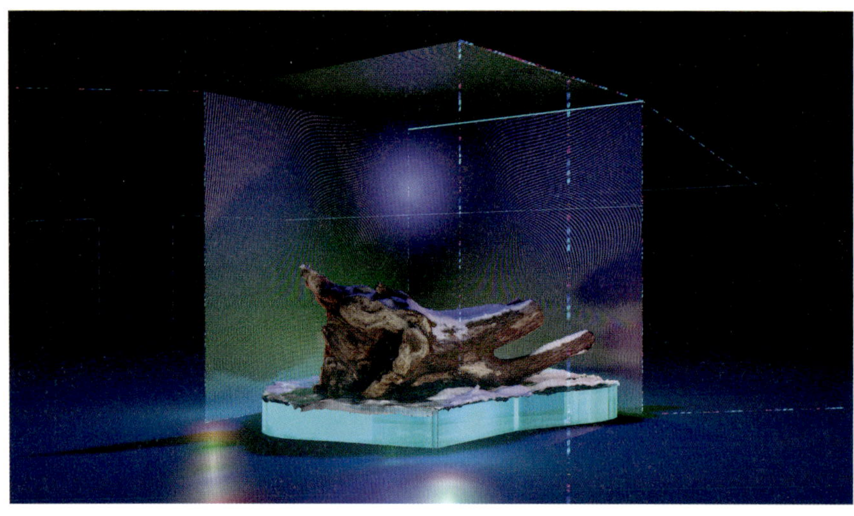

Sabrina Ratté

Floralia I – IV

2021

Floralia is a four-channel video installation depicting a possible future in which plants that have become extinct are preserved virtually in digital archives. Four different plants, represented in their original habitats, appear as digitised objects in three dimensions and are stored in virtual rooms appearing as semi-transparent cubes. As the camera pans around the plants, they begin to fracture, revealing details at different points of view. The digital decomposition of the plants is reminiscent of computer graphic errors, suggesting that these fractures are the result of interference from the plants' own, still persistent, memories. Inspired by visionary science fiction novels, research developments in the field of artificial intelligence, as well as critical observations on post-humanist studies, Ratté's work provokes reflections on the possible evolution of humanity and the preservation of plant and species diversity. This work questions whether the beauty and detail of information captured by digitization, can sufficiently compensate for the possible extinction of plants.

L'installation vidéo à quatre canaux *Floralia* présente un avenir potentiel dans lequel des plantes aujourd'hui disparues sont conservées virtuellement au sein d'archives numériques. Quatre plantes différentes, représentées dans leur habitat d'origine, apparaissent dans les vidéos comme des objets numérisés en trois dimensions, conservés dans des salles virtuelles sous forme de cubes semitransparents. Lorsque la caméra tourne autour des plantes, celles-ci commencent à se fracturer, révélant des détails selon les angles et les points de vue. La décomposition numérique des plantes rappelle également les erreurs d'infographie et laisse penser que ces fractures sont peut-être le résultat d'une interférence de la mémoire propre des plantes, encore persistante. Inspirée de romans de science-fiction visionnaires, des développements de la recherche dans le domaine de l'intelligence artificielle, ainsi que d'observations critiques dans les études post-humanistes, l'œuvre suscite une réflexion sur l'évolution possible de l'humanité et sur la manière de préserver la diversité des espèces végétales qui nous entourent. On en vient à se demander si la beauté et le détail des informations que permet la numérisation des plantes, pourraient vraiment suffire à compenser leur éventuelle extinction.

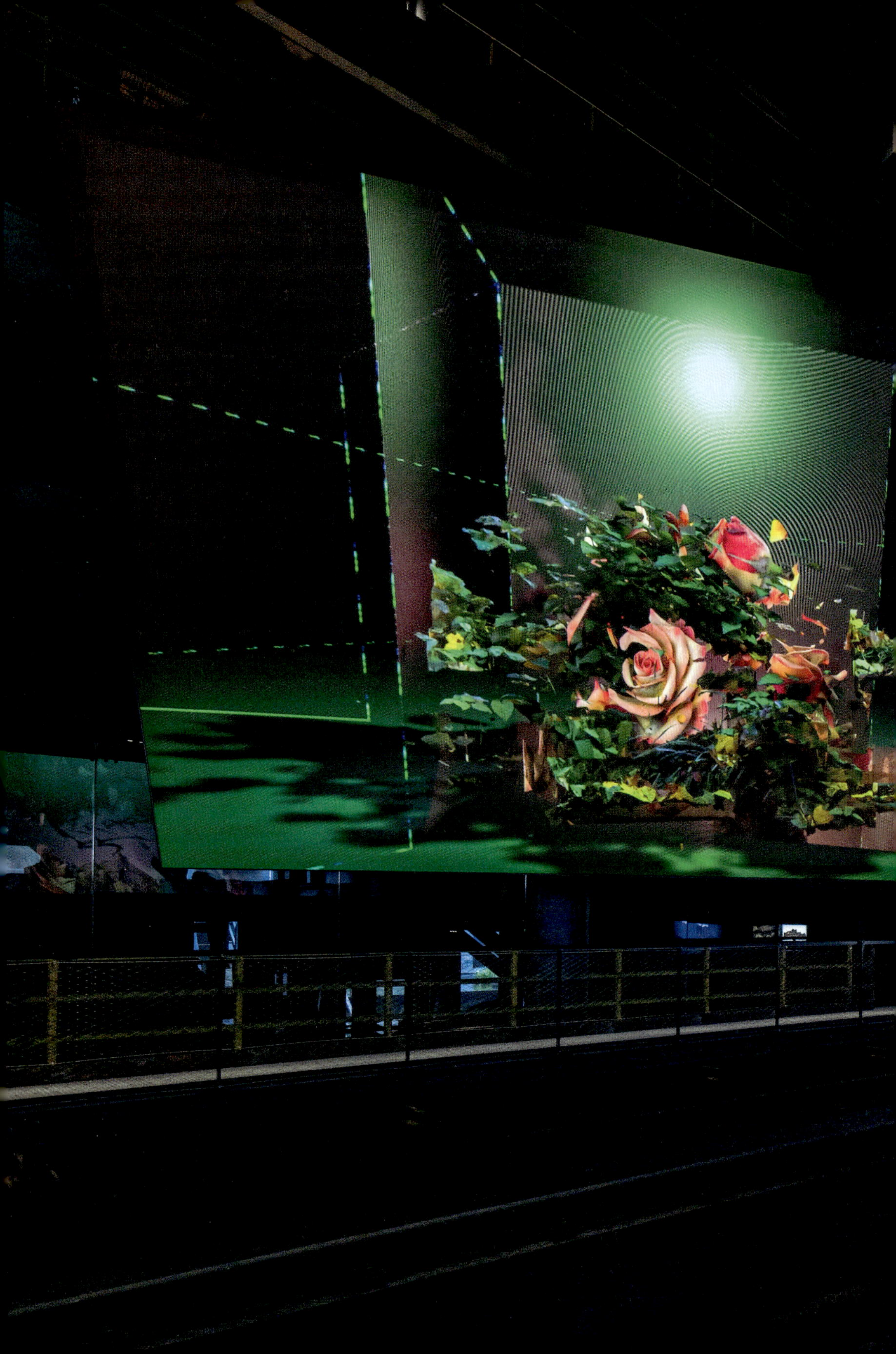

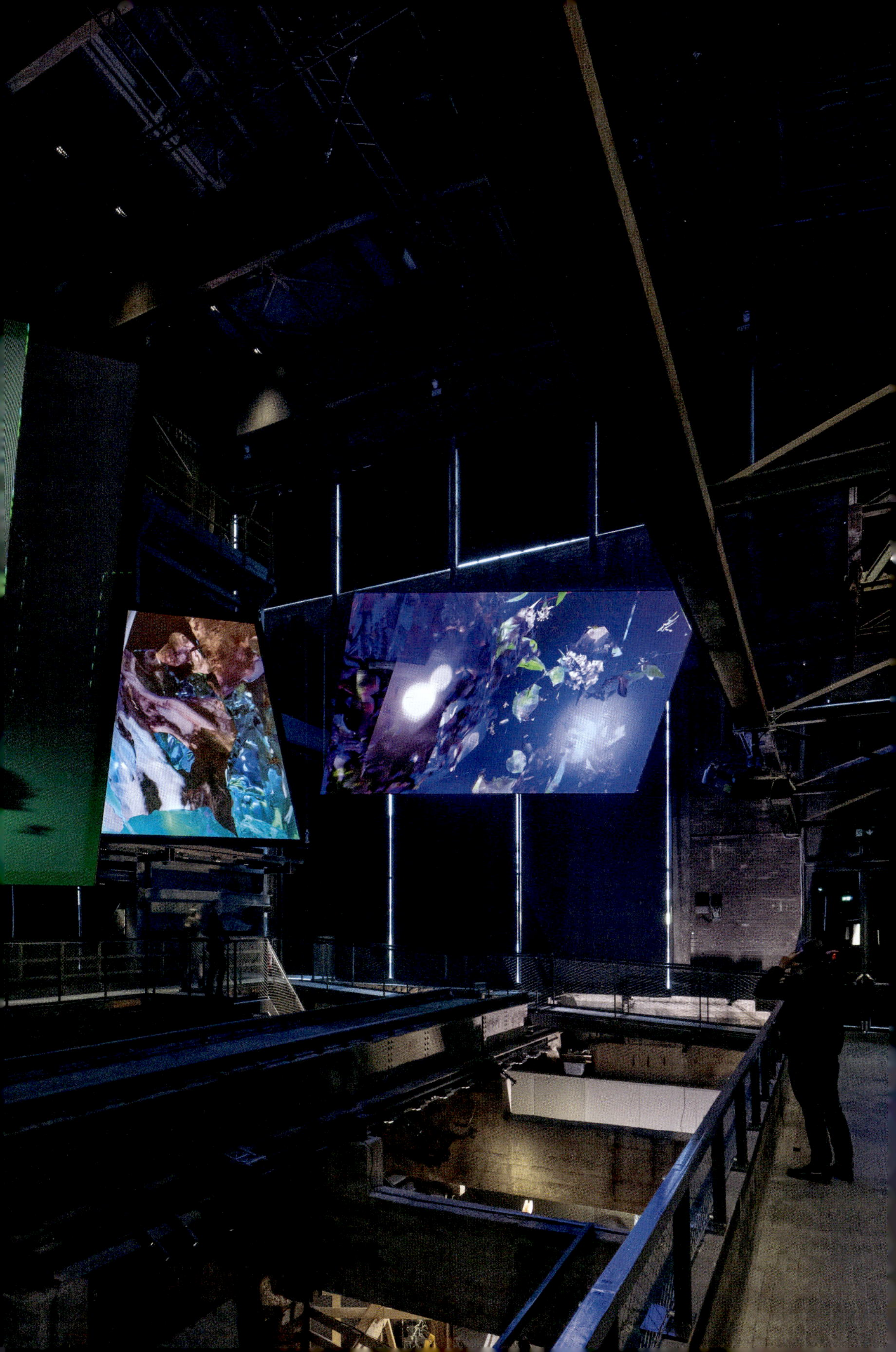

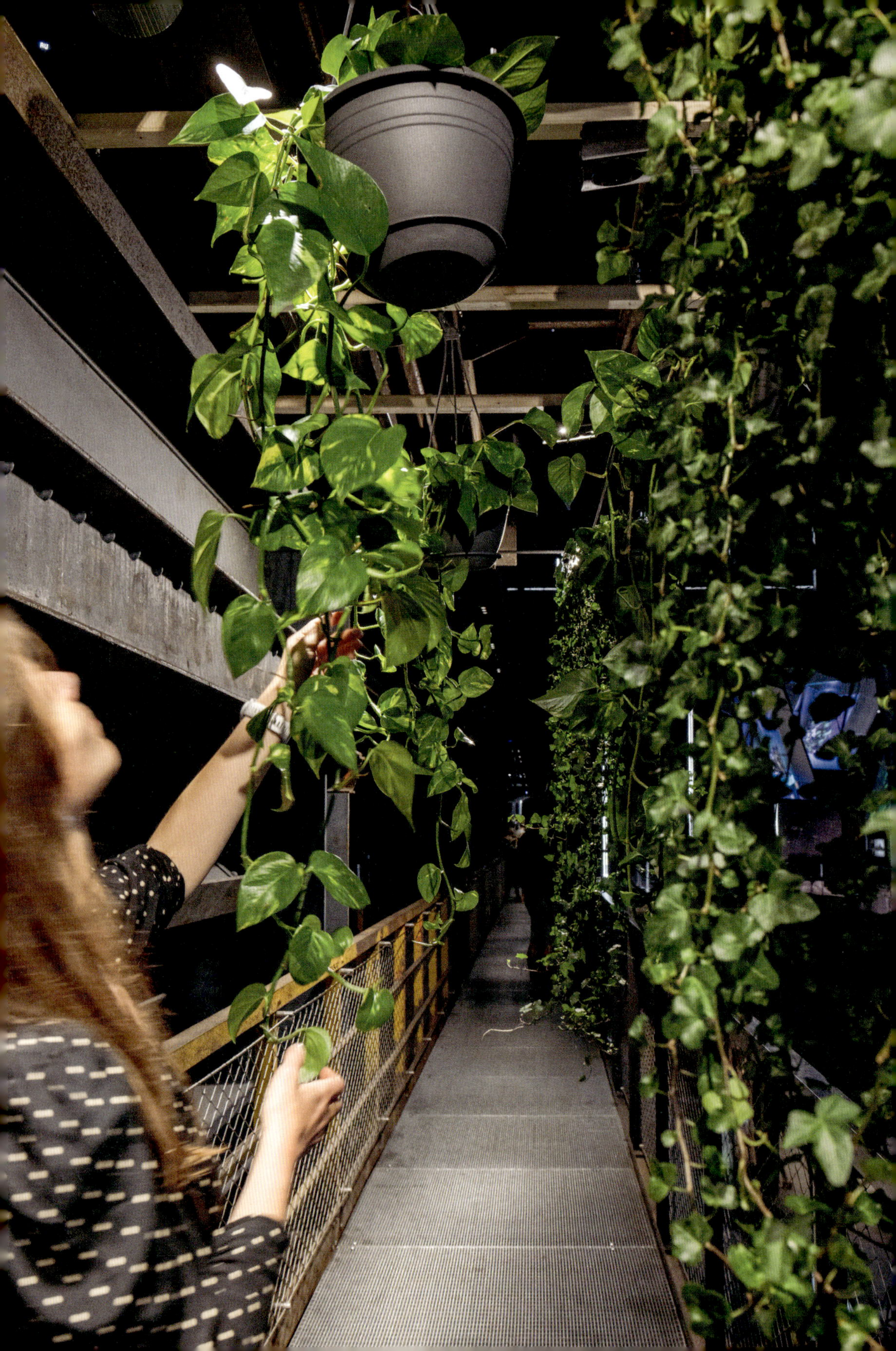

Scenocosme
Grégory Lasserre & Anaïs met den Ancxt

Akousmaflore

2007

Akousmaflore is an installation consisting of a group of suspended plants that visitors are invited to touch. As soon as the spectators make contact, the plants seem to wake up. They then respond to the intensity of the spectators' touch or presence, producing a sound interaction that fluctuates in tone and timbre. The human body is charged with static electricity, while plants are sensitive to various flows of energy. Responding to human touch with vegetal singing, the plants signal their presence and their responsiveness to our behaviour. With this work, the artist duo Scenocosme intertwines the worlds of nature, technology, and human beings in an installation that mixes elements of fantasy with science. It also makes perceptible rarely perceived electromagnetic phenomena, demonstrating how fundamental our relationship with our environment is, and that it is alive to our presence. The artists encourage us to think about our invisible relationship with other living beings, inviting us to take care of the species around us.

Akousmaflore est une installation composée d'un groupe de plantes suspendues que nous sommes invité·es à toucher. Dès que nous entrons en contact avec elles, ces dernières semblent se réveiller et produisent une interaction sonore qui réagit à l'intensité du toucher ou de notre présence, en modifiant la tonalité et le timbre du son. Le corps humain est continuellement chargé d'électricité statique, tandis que les plantes sont des capteurs naturels sensibles aux différents flux d'énergie. Par leur chant végétal, les plantes répondent au toucher et signalent leur présence et leur réactivité à notre comportement. Avec cette œuvre, Scenocosme entrecroise le monde végétal, technologique et humain au sein d'une installation qui associe des éléments de fantaisie à la science. Elle rend également perceptibles des phénomènes électromagnétiques dont nous avons rarement conscience, et montre à quel point notre relation avec notre environnement est fondamentale et que celui-ci est vivant et sensible à notre présence. Les artistes nous incitent à réfléchir à notre relation invisible avec les autres êtres vivants, et à prendre soin des espèces qui nous entourent.

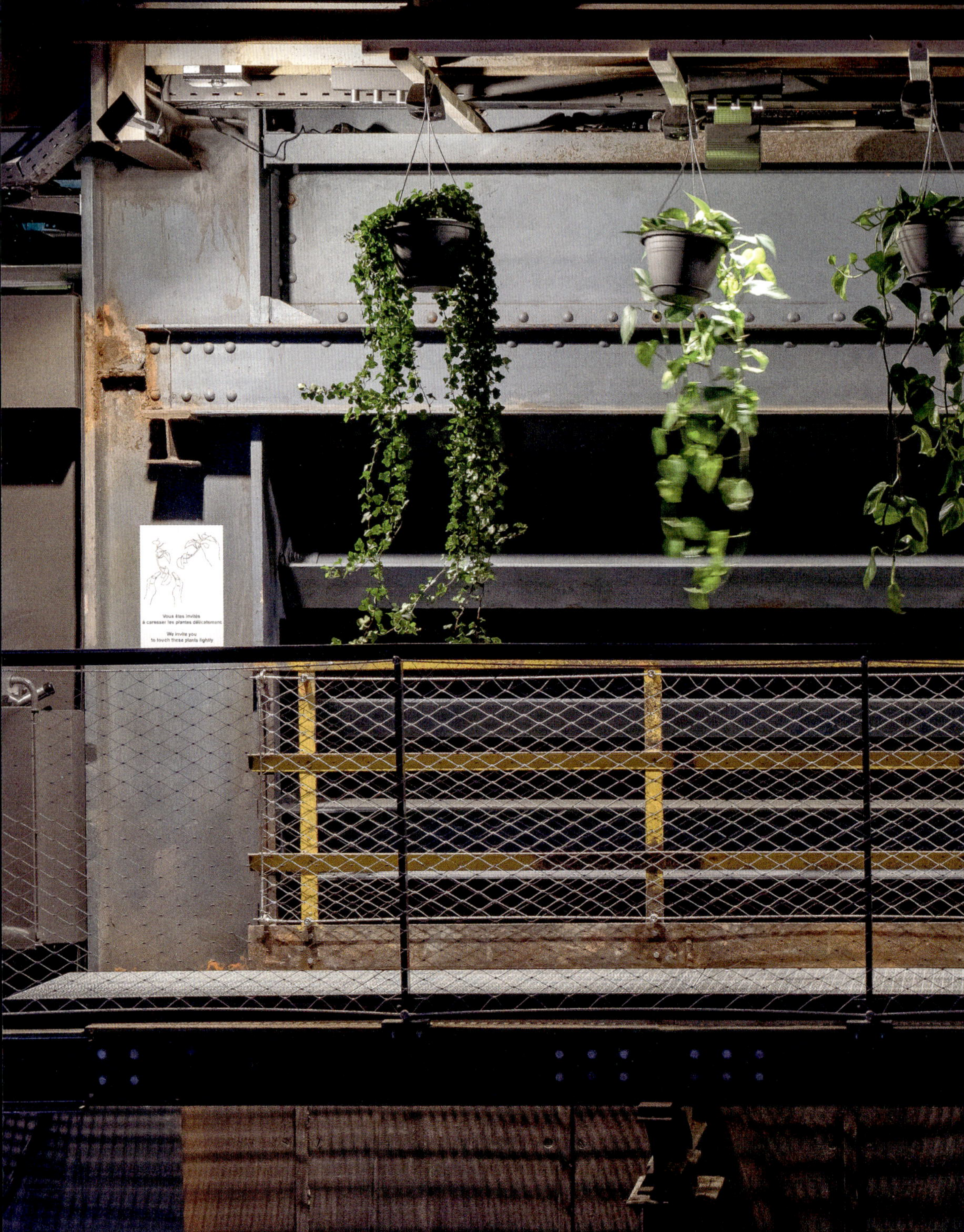
Vous êtes invités
à caresser les plantes délicatement
We invite you
to touch these plants lightly

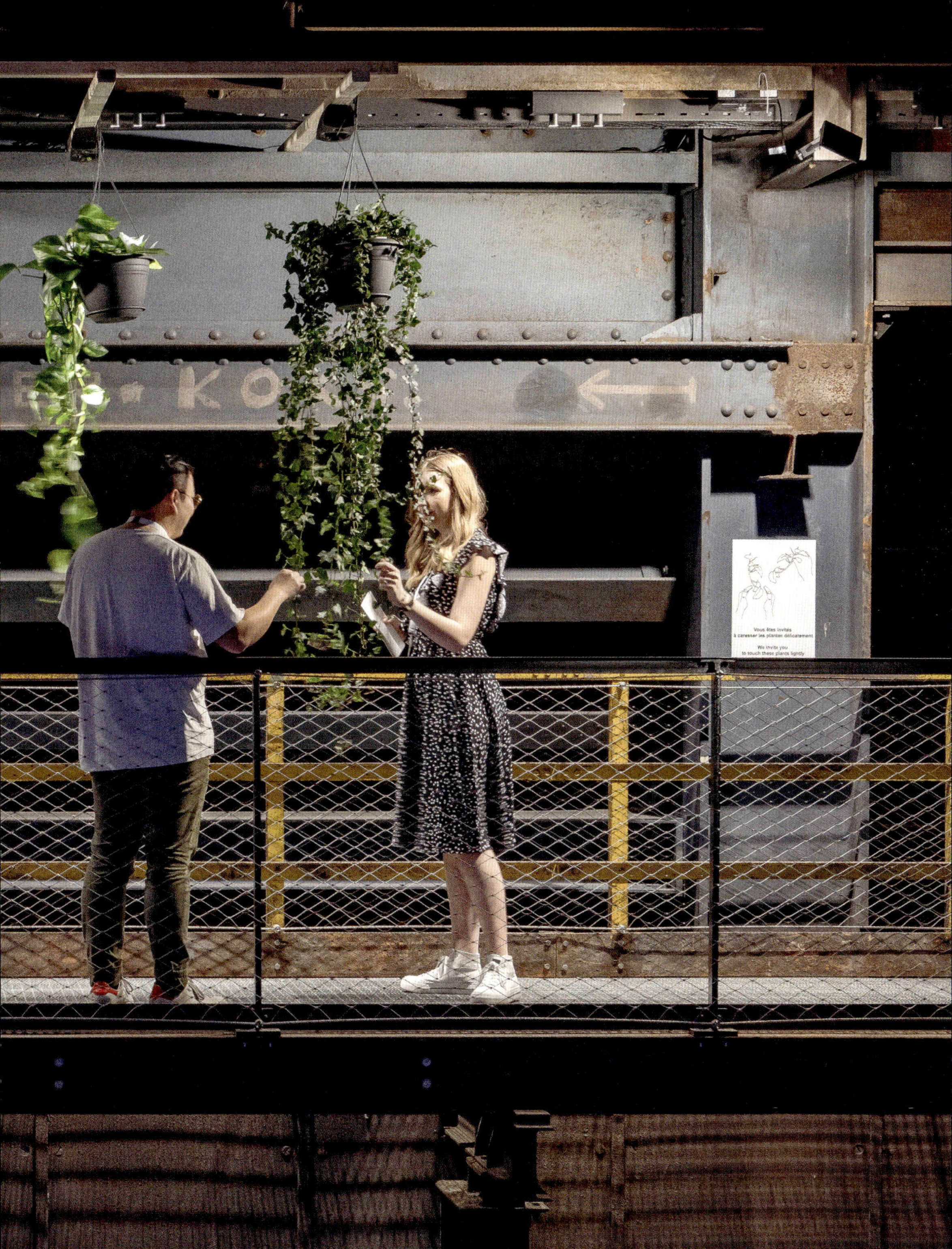
Vous êtes invités
à caresser les plantes délicatement
We invite you
to touch these plants lightly

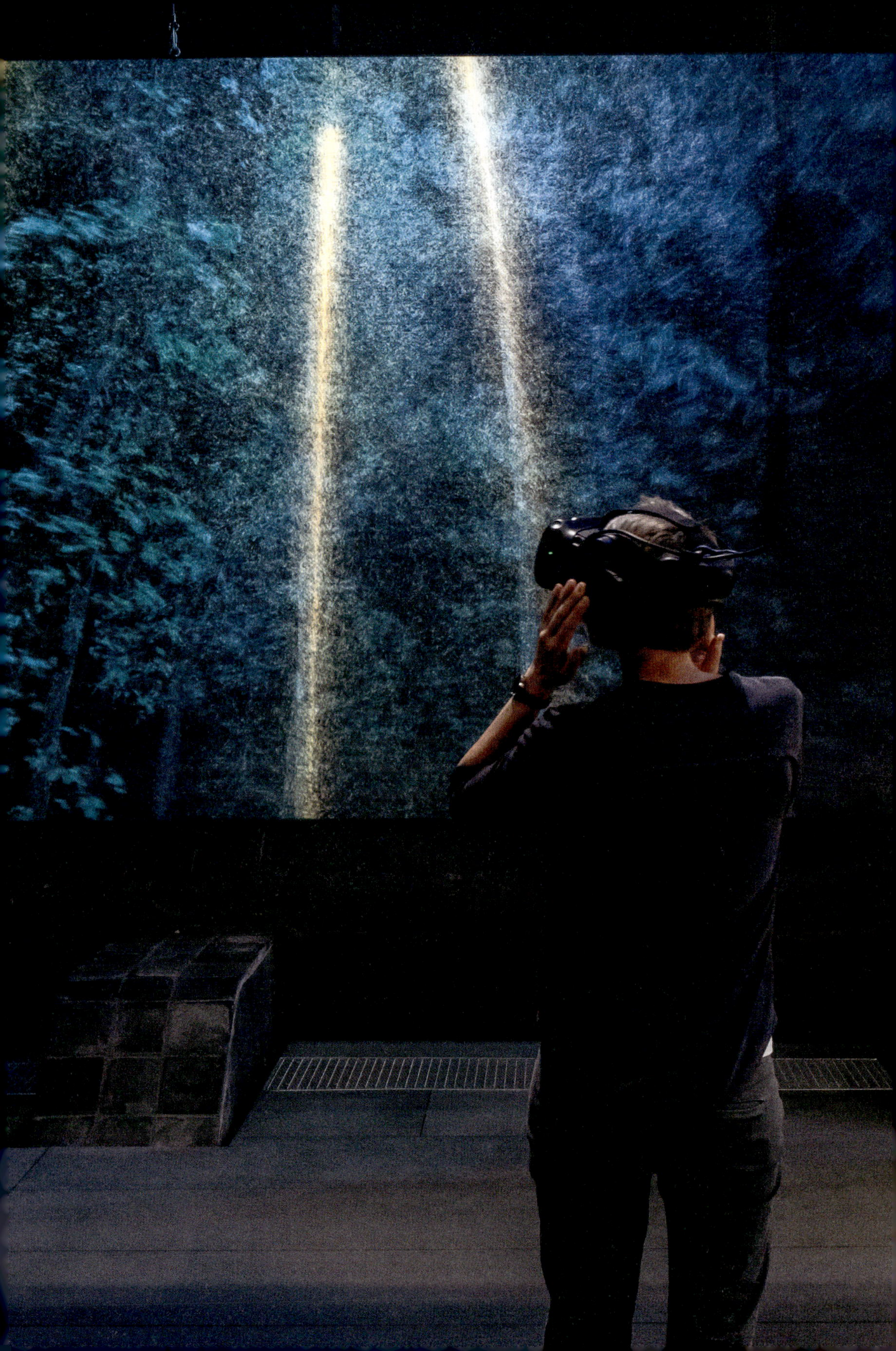

Rasa Smite & Raitis Smits

Atmospheric Forest

2020

The virtual reality installation *Atmospheric Forest* allows visitors to enter a forest – digitized through 3D scanning – and experience how changes in climate influence the emissions of trees, which is a complex and often imperceptible phenomenon. A forest in the Swiss Alps affected by severe drought has been monitored by scientists for several years. The scientific data gathered by this research serves as the basis for Rasa Smite and Raitis Smits's vivid visualization and soundtrack. Trees not only generate vital oxygen but, like the earth itself, they "breathe" by releasing gases into the atmosphere, which we perceive as the smell of the forest. In the future, if forests smell more intensely, it could indicate an alarming sign of climate change. Although technological research can often seem inaccessible, Smite and Smits succeed in giving palpable form to invisible processes, allowing us to understand how climate-related changes in the atmosphere affect the forest ecosystem.

L'installation de réalité virtuelle *Atmospheric Forest* nous invite à pénétrer dans une forêt, numérisée en 3D, et à découvrir comment les changements climatiques influencent les émissions produites par les arbres, un phénomène complexe qui reste habituellement imperceptible. Une forêt des Alpes suisses touchée par une grave sécheresse a été observée par des scientifiques pendant plusieurs années. Les données récoltées servent de base à la visualisation saisissante et à la bande sonore créée par le couple d'artistes. Les arbres ne font pas que produire de l'oxygène. Comme la terre elle-même, ils « respirent » et libèrent des gaz dans l'atmosphère, que nous percevons comme l'odeur caractéristique de la forêt. Si, à l'avenir, les forêts dégagent une odeur plus intense, on pourra y voir un signe alarmant du réchauffement de la planète. La recherche technologique peut souvent sembler inaccessible. Smite & Smits réussissent à donner une forme palpable à ces processus invisibles, ce qui nous permet de comprendre comment les changements climatiques atmosphériques affectent l'écosystème forestier.

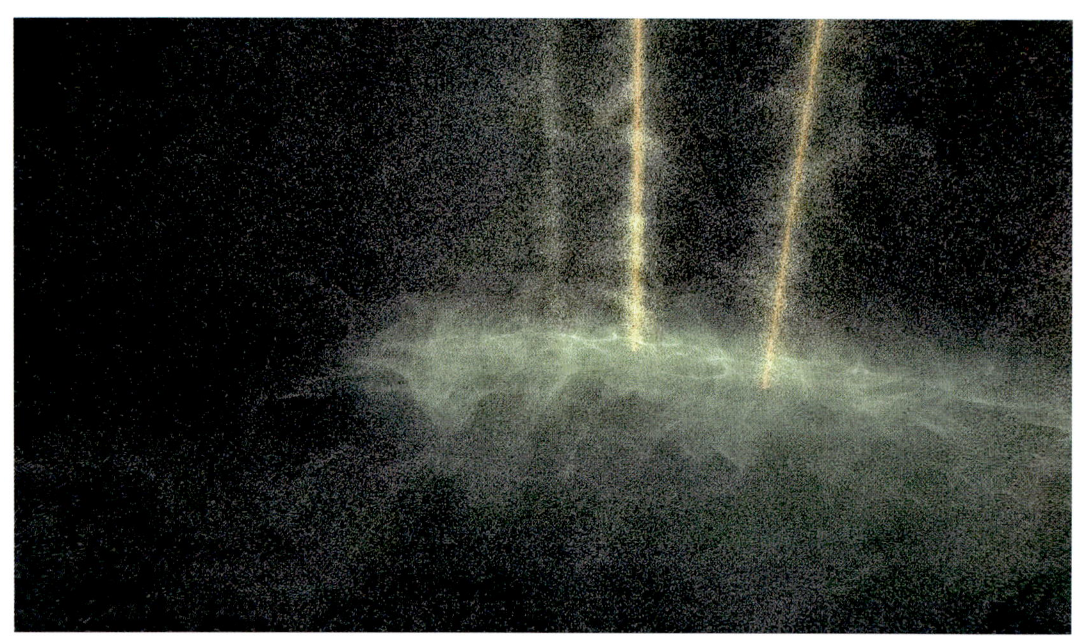

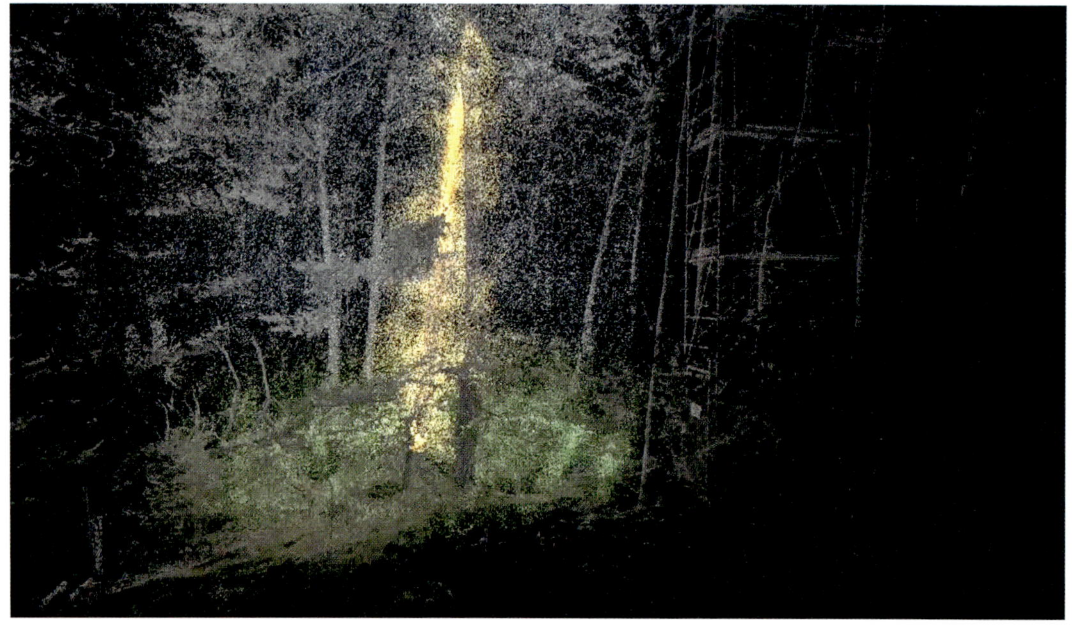

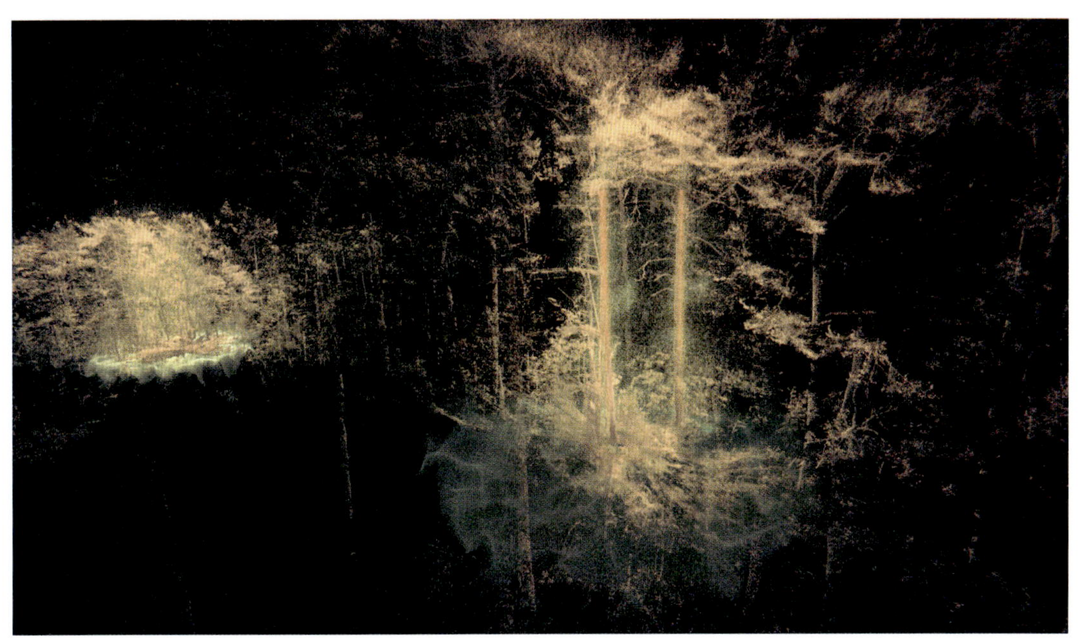

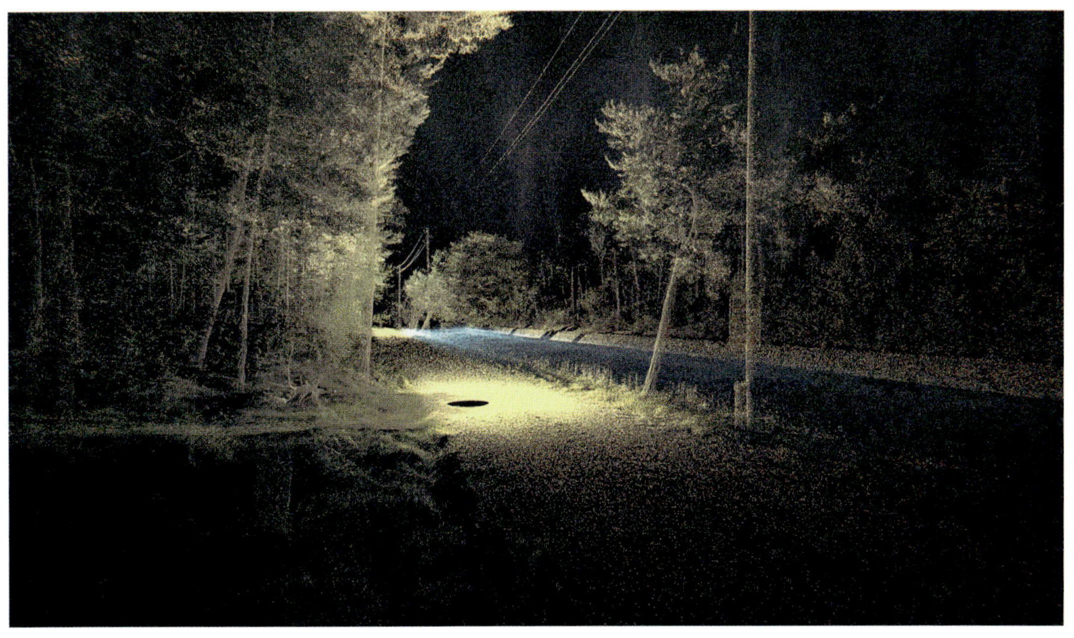

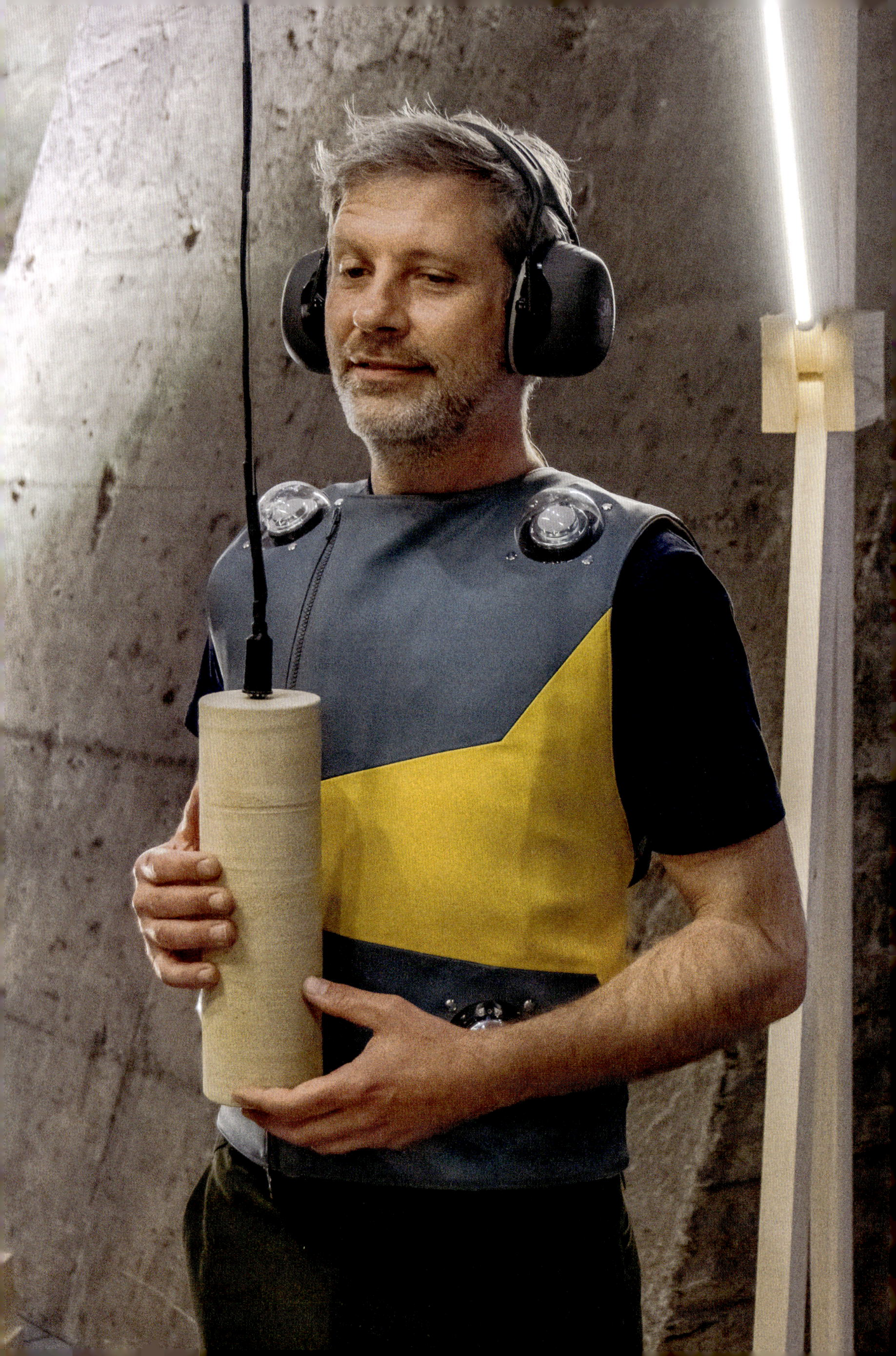

Sissel Marie Tonn & Jonathan Reus

The Intimate Earthquake Archive

2016 – 2022

Sissel Marie Tonn and Jonathan Reus' interactive installation *The Intimate Earthquake Archive* allows us, via waistcoats equipped with transducers, to experience man-made earthquakes caused by gas drilling in the Dutch province of Groningen over the last 34 years. Tonn and Reus employ data from numerous archives, including the digital database of the Netherlands Meteorological Institute, where all seismic activity is registered and archived. Visitors wearing the specifically designed waistcoats receive information from these records by standing between a series of radio-transmitting cores. Each transmits the record of one of the 12 strongest man-made earthquakes, translating archival data into sound vibrations through direct manipulation. The resulting compositions stimulate "deep listening" in the body. By connecting digitised seismic activity with sentient species, the installation allows us to experience the physical effects of man-made geological changes.

L'installation interactive *The Intimate Earthquake Archive* de Sissel Marie Tonn et Jonathan Reus nous permet, grâce à des gilets équipés de transducteurs, de faire l'expérience physique des tremblements de terre provoqués par l'humain et causés par le forage de gaz dans la province néerlandaise de Groningue au cours des trente-quatre dernières années. Tonn et Reus utilisent des données issues de nombreuses archives, dont la base de données numérique de l'institut météorologique néerlandais, où toute activité sismique est enregistrée et archivée. Le public, qui porte un gilet spécialement conçu, reçoit les informations de ces archives en se plaçant entre une série de noyaux de transmission radio. Chacun d'entre eux transmet l'enregistrement de l'un des douze tremblements de terre les plus forts provoqués par les activités humaines, traduisant les données d'archives en vibrations sonores via une manipulation directe. Les compositions qui en résultent stimulent l'« écoute profonde » du corps. En reliant l'activité sismique numérisée à l'organisme sensible, l'installation permet d'expérimenter la manière dont les changements géologiques que nous provoquons se traduisent par des répercussions physiques.

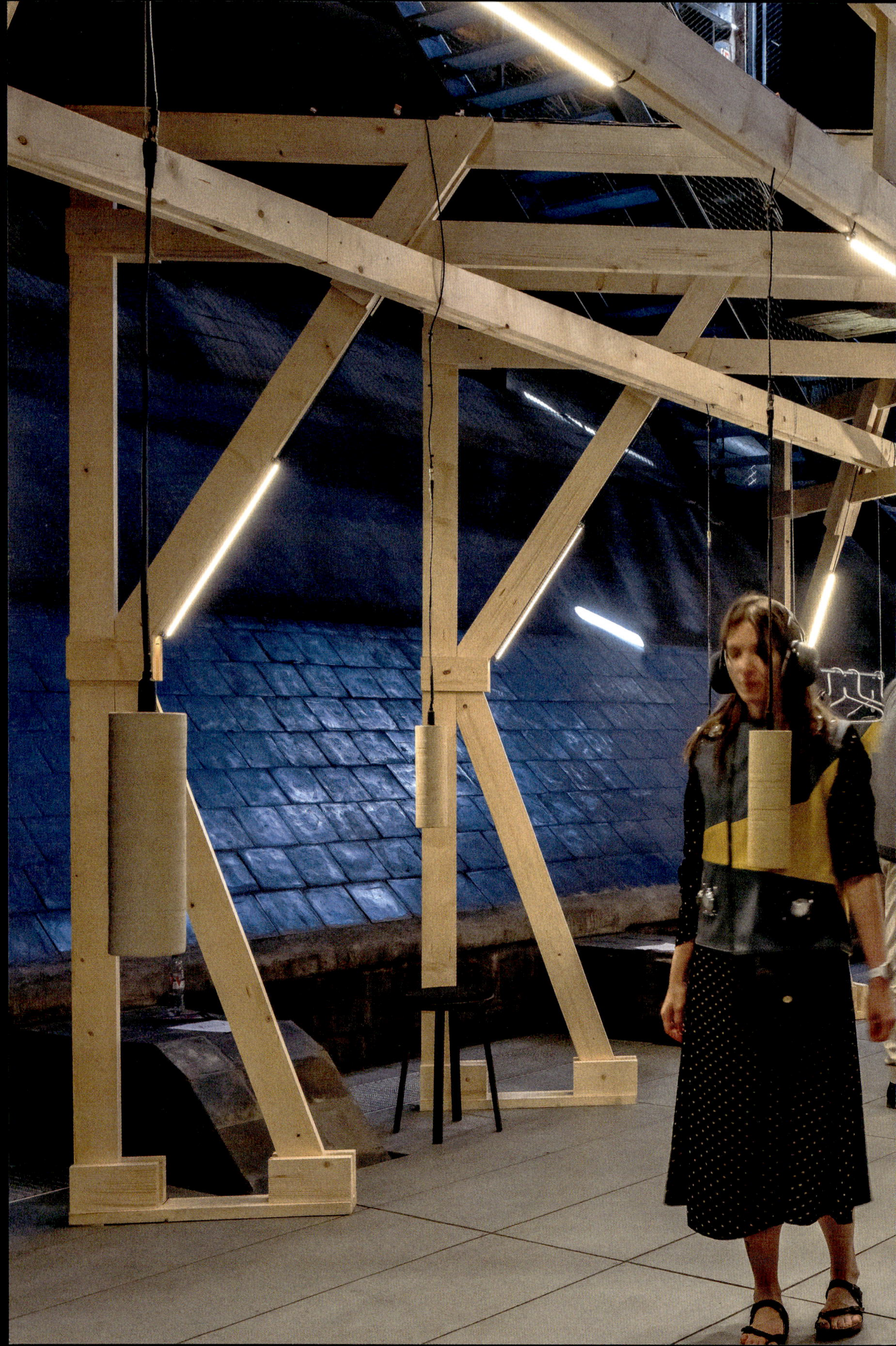

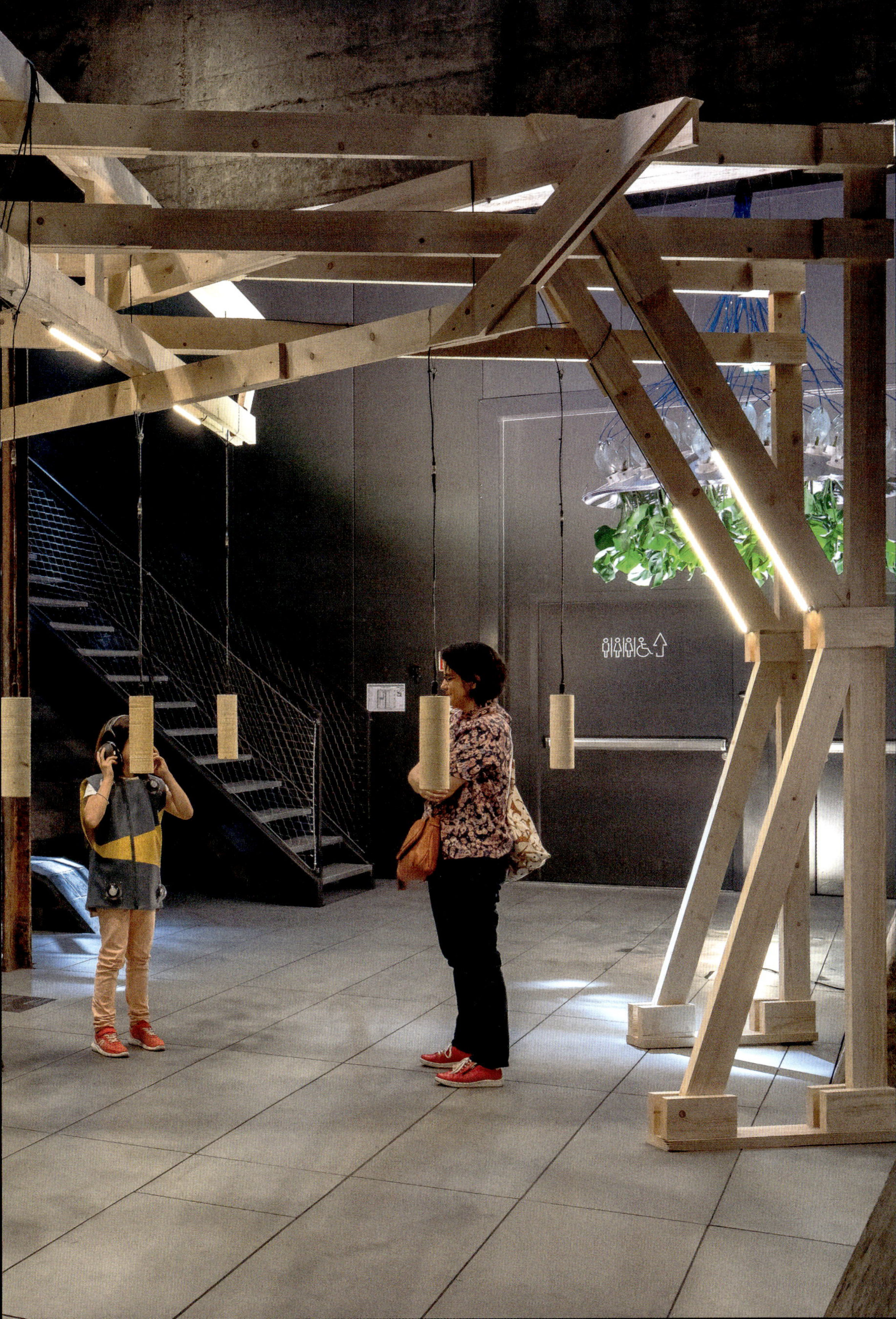

MARIA CASTELLANOS AND ALBERTO VALVERDE IN CONVERSATION WITH YULIA FISCH

MARIA CASTELLANOS ET ALBERTO VALVERDE DISCUTENT AVEC YULIA FISCH

This conversation is focused on the work *Beyond Human Perception* by Maria Castellanos and Alberto Valverde, a performance with humans and plants that is presented in a multimedia installation. The discussion between Maria Castellanos, Alberto Valverde, and Yulia Fisch took place via email in May and June 2022.

Fisch: What was the aim of your project and the performance that originated from it?

Castellanos/Valverde: We were interested in plants almost from the beginning of our collaboration as an artist duo. However, the previous step to *Beyond Human Perception* was an experiment we did at Oslo Metropolitan University, during a short residency there within the framework of the FeLT (Futures of Living Technologies) project in summer 2019. During the residency, we placed a human and a plant in the same room. We connected the plant to our sensor, and we connected the human to an EEG helmet to measure their brain activity. We invited the humans to interact with the plants while they were watching the live reactions of both: the plant's and their own brain's activities. We were really shocked that when something happened with the plant that something also happened with the human brain. This was the beginning of the idea for *Beyond Human Perception*.
In *Beyond Human Perception*, we didn't want to ask people to interact with the plants because we thought that maybe a kind of "conditioning" would happen if they saw the reactions of the plants in real time, and it could modify their own reactions. We decided to look for a common stimulus and chose live music to expose both living beings to the same stimuli without direct interaction between them. Behind our artistic practice with plants, it's always the desire to try to understand those living beings better, to try to figure out their secret language.

Cette conversation porte sur l'œuvre *Beyond Human Perception* de Maria Castellanos et Alberto Valverde, une performance sous la forme d'une installation multimédia réunissant des personnes humaines et des plantes. La discussion entre Maria Castellanos, Alberto Valverde et Yulia Fisch a eu lieu par email en mai et juin 2022.

Fisch : Quel était l'objectif de votre projet et de la performance qui en a découlé ?

Castellanos/Valverde : Les plantes nous intéressent depuis le début de notre collaboration en tant que duo d'artistes. Cependant, l'étape précédant *Beyond Human Perception* était une expérience que nous avons réalisée à la Oslo Metropolitan University, lors d'une courte résidence dans le cadre du projet FeLT (Futures of Living Technologies) à l'été 2019. Pendant la résidence, nous avons placé un être humain et une plante dans la même pièce. Nous avons connecté la plante à notre capteur et l'humain à un casque EEG pour mesurer l'activité cérébrale. Nous avons ensuite invité les personnes à interagir avec les plantes pendant qu'elles observaient en direct leurs propres activités cérébrales et les réactions des végétaux. Il a été vraiment surprenant de constater que lorsque quelque chose se produisait avec la plante, le cerveau humain réagissait également. C'est ainsi qu'est née l'idée de *Beyond Human Perception*.
Dans ce projet, nous ne voulions pas demander aux personnes d'interagir avec les plantes, pensant qu'une sorte de « conditionnement » pourrait se produire si elles voyaient les réactions des plantes en temps réel, et que cela pourrait alors modifier leurs propres réactions. Nous avons donc décidé de chercher un stimulus commun et opté pour la musique live afin d'exposer les deux êtres vivants aux mêmes stimuli sans interaction directe entre eux. Au-delà de notre pratique artistique avec les plantes, on retrouve toujours l'envie d'essayer de mieux

Fisch: What role does technology play in establishing communication between humans and plants?

Castellanos/Valverde: In our artistic research the technology acts as an interface. We use it as a tool that allows us to create devices to try to promote communication and understanding between humans and plants, and thus try to know more about nature – of which we are a part – and the world we cohabit. More specifically, technology allows us to translate electrical activity from plants into outputs that we as humans can detect, like changes in sound, light, movement, etc. These outputs allow us to detect patters in the behavior of the plants that we might not otherwise discover.

Fisch: Why did you decide to work with live music? Classical music is something that is manmade, an organized sound and different to nature.

Castellanos/Valverde: We were looking for sounds with similar audio frequencies to the sounds of nature, like the wind, the sound of water or even the buzzing of insects. Wind and water have quite low vibration frequencies, from 50 to 100 hertz. We can obtain these frequencies with large string instruments like the cello, or with wind

comprendre ces êtres vivants, de tenter de décrypter leur langage secret.

Fisch : Quel rôle joue la technologie dans la communication entre les humains et les plantes ?

Castellanos/Valverde : Dans notre recherche artistique, la technologie agit comme une interface. C'est un outil qui nous permet de concevoir des dispositifs pour tenter de favoriser la communication et la compréhension entre les êtres humains et les plantes et ainsi essayer d'en savoir plus sur la nature (dont nous faisons partie) et le monde dans lequel nous cohabitons. Plus précisément, la technologie nous permet de traduire l'activité électrique des plantes en signaux que nous, êtres humains, pouvons détecter, comme des variations de son, de lumière, de mouvement, etc. Grâce à ces résultats, nous identifions des motifs récurrents dans le comportement des plantes qu'il nous serait impossible de repérer autrement.

Fisch : Pourquoi avez-vous décidé de travailler avec de la musique live ? La musique classique est une création humaine, un son organisé et différent de la nature.

Castellanos/Valverde : Nous recherchions des sons dont les fréquences audio étaient similaires aux sons de la nature, comme le

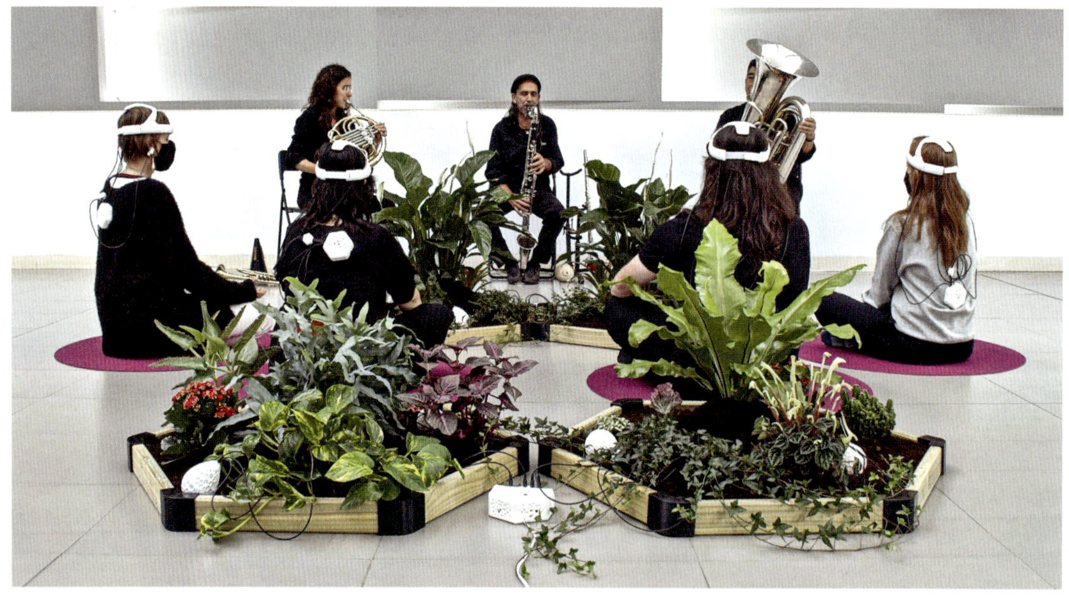

instruments such as trombones or the tuba. The trumpet and the chimes added high frequencies.

The group of musicians that took part in the experiment played improvized music, so the rhythms were changing and there were not many repetitions of melodies or refrains. This is crucial to keep the audience's attention and they will pay much more attention to the music. We know that a constant stimulus applied to a plant makes it stop producing signals after a short time. A monotonous or repetitive sound stimulus no longer has an effect on plants or on humans. It is known that the human brain reacts to music, and we wanted to try the same with plants and discover what their reactions are.

Fisch: What do plants, in your opinion, perceive that humans cannot?

Castellanos/Valverde: We think that plants are much more sensitive than humans. In previous works with plants, we detected patterns in the behavior of these living beings. Being attentive to the plants for a whole day, we could perceive changes throughout the day, depending on the circadian cycles and changes in their surroundings. An anecdote illustrates that. We set up several sensors in a greenhouse for another work, to translate the electrical activity of plants into sound. The man in charge of the greenhouse waters the soil to try do decrease the temperature and all the people who were there realized that the sound of the plants started to change. The plants detected this event. Such phenomena are only the tip of the iceberg. We think that we can collaborate with plants to try to figure out things about Earth that we don't know yet.

Fisch: What kind of technology do you use to communicate with plants?

Castellanos/Valverde: In *Beyond Human Perception*, we used a sensor we developed ourselves called Clorofila 3.0 to measure electrical oscillations in plants. This sensor is based on electrophysiology of plants, and we used DIY technology based on Arduino for it. We also created our own algorithm to

vent, le bruit de l'eau ou même le bourdonnement des insectes. Le vent et l'eau ont des fréquences de vibration assez basses, de 50 à 100 hertz. Il est possible d'obtenir ces fréquences avec de grands instruments à cordes comme le violoncelle, ou avec des instruments à vent comme les trombones ou le tuba. La trompette et les carillons ont ajouté à leur tour des fréquences élevées.

Le groupe de musicien·nes qui a participé à l'expérience jouait de la musique improvisée, les rythmes étaient donc changeants et il y avait peu de répétitions de mélodies ou de refrains. C'est essentiel pour maintenir l'attention du public qui sera beaucoup plus attentif à la musique. Nous savons qu'un stimulus constant appliqué à une plante entraîne l'arrêt de la production de signaux après un court laps de temps. Un stimulus sonore monotone ou répétitif n'a plus d'effet sur les plantes ni sur les humains. Il est connu que le cerveau réagit à la musique, nous avons alors voulu essayer la même chose avec les plantes et découvrir leurs réactions.

Fisch : Qu'est-ce que les plantes, selon vous, perçoivent, que les humains ne peuvent pas percevoir ?

Castellanos/Valverde : Nous pensons que les plantes sont beaucoup plus sensibles que les êtres humains. Lors de travaux précédents avec des plantes, nous avons détecté des motifs récurrents dans leur comportement. En portant toute notre attention vers les plantes au cours d'une journée entière, nous avons pu percevoir des changements, en fonction des rythmes circadiens et des variations de leur environnement. Une anecdote l'illustre : nous avons installé plusieurs capteurs dans une serre pour un autre travail, afin de traduire l'activité électrique des plantes en sons. L'homme en charge de la serre s'est mis à arroser le sol pour essayer de faire baisser la température et toutes les personnes présentes se sont alors rendu compte que le son des plantes commençait à changer. Elles ont détecté cet événement. Ces phénomènes ne sont que la partie émergée de l'iceberg. Nous pensons

interpret the data. Thanks to the technology, we translate electrical oscillations and measure into outputs what we as humans can perceive, like changes in sound, colors, or movements.

Fisch: How would you describe the difference between human perception of music and plants' reaction to it?

Castellanos/Valverde: Actually, we really don't know. We can state that plants perceive sounds, but we don't know if they perceive and can differentiate music, or they just "hear" different frequencies.

Fisch: How do you imagine the further coexistence of humans and plants?

Castellanos/Valverde: All species on Earth are linked by symbiotic and interdependent relationships. To know more about the language and behavior of plants will allow us to learn more about nature and thus better understand our environment. We think that we should acknowledge that humans are part of a complex ecosystem, but we are not the center of it. Earth and plants could live without humans, but humans could not survive without plants.

qu'il est possible de collaborer avec les plantes afin d'essayer de comprendre des choses sur la Terre que nous ignorons encore.

Fisch : Quel type de technologie utilisez-vous pour communiquer avec les plantes ?

Castellanos/Valverde : Dans *Beyond Human Perception*, nous avons fait appel à un capteur que nous avons développé nous-mêmes, appelé Clorofila 3.0, pour mesurer les oscillations électriques des plantes. Ce capteur est basé sur l'électrophysiologie des végétaux, et nous avons utilisé pour cela une technologie DIY basée sur la plateforme Arduino. Nous avons également créé notre propre algorithme pour interpréter les données. Grâce à cette technologie, il nous est possible de traduire les oscillations électriques et mesurer en sorties ce que nous sommes capables de percevoir en tant qu'êtres humains, tels que des changements de son, de couleurs ou de mouvements.

Fisch : Comment décririez-vous la différence entre la perception humaine de la musique et la réaction des plantes à celle-ci ?

Castellanos/Valverde : En fait, on ne sait pas vraiment. On peut affirmer que les plantes perçoivent les sons, mais on ne sait pas si elles peuvent véritablement prendre connaissance de la musique et la différencier, ou si elles se contentent d'« entendre » différentes fréquences.

Fisch : Comment imaginez-vous la coexistence future entre les humains et les plantes ?

Castellanos/Valverde : Toutes les espèces sur Terre sont liées par des relations symbiotiques et interdépendantes. Mieux connaître le langage et le comportement des plantes nous permettra d'en savoir plus sur la nature et donc de mieux comprendre notre environnement. Il faut reconnaître que les êtres humains font partie d'un écosystème complexe, mais qu'ils n'en sont pas le centre. La Terre et les plantes pourraient vivre sans nous, mais nous ne pourrions pas survivre sans elles.

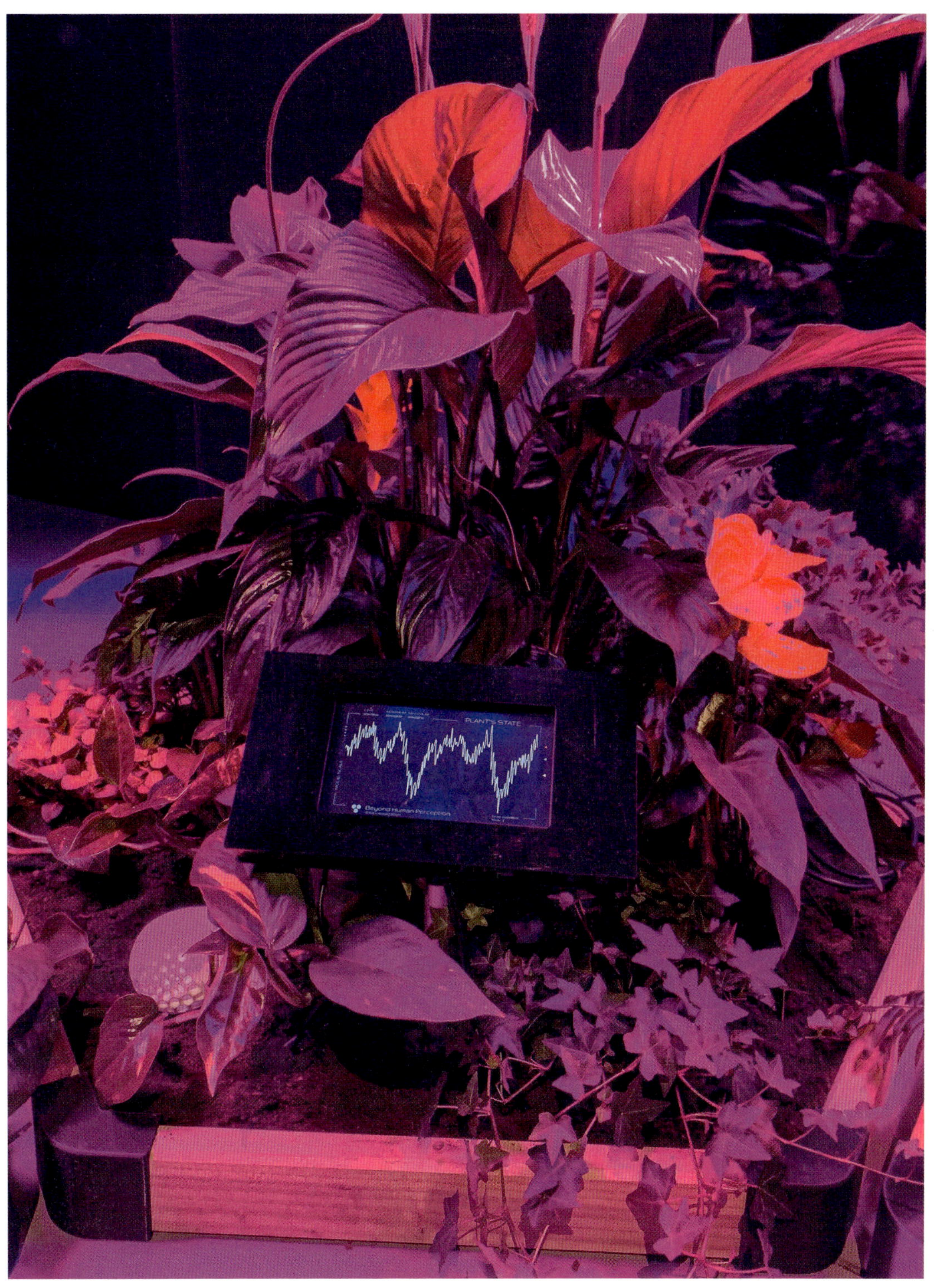
PLANT'S STATE
Beyond Human Perception

GILBERTO ESPARZA IN CONVERSATION WITH SABINE HIMMELSBACH

GILBERTO ESPARZA DISCUTE AVEC SABINE HIMMELSBACH

The conversation between Gilberto Esparza and Sabine Himmelsbach about his artistic practice and especially the work *KORALLYSIS* took place via email in May and June 2022.

Himmelsbach: For many years, you have worked with organisms and living systems, bridging art, biology, engineering, and robotics in your works. Core to your interest is how we can reduce human impact on the planet by recycling technological waste or using biotechnologies. This often involves collaboration with researchers from different scientific fields. Can you tell us more about your artistic practice and your interest in environmental issues and topics?

Esparza: The first thing I do is investigate a concept or topic that interests me, and then develop a project based on that. For example, topics that have to do with the water problem in Mexico. And in those investigations by getting closer to knowing the water issues, I realized that there is a whole complexity and many layers around the problem of contamination; some have to do with the policies and corruption that exist in the country, allowing companies to deliberately dispose of their polluting waste. I have been working with water for several years, and the same flow of working with the rivers has taken me to the sea, and to observe how it has affected it as well, this relationship we have with our bodies of water and our environment. I do not only approach the scientists to be able to get closer to technological solutions or to understand more about the problems, I also approach communities and people, and children who are not necessarily scientists but who sometimes know the context better, elderly people who have lived near some river all their lives, and that they have lived closely with that body of water that I am studying, to have different approaches to the problem. There is so much knowledge that is not necessarily scientific.

Himmelsbach: Your works are often dealing with the coexistence of humans and the

La conversation entre Gilberto Esparza et Sabine Himmelsbach autour de sa pratique artistique et notamment de l'œuvre *KORALLYSIS* a eu lieu par email en mai et juin 2022.

Himmelsbach : Vous travaillez depuis de nombreuses années avec des organismes et des systèmes vivants, reliant l'art, la biologie, l'ingénierie et la robotique au sein de votre pratique. Réfléchir à la manière dont nous pouvons réduire l'impact de la présence humaine sur la planète en recyclant les déchets technologiques ou en utilisant les biotechnologies se trouve au cœur de votre pratique. Ce qui implique souvent une collaboration avec des chercheur·es de différents domaines scientifiques. Pouvez-vous nous en dire plus sur votre processus artistique et votre intérêt pour les enjeux environnementaux ?

Esparza : Dans un premier temps, j'étudie un concept ou un sujet qui m'intéresse, puis je développe un projet sur cette base. Par exemple, des sujets qui ont trait au problème de l'eau au Mexique. Au cours de ces recherches, en me rapprochant des problématiques liées à l'eau, je me suis rendu compte qu'il existe une véritable complexité et de nombreuses strates autour du problème de la contamination, dont certaines sont liées aux politiques et à la corruption qui existent dans le pays, permettant aux entreprises de se débarrasser délibérément de leurs déchets polluants. Je travaille avec l'eau depuis plusieurs années et c'est le même processus de travail avec les rivières qui m'a amené à la mer, et à observer comment elle a été également affectée par cette relation que nous entretenons avec nos étendues d'eau et notre environnement. Je ne sollicite pas seulement les scientifiques pour me rapprocher des solutions technologiques ou pour mieux comprendre les problèmes, je m'adresse aussi aux communautés et aux personnes, aux enfants qui ne sont pas nécessairement des scientifiques mais qui connaissent parfois mieux le contexte. Ou encore aux personnes

environment. You apply recycling methods and use technology in different ways, combine high and low technology or industrial waste. Can you tell us more about the use of technology in your work?

Esparza: The materials that I use have a lot to do with the needs of the project itself. In many cases, I use recycled material because my approach to life and art comes from a place in which I want to be always aware of its impact, and I try to be as respectful as possible of the environment. That is why I always look for materials that may not seem to be the most efficient to work with at first, but they are the most respectful of that specific environment in which I am working, as in the case of *KORALLYSIS*, where the most complicated material to make the piece with was ceramic, but it is the most innocuous material that can coexist with coral without polluting the sea.

Himmelsbach: *KORALLYSIS* is extraordinary because it not only takes place in an art context, but was also implemented as an activist project on the seabed in the Mesoamerican Reef of the Caribbean Sea. Can you tell us how this project came about? And can you tell us more about the technology used and the research that informed the work?

Esparza: The *KORALLYSIS* project arose because in previous projects I had worked with issues related to water and I also worked with the idea of creating hybrid creatures between living organisms and technology, as a kind of symbiosis between species, as is the case in my work *Nomadic Plants*, and in that way *KORALLYSIS* is similar: it is a creature that lives in a marine ecosystem and its morphology and its characteristics obey the needs it has in that environment for its survival. Speaking with biologists who are dedicated to the restoration of reefs and civil associations such as Oceanus A.C. and Restore Coral, they have shared with me how coral has been affected by human impact, global warming, sedimentation, and waste, especially in touristic areas where

âgées qui ont habité toute leur vie à proximité d'une rivière, qui ont ainsi vécu en étroite relation avec l'étendue d'eau que j'étudie, pour obtenir des approches différentes du problème. Il existe tellement de connaissances qui ne relèvent pas forcément du scientifique.

Himmelsbach : Vos œuvres abordent souvent la coexistence de l'humain et de l'environnement. Vous adoptez des méthodes de recyclage et utilisez la technologie de différentes manières, combinez haute et basse technologie ou encore des déchets industriels. Pouvez-vous nous en dire plus sur le recours à la technologie dans votre travail ?

Esparza : Les matériaux que je choisis ont beaucoup à voir avec les besoins du projet lui-même. Dans de nombreux cas, j'utilise des matériaux recyclés étant donné que mon approche de l'art et de la vie repose sur la volonté d'être toujours conscient de son impact. J'essaie d'être aussi soucieux que possible de l'environnement, c'est pourquoi je recherche toujours des matériaux qui ne semblent pas forcément, à première vue, les plus efficaces pour travailler, mais qui sont les plus respectueux de l'environnement spécifique dans lequel je travaille. C'est le cas avec *KORALLYSIS*, pour laquelle le matériau le plus compliqué à utiliser était la céramique, mais c'est aussi la matière la plus inoffensive qui puisse coexister avec le corail sans polluer la mer.

Himmelsbach : *KORALLYSIS* est extraordinaire parce que le projet ne se déroule pas seulement dans un contexte artistique, mais a été mis en œuvre comme un acte militant au fond de l'océan dans le récif mésoaméricain de la mer des Caraïbes. Pouvez-vous nous raconter sa genèse ? Quels sont les moyens technologiques utilisés et les recherches qui ont permis de développer ce travail ?

Esparza : *KORALLYSIS* est né à la suite de projets antérieurs qui m'ont donné l'opportunité de travailler sur des questions liées à l'eau et lors desquels j'ai également réfléchi à l'idée de créer des créatures hybrides entre des organismes vivants et la technologie, comme une sorte de symbiose entre les

there are no proper regulations on the issue of wastewater. Recently, scouting on the island of Cozumel, I realized that everyone clandestinely dumps their wastewater directly into the sea; there is also the problem of cruise ships that dump their wastewater breaking large shallow areas of the coral reef in their path; there are also several urbanization projects for tourism in that area, and all of this impacts the ocean. To be efficient, *KORALLYSIS* not only thinks about the technical part of helping the coral grow, but also uses this project as a platform for dialogue where local problems are discussed, and people begin to reflect on all these factors that affect life in the ocean. It also welcomes different ways to experiment with technology to improve coral restoration techniques. Now we are implementing electrolysis to trap calcium carbonate and other minerals that are dissolved in the water so that they adhere to the *KORALLYSIS* structure, making it a mineral-rich place that can help coral grow. There are also other technologies such as sound; several biologists have done research that has shown that the sounds emitted by a healthy reef attract fish, and thanks to their experiments we now want to implement that technology in *KORALLYSIS* since this piece has a generator that harvests energy from the waves and it is an excellent way to take advantage of that energy, emitting sounds. It also helps with electrolysis and eventually we want

espèces. Ce qui est le cas dans mon œuvre *Nomadic Plants*, et en ce sens, *KORALLYSIS* est similaire : c'est une créature qui vit dans un écosystème marin dont la morphologie et les caractéristiques obéissent aux besoins qu'elle a dans cet environnement pour sa survie. En parlant avec des biologistes engagé·es dans la restauration des récifs et des associations civiles telles que Oceanus A.C. et Restore Coral, ces spécialistes m'ont expliqué comment le corail est affecté par l'impact humain, le réchauffement climatique, la sédimentation et les déchets, en particulier dans les zones touristiques où il n'existe pas de réglementation appropriée sur la question des eaux usées. Récemment, en repérage sur l'île de Cozumel, je me suis rendu compte que tout le monde déverse clandestinement ses eaux usées directement dans la mer ; il y a aussi le problème des bateaux de croisière qui rejettent également leurs eaux usées, détruisant sur leur passage de grandes zones peu profondes du récif corallien ; sans oublier plusieurs projets d'urbanisation pour le tourisme dans cette zone. Tout cela a un impact sur l'océan. Pour être efficace, *KORALLYSIS* ne se contente pas de penser à la partie technique de l'aide à la croissance du corail, mais profite également de ce projet comme d'une plateforme de dialogue où les problèmes locaux sont discutés, et où les gens commencent à réfléchir à tous ces facteurs qui affectent la vie dans l'océan. Il accueille par ailleurs différentes manières

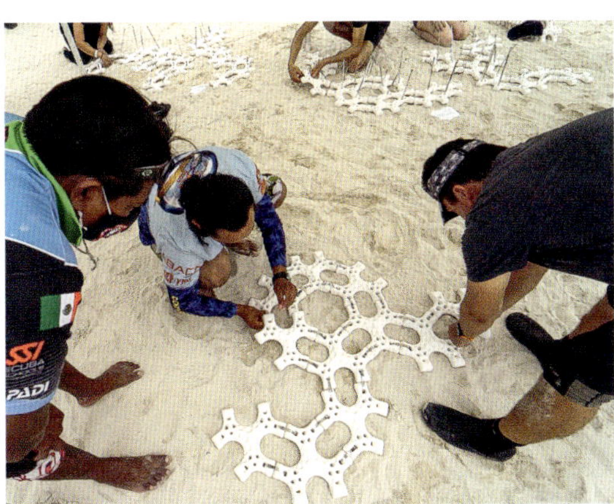

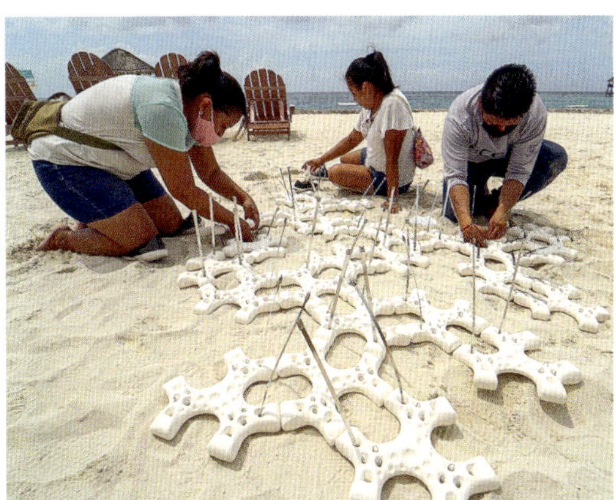

to connect sensors so we can monitor the growth of coral, their health, and the pH of the water.

Himmelsbach: The work also has an educational aspect. Since the beginning of the project, you have organized workshops as well. Can you tell us more about the collaborative practice and educational aspects of your work?

Esparza: There is a lot of information that has been generated through this project; the initial idea was to make this creature to interact with the coral, but along the way it has become an increasingly complex project, due to all the information that exists about this issue, so I look for different strategies to be able to generate dialogues and help raise awareness on this matter. I am very interested in this information reaching children and helping them become aware, as well as being able to get closer to citizens who perhaps were not interested in these subjects. The best way I have found is through workshops and activities that are playful, where we show children the fragility of these ecosystems, using the fragility of ceramics as a metaphor.

d'expérimenter la technologie pour améliorer les techniques de restauration des coraux. Désormais, nous mettons en œuvre l'électrolyse pour piéger le carbonate de calcium et d'autres minéraux dissous dans l'eau afin qu'ils adhèrent à la structure de *KORALLYSIS*, ce qui en fait un lieu riche en minéraux capable de favoriser la croissance des coraux. Il y a aussi d'autres technologies comme le son ; plusieurs biologistes ont mené des recherches qui ont montré que les sons émis par un récif sain attirent les poissons. Grâce à leurs expériences, nous souhaitons maintenant mettre en œuvre cette technologie pour *KORALLYSIS*, puisque cette œuvre possède un générateur qui capte l'énergie des vagues et c'est une excellente façon d'en tirer parti, en émettant des sons. L'électrolyse est ainsi utile et, à terme, nous souhaitons connecter des capteurs afin de pouvoir surveiller la croissance des coraux, leur santé et le pH de l'eau.

Himmelsbach : L'œuvre présente aussi un aspect éducatif. Depuis le début du projet, vous avez également organisé des ateliers. Pouvez-vous nous en dire plus sur la pratique collaborative et les aspects pédagogiques de votre travail ?

Esparza : Ce processus a généré beaucoup d'informations ; l'idée initiale était de fabriquer cette créature pour qu'elle interagisse avec le corail, mais en cours de route, le projet est devenu de plus en plus complexe, en raison de toutes les informations existantes sur ce sujet, donc je cherche différentes stratégies pour pouvoir générer des dialogues et aider à la sensibilisation autour de cette question. Il me semble très intéressant que ces informations puissent parvenir aux enfants, les aider à se sensibiliser, que l'on puisse se rapprocher des personnes qui n'étaient peut-être pas intéressées par ces sujets. Le meilleur moyen que j'ai trouvé est de proposer des ateliers et des activités ludiques, où nous expliquons aux enfants la précarité de ces écosystèmes, en utilisant la fragilité de la céramique comme métaphore.

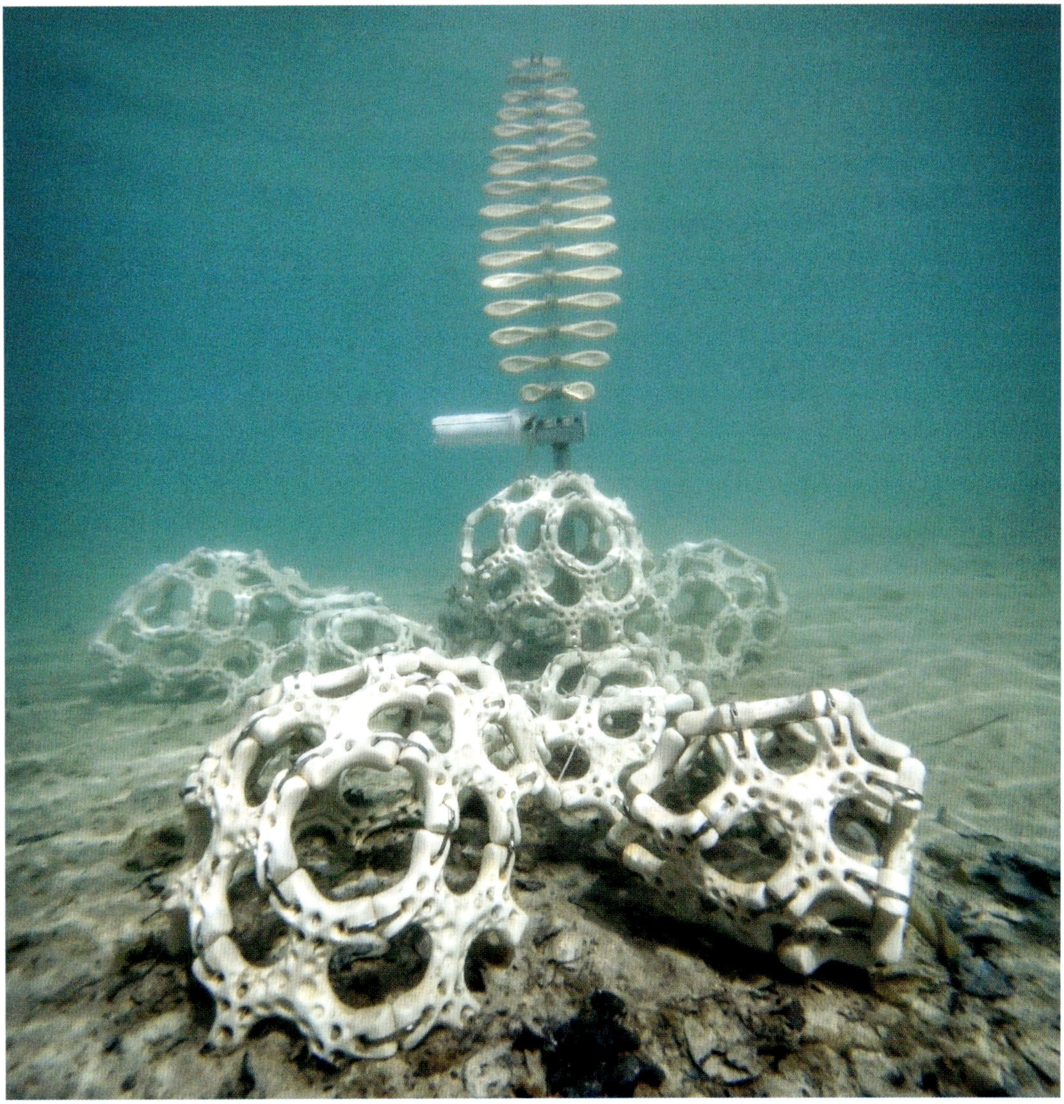

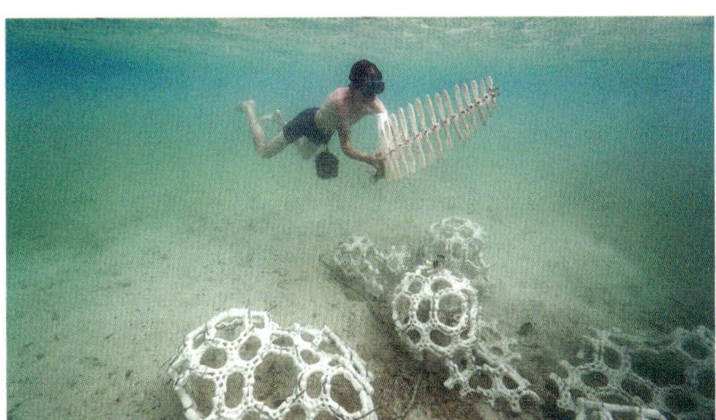

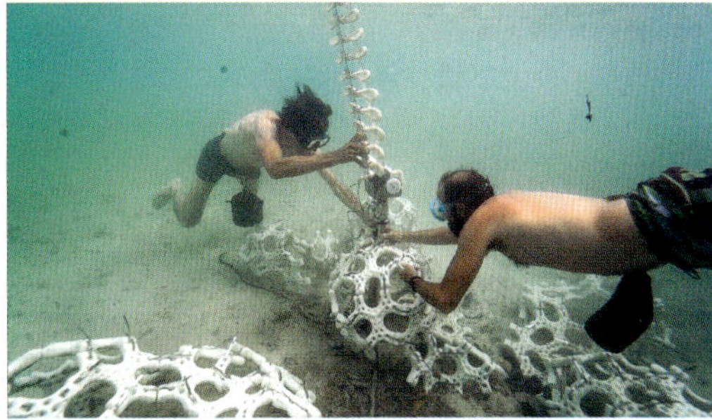

RASA SMITE AND RAITIS SMITS IN CONVERSATION WITH BORIS MAGRINI

RASA SMITE ET RAITIS SMITS DISCUTENT AVEC BORIS MAGRINI

The conversation between Rasa Smite, Raitis Smits, and Boris Magrini about their virtual reality (VR) artwork *Atmospheric Forest* took place via email in May 2022.

Magrini: *Atmospheric Forest* is a virtual reality installation, allowing visitors to experience how changes in climate influence the emissions of trees. Can you tell us what prompted you to produce this work?

Smite/Smits: For a long time, we have been working with plants and ecological systems combined with our interest in emerging media, sound and networked arts. *Atmospheric Forest* is a result of the *Ecodata* (2017–20) research project[1] and it was carried out in collaboration with the scientists from the Swiss Federal Institute for Forest, Snow and Landscape Research (WSL), who were sharing their profound experiments and findings about Pfynwald, an ancient alpine pine tree forest suffering from drought due to climate change.

Magrini: In the VR experience, visitors can see how the forest in the Swiss Alps is affected by severe drought and as a result, it not only generates vital oxygen but also releases gases into the atmosphere. To what extent is visualizing the CO_2 emission of plants important?

Smite/Smits: When the scientists were introducing us to their research in Pfynwald forest, affected by the drought and climate change, we learned that the trees are living organisms that breathe. We often think about the trees as the oxygen production machines, but they are incredibly complex self-sufficient ecosystems. Scientists also have noticed that forests like Pfynwald do not consume all the CO_2, but release some part of it back into the air, and they don't have a clear explanation why. The volatile emissions that are responsible for the fragrance of the pine trees can be especially experienced on warm and sunny days. That's why it is important to visualize CO_2 or volatile emissions, as it can make people aware of these invisible processes.

Cette conversation entre Rasa Smite, Raitis Smits et Boris Magrini autour de leur œuvre d'art en réalité virtuelle (VR) *Atmospheric Forest* a eu lieu par email en mai 2022.

Magrini : *Atmospheric Forest* est une installation de réalité virtuelle, permettant au public de découvrir comment les changements climatiques influencent les émissions des arbres. Pouvez-vous nous raconter ce qui vous a inspiré la réalisation de cette œuvre ?

Smite/Smits : Nous travaillons depuis longtemps avec les plantes et les systèmes écologiques, associés à notre intérêt pour les médias émergents, le son et les arts en réseau. *Atmospheric Forest* est le résultat du projet de recherche *Ecodata* (2017-20) [1] et a été réalisé en collaboration avec les scientifiques de l'Institut fédéral de recherches sur la forêt, la neige et le paysage (WSL), qui partageaient leurs expériences et découvertes importantes, une ancienne forêt de pins alpins, la forêt de Finges, souffrant de sécheresse en raison du changement climatique.

Magrini : Dans l'expérience VR, nous pouvons observer comment la forêt des Alpes suisses est affectée par une grave sécheresse et, en conséquence, non seulement génère de l'oxygène vital, mais libère également des gaz dans l'atmosphère. Dans quelle mesure est-il important de visualiser l'émission de CO2 des plantes ?

Smite/Smits : Lorsque les scientifiques nous ont présenté leurs recherches dans la forêt de Finges, touchée par la sécheresse et le changement climatique, nous avons découvert que les arbres sont des organismes vivants qui respirent. On pense souvent aux arbres comme étant des machines à produire de l'oxygène, mais ce sont des écosystèmes autosuffisants étonnamment complexes. Les scientifiques ont par ailleurs remarqué que les forêts comme celle de Finges ne consomment pas tout le CO2, mais en rejettent une partie dans l'air, sans pouvoir expliquer clairement pourquoi. Les émissions volatiles qui caractérisent

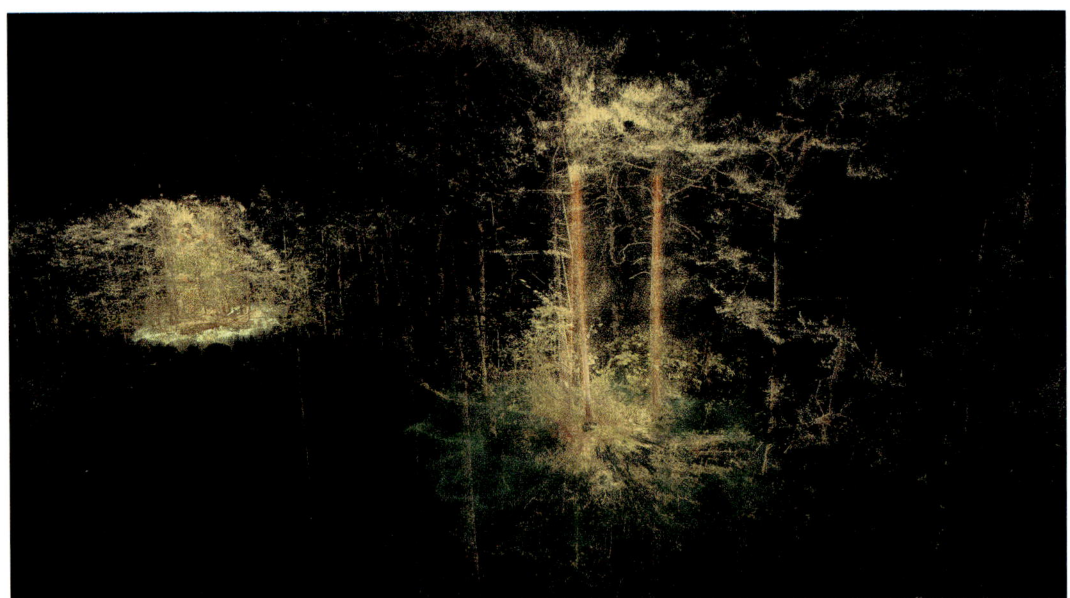

Magrini: How did the relationship with the researchers develop, and what influence did they have on the final outcome of the work?

Smite/Smits: It was very inspiring for us to work so closely with researchers, and for such a long time: it was three years. During this time, we learned about their research while we kept focusing on our interests: to search for a missing link between the terrestrial ecosystem in the Pfynwald forest and the atmosphere. During one of our field trips to Pfynwald we met Kaisa Rissanen. She was a visiting PhD researcher at the WSL institute that summer (of 2018), and she introduced us to her scientific experiments. She was using mass spectrometers, which continuously measured emissions and resin pressure from six different trees. She showed us the mobile scientific laboratory equipped with a very powerful computer that was analyzing the spectrum of the volatile emissions in real time. She collected and archived the data during one growing season, aiming to prove whether the trees suffering from drought stress are emitting more volatiles and producing more resin or not. Later, in discussing these results with researcher Arthur Gessler, we learned

le parfum des pins sont particulièrement perceptibles lors des journées chaudes et ensoleillées. C'est pourquoi il est important de visualiser les émissions de CO2 ou de substances volatiles, pour sensibiliser les personnes à ces processus invisibles.

Magrini : Comment se sont développés vos rapports avec les chercheur·es, et quelle a été leur influence sur le résultat final de l'œuvre ?

Smite/Smits : Travailler en si étroite collaboration avec des chercheur·es, et pour une si longue durée (trois ans) a été pour nous une grande source d'inspiration. Au cours de cette période, nous avons pris connaissance de leurs recherches tout en continuant à nous concentrer sur nos propres intérêts : identifier un chaînon manquant entre l'écosystème terrestre de la forêt de Finges et l'atmosphère. Lors d'une de nos excursions en forêt, nous avons rencontré Kaisa Rissanen. Chercheuse doctorante invitée à l'institut WSL cet été-là (de 2018), elle nous a présenté ses expériences scientifiques. Elle utilisait des spectromètres de masse, qui ont permis de mesurer en continu les émissions et la pression de la résine de six arbres différents. Elle nous a montré le laboratoire scientifique mobile équipé d'un

more about the volatile emissions, caused by monoterpene gasses, which create the forest fragrance, as well as about the resin production process, colophony in the pine needles. In order to understand these transformative processes in-depth, we set up a performance with melting resin.

Magrini: In your artistic practice you have often addressed social or ecological issues. Your works contribute to a debate that goes beyond artistic production: how can we fight drought effectively?

Smite/Smits: The more we learned about the processes behind climate change, the more we understood that this is really a complex issue: because these volatile emissions are so vaporous, scientists have difficulties measuring them and understanding how much they affect global warming. Some are arguing not to plant trees to save the planet, which seems shocking at first sight, but as soon as you start considering the complexity of interactions between the terrestrial and atmospheric processes, you realize that this is not completely wrong either, because there are many other conditions affecting global warming and drought, which need to be taken into consideration, such as light reflections. For instance, if the glaciers melt in Iceland, there will be no more snow-white areas, which for thousands of years ensured that almost 100 percent of light is reflected back, which meant that it contributed to the cooling process. Instead, large areas with dark green moss, trees, or other plants will absorb the sunlight and won't reflect it back, thus contributing to higher temperatures. However, the situation further south is different; so in short, there is no answer to the question. But what art can do is to help people become aware of the existing complexity and the need for ecosystem interaction-based climate research. There is an urgent need for more respect from humans for the processes happening in nature.

Magrini: Virtual reality has a long history, but only recently has it become accessible

ordinateur très puissant qui analysait en temps réel le spectre des émissions volatiles. Elle a recueilli et archivé les données pendant une saison de croissance, afin de déterminer si les arbres souffrant de la sécheresse augmentent leur émission de substances volatiles et de production de résine ou non. Plus tard, en discutant de ces résultats avec le chercheur Arthur Gessler, nous en avons appris davantage sur les émissions volatiles, dues aux gaz monoterpènes, à l'origine du parfum de la forêt, ainsi que sur le processus de production de la résine, la colophane dans les aiguilles de pin. Pour mieux comprendre ces processus de transformation, nous avons réalisé une expérience avec de la résine en fusion.

Magrini : Vous avez souvent abordé des questions sociales ou écologiques dans votre pratique artistique. Vos œuvres enrichissent un débat qui va au-delà de la seule création artistique : à savoir, comment lutter efficacement contre la sécheresse.

Smite/Smits : Plus nous en apprenions sur les processus à l'origine du changement climatique, plus nous comprenions qu'il s'agissait d'une question vraiment complexe : étant donné la forte volatilité de ces émissions, les scientifiques rencontrent des difficultés à les mesurer et à comprendre à quel point elles affectent le réchauffement de la planète. Certaines personnes affirment qu'il faut éviter de planter des arbres pour sauver la planète, ce qui semble choquant de prime abord, mais dès que l'on commence à considérer la complexité des interactions entre les processus terrestres et atmosphériques, on se rend compte que ce n'est pas complètement faux non plus. De nombreuses autres conditions affectant le réchauffement climatique et la sécheresse doivent être prises en considération, comme la réflexion de la lumière. Par exemple, si les glaciers fondent en Islande, il n'y aura plus de zones blanches comme la neige qui, pendant des milliers d'années, a assuré la réflexion de presque 100 % de la lumière, ce qui signifie qu'elle a contribué au processus de refroidissement.

to the general public. What does VR technology offer your project?

Smits: No doubt VR is providing a different level of immersion, which offers a highly embodied experience as you not only see and hear the virtual space surrounding you, but also experience it by moving through it with your body, which was our primary aim in creating *Atmospheric Forest*.

Smite: With VR this experience becomes more subjective, and much more intimate. We bring the viewers into a magic-like forest. The forest should surround the visitor, which gradually reveals this ecosystem. What is also unique about VR is that it allows the combination of the structural level of the forest, for example point cloud scans of five Pfynwald forest scenes, which are changing color according to day and night temperature changes, with the invisible processes taking place in the tree trunk (such as resin pressure) and the air (volatile emissions), thus providing interactions between the terrestrial ecosystem and the atmosphere.

1 The *Ecodata* research project was led by Yvonne Volkart and was funded by SNSF (Swiss National Science Foundation).

Au contraire, de vastes zones recouvertes de mousse, d'arbres ou d'autres plantes vert foncé absorbent la lumière du soleil et ne la renvoient pas, ce qui contribue à augmenter les températures. Cependant, la situation plus au sud est différente ; en résumé, il n'y a pas de réponse à la question. Mais l'art peut permettre une prise de conscience de la complexité existante et de la nécessité d'une recherche climatique fondée sur les interactions entre les écosystèmes. Il est urgent que l'humanité respecte davantage les processus qui se déroulent dans la nature.

Magrini : La réalité virtuelle a une longue histoire, mais ce n'est que récemment qu'elle est devenue accessible au grand public. Qu'apporte la technologie de la VR à votre projet ?

Smits : Il ne fait aucun doute que la VR offre un niveau d'immersion différent, qui permet une expérience très concrète, puisqu'on ne se contente pas de voir et d'entendre l'espace virtuel qui nous entoure, mais on le vit aussi en s'y déplaçant avec son corps, ce qui était notre principal objectif en créant *Atmospheric Forest*.

Smite : Avec la VR, cette expérience devient plus subjective, et beaucoup plus intime. Nous emmenons le public dans une forêt magique, elle doit nous entourer au fur et à mesure que l'on découvre cet écosystème. Ce qui est également unique dans la VR, est qu'elle permet de combiner le niveau structurel de la forêt, par exemple les scans de nuages de points issus de cinq paysages forestiers de Finges, qui changent de couleur en fonction des variations de température diurnes et nocturnes, avec les processus invisibles qui se déroulent dans le tronc des arbres (comme la pression de la résine) et dans l'air (émissions volatiles), fournissant ainsi des interactions entre l'écosystème terrestre et l'atmosphère.

1 Le projet de recherche *Ecodata* a été dirigé par Yvonne Volkart et a été financé par le FNS (Fonds national suisse de la recherche scientifique).

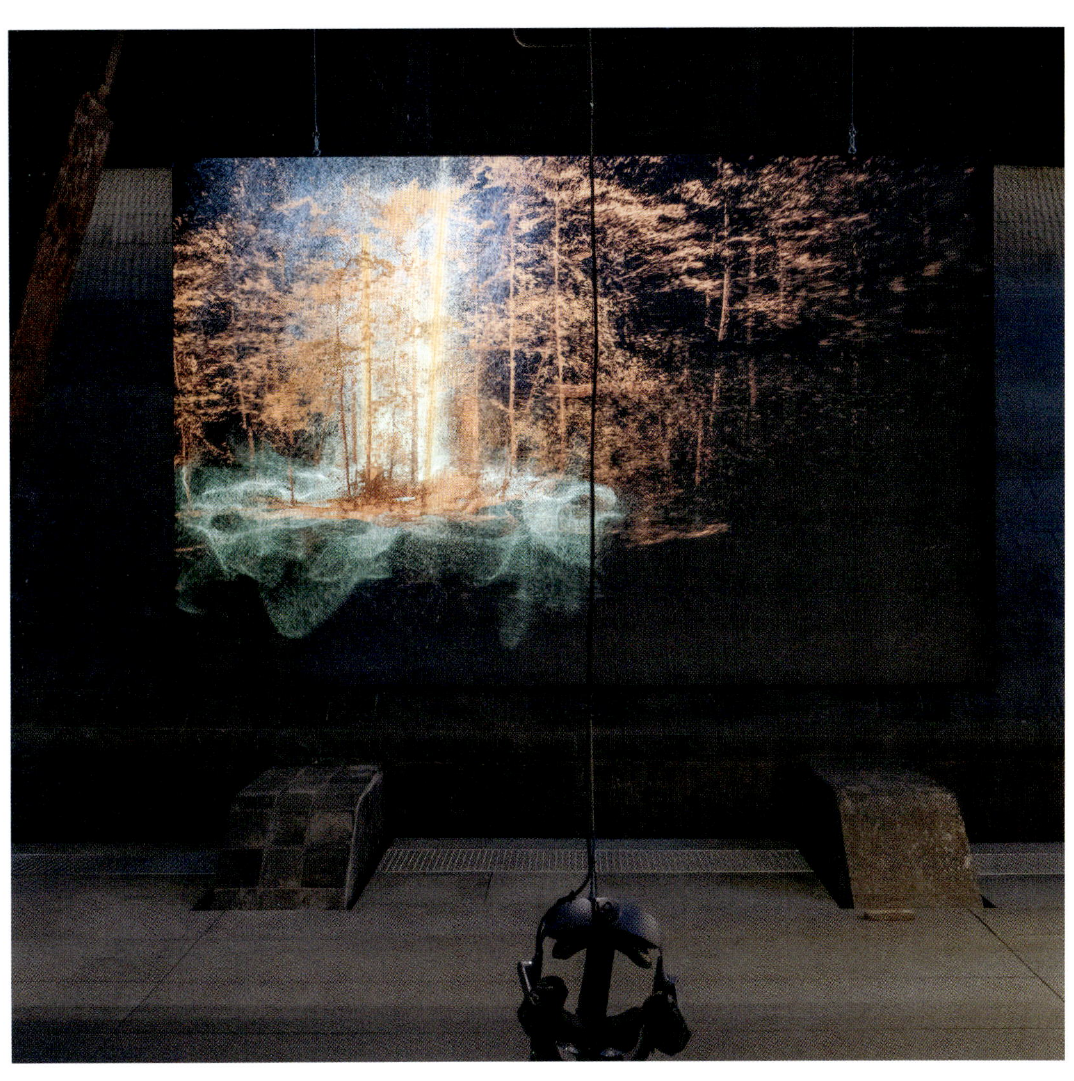

ARTISTS' BIOGRAPHIES

Refik Anadol (TK) is one of the pioneers of data aesthetics and a prominent young media artist. His work explores the relationships between human perception, machine creation, and expanded experience of nature through the use of technology. Partnering with global companies like Microsoft, Google, Intel, and IBM, Anadol uses cutting-edge technologies to explore what it means to be human in the era of artificial intelligence. His works include site-specific, three-dimensional data sculptures, audio and video installations, performances, and videos in physical and virtual worlds. Anadol has received international recognition with numerous exhibitions at museums. Awards for his work include Google's Artists + Machine Intelligence Artist Residency. Anadol currently resides in Los Angeles.

Donatien Aubert (FR) is an artist, researcher, and author. His theoretical and artistic work examines contemporary transformations caused by humankind. He is particularly interested in the legacy of cybernetic theories and their resilience in movements such as ecology and transhumanism. His mixed-media works, spanning video and installation, are based on scientific research that has led him to collaborate with several laboratories. Aubert graduated from the École Nationale Supérieure d'Arts in Paris and holds a PhD in comparative literature from Paris-Sorbonne University. Aubert was awarded the CNAP photographic commission Image 3.0 in 2020. His work has been exhibited internationally and at several biennials. Donatien Aubert lives and works in Paris.

BIOGRAPHIES D'ARTISTES

Refik Anadol (TK) est l'un des pionniers de l'esthétique des données et un éminent jeune artiste des arts médiatiques. Il réfléchit aux relations entre la perception humaine, la création des machines et l'expérience élargie de la nature à travers l'utilisation de la technologie. En partenariat avec des entreprises multinationales comme Microsoft, Google, Intel ou IBM, Anadol a recours à des technologies de pointe pour questionner ce que signifie être humain à l'ère de l'Intelligence Artificielle. Ses œuvres comprennent des sculptures de données tridimensionnelles in situ, des installations audio et vidéo, des performances et des vidéos réalisées dans des environnements physiques et virtuels. Anadol jouit d'une reconnaissance internationale, ses œuvres sont régulièrement exposées dans de nombreux musées du monde entier. Ses projets ont reçu plusieurs prix et récompenses tels que le Google's Artists + Machine Intelligence Artist Residency Award. Il réside actuellement à Los Angeles.

Donatien Aubert (FR) est un artiste, chercheur et auteur. Son travail théorique et artistique examine les transformations contemporaines causées par les activités humaines. Il s'intéresse particulièrement à l'héritage des théories cybernétiques et à leur résilience dans des mouvements tels que l'écologie et le transhumanisme. Ses créations mixtes, allant de la vidéo à l'installation, s'appuient sur des recherches scientifiques qui lui ont donné l'occasion de collaborer avec plusieurs laboratoires. Aubert est diplômé de l'École nationale supérieure d'arts de Paris et titulaire d'un doctorat en littérature comparée de l'université Paris-Sorbonne. Il a obtenu la commande photographique du CNAP « Image 3.0 » en 2020. Son travail a été exposé à l'international ainsi que dans plusieurs biennales. Donatien Aubert vit et travaille à Paris.

melanie bonajo (NL) is a queer, non-binary, artist, filmmaker, feminist, sexological body-worker, somatic sex coach and educator, cuddle workshop facilitator and animal rights activist. Through their videos, performances, photographs, and installations, melanie examines current conundrums of co-existence in a crippling capitalistic system and addresses themes of eroding intimacy and isolation in an increasingly sterile, technological world. Their experimental documentaries often explore communities living or working on the margins of society, either through illegal means or cultural exclusion, and the paradoxes inherent to ideas of comfort with a strong sense for community, equality, and body politics. Their work has been exhibited and screened internationally. melanie bonajo lives and works in Amsterdam and New York.

Tega Brain (AU) is an artist and environmental engineer working at the intersection of art, ecology, and technology. Guided by questions of how technology shapes ecology, her work addresses themes of intelligence, automation, agency, and ecological imaginaries – how we imagine we can live together. She has created dysfunctional devices, eccentric infrastructures, and experimental information systems. Brain is an assistant professor of integrated design and media at New York University and her work has been exhibited at biennales, triennials, and at museums worldwide. Tega Brain lives and works in New York.

Persijn Broersen and **Margit Lukács** (NL) employ a variety of media, including video, animation, sculpture, graphics, and spatial installations. Their work traces the origins of contemporary visual culture, revealing how reality, (mass) media, and fiction are deeply enmeshed in contemporary society. Their practice contemplates questions of perception, exploring in remarkable depth how digital interfaces relate to surfaces found in nature. Both artists studied at the Sandberg Institute and the Rijksakademie in Amsterdam. Their works have been exhibited at renowned institutions and organizations worldwide and their videos have been presented at numerous film festivals. Persijn Broersen and Margit Lukács live and work in Amsterdam.

melanie bonajo (NL) est un·e artiste queer, non binaire, cinéaste, féministe, travailleur·euse corporel·le sexologique, coach et éducateur·ice sexuel·le somatique, animateur·ice d'ateliers de câlins et militant·e des droits des animaux. Avec ses vidéos, performances, photographies et installations, melanie examine les dilemmes actuels de la coexistence dans un système capitaliste paralysant et aborde les thèmes de l'érosion de l'intimité et de l'isolement dans un monde technologique de plus en plus stérile. Ses documentaires expérimentaux explorent souvent les communautés vivant ou travaillant en marge de la société, soit par des moyens illégaux, soit par l'exclusion culturelle, et les paradoxes inhérents aux idées de confort, avec un fort sens de la communauté, de l'égalité et de la politique corporelle. Ses travaux ont été exposés et projeté à l'échelle internationale. melanie bonajo vit et travaille à Amsterdam et à New York.

Tega Brain (AU) est une artiste et une ingénieure en environnement qui travaille à l'intersection de l'art, de l'écologie et de la technologie. Guidé par des questions sur la façon dont la technologie façonne l'écologie, son travail aborde les thèmes de l'intelligence, de l'automatisation, de la capacité d'agir et des imaginaires écologiques - la manière dont nous imaginons pouvoir vivre ensemble. Elle a créé des dispositifs dysfonctionnels, des infrastructures excentriques et des systèmes d'information expérimentaux. Tega Brain est professeure adjointe en design intégré et médias à la New York University et son travail a été exposé dans des biennales et des triennales et dans des musées du monde entier. Tega Brain vit et travaille à New York.

Persijn Broersen et Margit Lukács (NL) utilisent une multitude de médias, dont la vidéo, l'animation, la sculpture, les illustrations et les installations spatiales. Leur travail cherche à retracer les origines de la culture visuelle contemporaine et à révéler la manière dont la réalité, les médias (de masse) et la fiction sont profondément imbriqués dans la société contemporaine. Leur pratique réfléchit aux questions de perception, examinant minutieusement la relation entre les interfaces numériques et les surfaces de la nature réelle. Les deux artistes ont étudié à l'Institut Sandberg et

Erik Bünger (SE) is an artist, composer, and writer. He focuses on the relationship between voice, performed language, and the body, as well as narration and representation of communication through and within technology. His recent research project explores the phenomenon of the voice-over. Using archival and documentary materials, musical compositions, and lecture-performances, Bünger reflects on the manipulative potential of language and narration to adjust meaning. His work has been presented at international cultural festivals and institutions. With a background as a composer and philosopher, Bünger is exploring the side effects of communication and technology. He is a fellow at the University of Applied Arts in Vienna. Erik Bünger lives and works in Berlin and Vienna.

María Castellanos and **Alberto Valverde** (ES) have been working together under the name uh513 since 2009. Castellanos is an artist and holds a PhD in fine arts from the University of Vigo, Spain. Valverde is an artist and technologist with experience in systems design, interactive environments, and robotics. Their collaborative research focuses on hybridizations between cyborgs and "wearables" as a paradigm through which to expand human sensory capabilities and to create complex systems of communication and understanding between humans and plants. Their work has been shown in a number of exhibitions and they have received several awards for their work, including the recent EU Horizon 2020 "Vertigo Starts" prize. María Castellanos and Alberto Valverde live in Oslo.

Gil Delindro (PT) is a sound and media artist who explores the interrelations between organic elements, technology, and human impact on the processes of decay. He seeks to disclose intangible and imperceptible processes in nature using the tools of scientific research and advances in technology. Sound is a central element in Delindro's work, which he uses to expose notions of time, space, and a rapidly changing environment. His artistic practice comprises film, installation, sound performance, and sculpture, including site-specific research, geology, and bioacoustics. He is the cofounder of Rural Vivo, a cross-disciplinary

à la Rijksakademie d'Amsterdam. Leurs œuvres ont été exposées dans des institutions et organisations renommées du monde entier et leurs vidéos ont été présentées dans de nombreux festivals de cinéma. Persijn Broersen et Margit Lukács vivent et travaillent à Amsterdam.

Erik Bünger (SE) est un artiste, compositeur et auteur. Il s'intéresse à la relation entre la voix, le langage parlé et le corps, ainsi qu'à la narration et à la représentation de la communication à travers et au sein de la technologie. Son récent projet de recherche étudie le phénomène de la voix off. En utilisant des archives et des documents, des compositions musicales, ainsi que des conférences-performances, Bünger réfléchit au danger du potentiel manipulatif du langage et de la narration en vue d'ajuster le sens des messages. Ses œuvres ont été présentées dans divers festivals et institutions culturelles internationales. Ayant une formation de compositeur et de philosophe, Bünger interroge les effets secondaires de la communication et de la technologie. Il est par ailleurs chercheur invité dans un programme de recherche à l'université des arts appliqués de Vienne. Il vit et travaille à Berlin et à Vienne.

María Castellanos et Alberto Valverde (ES) travaillent ensemble sous le nom uh513 depuis 2009. Castellanos est une artiste et titulaire d'un doctorat en arts à l'université de Vigo. Valverde est un artiste et un technologue expérimenté dans la conception de systèmes, les environnements interactifs et la robotique. Leur recherche collaborative se concentre sur les hybridations entre les cyborgs et les « wearables » [technologies portables] en tant que paradigme pour étendre les capacités sensorielles humaines et la création de systèmes complexes. Ces derniers visent à promouvoir la communication et la compréhension entre les humains et les plantes. Leurs travaux ont été présentés dans un certain nombre d'expositions et le duo a reçu plusieurs prix pour son travail, dont le récent prix « Vertigo Starts » de l'initiative Horizon 2020 de l'UE. María Castellanos et Alberto Valverde vivent à Oslo.

Gil Delindro (PT) est un artiste sonore et des médias qui interroge les interrelations entre les

association dedicated to ecological, educational, and cultural activities in the UNESCO Gerês Reserve in northern Portugal. Gil Delindro lives and works in Berlin and Porto.

Gilberto Esparza's (MX) work explores how electronic and robotic technologies have an impact on daily life. Whether through recycling technological waste or the use of biotechnologies, his practice offers new ways to reduce and balance human impact on the planet. He studied at the School of Fine Art of the University of Guanajuato, Mexico, and the Faculty of Fine Arts of San Carlos in Valencia, Spain. Esparza's projects involve the collaboration of various research centers from a wide range of disciplines. His works have been shown in numerous exhibitions around the world and he has received several awards, such as the Prix Ars Electronica (2015). Gilberto Esparza lives and works in San Miguel de Allende and Mexico City.

Fragmentin (CH) is an artist collective based in Lausanne. Founded in 2014, it consists of Laura Nieder, David Colombini, and Marc Dubois, all graduates of ECAL (Lausanne School of Art and Design). Combining art and technology, their work questions the impact of digital technologies on our everyday lives and examines their inherent mechanisms of control and obscurity. Fragmentin's installations, videos, interactions, web apps, virtual-reality experiences, and performances elucidate the consequences of media technologies on society. Their works have been exhibited in numerous museums and institutions worldwide. Fragmentin has received various prizes, including the Pax Art Award for Swiss media art 2018.

Alexandra Daisy Ginsberg (UK) explores our fraught relationships with nature and technology. Her work investigates themes as diverse as artificial intelligence, synthetic biology, conservation, biodiversity, evolution, and the human drive to "improve" the world. She studied architecture at the University of Cambridge, was a visiting scholar at Harvard University, and received her MA in Design Interactions from the Royal College of Art in London, where she completed a practical PhD in 2017. She has

éléments organiques, l'impact humain sur les processus de décomposition et la technologie. Il cherche à révéler les processus intangibles et imperceptibles de la nature grâce aux outils de la recherche scientifique et aux possibilités technologiques. Dans ses œuvres, le son est un élément central qui lui permet de réfléchir et d'exposer les notions de temps, d'espace et d'un environnement en mutation rapide. Sa pratique artistique comprend le film, l'installation, la performance sonore et les sculptures, y compris des recherches in situ, la géologie et la bioacoustique. Il est le cofondateur de « Rural Vivo », une association pluridisciplinaire qui se consacre à des activités écologiques, éducatives et culturelles dans la réserve de l'UNESCO de Gerês (nord du Portugal). Gil Delindro vit et travaille à Berlin et Porto.

Le travail de **Gilberto Esparza** (MX) questionne la façon dont la technologie électronique et robotique impacte nos vies quotidiennes. Que ce soit à travers le recyclage des déchets technologiques ou l'utilisation des biotechnologies, sa pratique propose de nouvelles possibilités pour réduire et équilibrer l'empreinte humaine sur la planète. Il a étudié à l'école des beaux-arts de l'université de Guanajuato et à la faculté des beaux-arts de San Carlos à Valence, en Espagne. Les projets d'Esparza associent la collaboration de divers centres de recherche issus d'un large éventail de disciplines. Ses œuvres ont été présentées dans de nombreuses expositions à travers le monde ; il a reçu plusieurs prix, comme le Prix Ars Electronica 2015. Gilberto Esparza vit et travaille à San Miguel de Allende et à Mexico.

Fragmentin (CH) est un collectif d'artistes basé à Lausanne. Fondé en 2014, il est composé de Laura Nieder, David Colombini et Marc Dubois, diplômé.e.s de l'École cantonale d'art de Lausanne (ECAL). Combinant art et technologie, leur travail interroge l'impact des technologies numériques sur notre quotidien et examine leurs mécanismes sous-jacents de contrôle et de dissimulation. Les installations, vidéos, interactions, applications web, expériences de réalité virtuelle et performances de Fragmentin font réfléchir aux conséquences des technologies médiatiques sur nos sociétés. Leurs oeuvres ont été exposées dans de

received numerous awards for her work, including the World Technology Award for Design (2011) and the Dezeen Changemaker Award (2019). Her work has been exhibited in museums worldwide. Alexandra Daisy Ginsberg lives and works in London.

Marc Lee (CH) explores how information technologies influence our understanding of the world and thus permanently change our behavior. He investigates the effects of the internet's emergence and the later development of social networks in terms of their creative, cultural, social, ecological, and political impact. Lee creates network-based immersive and interactive installations, which allow visitors to literally dive into the contemporary flood of information. To do this, he employs a wide variety of media and formats: computer-generated projections, augmented reality, virtual reality, and mobile apps. His works have been shown in solo and group exhibitions internationally and he has been awarded numerous prizes, including the Pax Art Award for Swiss media art 2021. Marc Lee lives and works near Zurich.

Marcus Maeder (CH) is an artist, eco-acoustics researcher, and composer of electronic music. In his artistic and scientific work, Maeder investigates areas, communities, and organisms under the influence of climate change and other environmental issues. Maeder works as a researcher and lecturer at the Zurich University of the Arts and currently is on a fellowship at the Institute of Biology at Freie Universität Berlin. His work has been exhibited internationally, including a presentation at the 2015 UN Climate Change Conference in Paris. Marcus Maeder lives and works in Zurich and Berlin.

Mary Maggic (US) is a nonbinary, Chinese-American artist whose interdisciplinary practice spans amateur science, public workshopology, performance, large-scale installation, documentary film, and speculative fiction. They work at the intersection of biotechnology, cultural discourse, and civil disobedience with a main interest in hormone biopolitics and environmental toxicity. Specifically, they have been exploring how the ethos and methodologies of biohacking can serve to demystify invisible

nombreux musées et institutions du monde entier. Fragmentin a reçu plusieurs prix, dont le Pax Art Award pour l'art médiatique suisse.

Alexandra Daisy Ginsberg (GB) réfléchit aux relations complexes que nous entretenons avec la nature et la technologie. Son travail explore des thèmes aussi divers que l'intelligence artificielle, la biologie synthétique, la conservation, la biodiversité et l'évolution, ainsi que la soif humaine d'« améliorer » le monde. Elle a étudié l'architecture à l'université de Cambridge, a été chercheuse invitée à l'université de Harvard et a obtenu une maîtrise en design d'interaction au Royal College of Art de Londres, où elle a effectué un doctorat recherche et pratique en 2017. Elle a reçu de nombreux prix pour son travail, notamment le World Technology Award for Design (2011) et le Dezeen Changemaker Award (2019) ; ses œuvres ont été exposées dans des musées du monde entier. Alexandra Daisy Ginsberg vit et travaille à Londres.

Marc Lee (CH) réfléchit à la manière dont les technologies de l'information influencent notre compréhension du monde et modifient ainsi durablement nos comportements. Il examine en particulier les effets de l'émergence d'Internet, puis du développement des réseaux sociaux, en termes d'impact créatif, culturel, social, écologique et politique. Lee crée des installations immersives et interactives en réseau, qui permettent au public de se plonger littéralement dans le flot d'informations contemporain. Pour ce faire, il utilise une grande variété de médias et de formats : projections générées par ordinateur, réalité augmentée (AR), réalité virtuelle (VR) et applications mobiles. Ses œuvres ont été présentées à l'occasion d'expositions personnelles et collectives dans le monde entier et son travail a été récompensé par de nombreux prix, récemment par le Pax Art Award pour l'art médiatique suisse. Marc Lee vit et travaille près de Zurich.

Marcus Maeder (CH) est un artiste, chercheur en écoacoustique et compositeur de musique électronique. Dans son travail artistique et scientifique, Maeder étudie les zones, les communautés et les organismes sous l'influence

lines of molecular (bio)power. They graduated from Carnegie Mellon University, Pittsburgh, and the MIT Media Lab of the Massachusetts Institute of Technology, Cambridge. Their work has been exhibited internationally and they have collaborated with several artist collectives. Mary Maggic is currently based in Vienna.

Mélodie Mousset (AE) is a French artist. She studied art in Rennes, Lausanne, London, and Valencia, California. Her work oscillates between virtual and physical worlds, unfolding in a wide variety of media such as performance, video, installation, photography, sculpture, and interactive media. Her work has been exhibited in institutions, galleries, and festivals worldwide. In 2020, she cofounded Patch XR, a studio specializing in the development of musical tools and gaming experiences for extended realities. Mélodie Mousset lives and works in Zurich.

Eduardo Fouilloux (MX) creates new ways of playing with interactive audio-visual media in real time and is the director and cofounder of Patch XR. Eduardo Fouilloux lives and works in Copenhagen.

Sabrina Ratté's (CA) practice is located between abstraction and figuration, centering on various forms of digital imagery including video, animation, installation, sculpture, audio-visual performance, print, and virtual reality. Her interdisciplinary work mixes analog technologies, photography, and 3-D animation to investigate the psychological influences of architecture and digital environments on our perception of reality, as well as our relationship with virtuality. Her work has been exhibited internationally and she has been twice shortlisted for the Sobey Art Award (2019 and 2020). Ratté lives and works in Montreal and Marseille.

Scenocosme (FR) is an artist duo of Grégory Lasserre and Anaïs met den Ancxt. Together, they create digital art, interactive installations, sound art, and collective performances. Their work results from experiments with the hybridization of technology and the living world, whose intersections drive them to invent

du changement climatique et des problèmes environnementaux. Maeder travaille comme chercheur et chargé de cours à la Haute école des arts de Zurich et poursuit actuellement une bourse à l'institut de biologie de la Freie Universität Berlin. Ses travaux ont été exposés au niveau international, y compris lors de la Conférence des Nations Unies sur le changement climatique de 2015. Marcus Maeder vit et travaille à Zurich et à Berlin.

Mary Maggic (US), est un·e artiste non binaire de nationalité sino-américaine. Sa pratique interdisciplinaire touche à la science amateure, à la workshopologie publique, à la performance, aux installations à grande échelle, au film documentaire et à la fiction spéculative. Maggic travaille à l'intersection de la biotechnologie, du discours culturel et de la désobéissance civile, avec un intérêt particulier pour la biopolitique des hormones et la toxicité environnementale. Plus précisément, Maggic explore comment l'éthique et les méthodologies du biohacking peuvent servir à démystifier les lignes invisibles du (bio)pouvoir moléculaire. Maggic est titulaire d'un diplôme de la Carnegie Mellon University de Pittsburgh et du MIT Media Lab du Massachusetts Institute of Technology à Cambridge. Ses travaux, exposés à l'échelle internationale, ont parfois été conçus avec plusieurs collectifs d'artistes. Mary Maggic vit et travaille actuellement à Vienne.

Mélodie Mousset (AE) est une artiste française vivant à Zurich. Elle a étudié l'art à Rennes, Lausanne, Londres et Valence en Californie. Sa pratique oscille entre le monde virtuel et le monde physique et se manifeste à travers une grande variété de médias tels que la performance, la vidéo, l'installation, la photographie, la sculpture et les médias interactifs. Son travail a été exposé dans des institutions, des galeries et des festivals du monde entier. En 2020, elle a cofondé Patch XR, un studio spécialisé dans le développement d'outils musicaux et d'expériences de jeu pour les réalités étendues (XR). Mélodie Mousset vit et travaille à Zurich.

Eduardo Fouilloux (MX) travaille à la création de nouvelles façons de jouer avec des médias audiovisuels interactifs en temps réel. Fouilloux

sensitive and poetic languages. Most of their interactive artworks focus on the sensory encounter between the human body and its environment. They have exhibited in numerous museums, contemporary art centers, and festivals around the world. Scenocosme is based in Lyon and Saint Etienne.

Rasa Smite and **Raitis Smits** (LT) are artists and researchers who have been working at the intersection of art, science, and new technologies since the mid-1990s. They create experimental, networked, visionary, and innovative artworks. They are also the main founders of RIXC, The Center for New Media Culture in Riga, Latvia. Smite is a professor of new media at Liepaja University and Smits is a professor at the Art Academy of Latvia. Their work has been presented in numerous exhibitions worldwide. In 1998, they received the prestigious Prix Ars Electronica and in 2016 they were honored with Latvia's National Award of Excellence in Culture. Rasa Smite and Raitis Smits live and work in Riga.

Sissel Marie Tonn (DK) uses her artistic practice to explore the complex ways that people perceive, interact, and connect with their environment. Her hybrid, interactive installations and objects invite the audience to engage with stories and data in a sensory and participatory manner. Tonn studied film and media studies and graduated with an MA in Artistic Research from the Royal Academy of Arts in The Hague. Her work has been exhibited internationally and she has received several grants and awards. Together with Jonathan Reus and Flora Reznik, she is cofounder of the artist initiative Platform for Thought in Motion. Sissel Marie Tonn lives and works in The Hague.

Jonathan Reus (US) is an artist, musician, and researcher based in the Netherlands. In his interdisciplinary artistic work, he deals with the interplay of human bodies, sound, and technology. Reus is cofounder of the cultural initiative iii in The Hague and the Platform for Thought in Motion.

est le directeur et le cofondateur de Patch XR. Il vit et travaille à Copenhague.

La pratique de **Sabrina Ratté** (CA) se situe à mi-chemin entre l'abstraction et la figuration, autour de diverses formes d'imagerie numérique, allant de la vidéo à l'animation, en passant par les installations, les sculptures, les performances audiovisuelles, les impressions et la réalité virtuelle. Dans son travail interdisciplinaire, mêlant technologies analogiques, photographie et animation 3D, elle interroge l'influence psychologique de l'architecture et des environnements numériques sur notre manière de percevoir la réalité, ainsi que notre relation avec la virtualité. Ses œuvres ont été présentées à l'international par diverses institutions et elle a obtenu plusieurs bourses, la plus récente étant le Sobey Art Award en 2020. Sabrina Ratté est représentée par la galerie Charlot à Paris et la galerie Ellephant à Montréal. Elle vit et travaille à Montréal et Marseille.

Scenocosme (FR) est un duo d'artistes composé de Grégory Lasserre et Anaïs met den Ancxt. Ensemble, ils développent des œuvres d'art numérique, des installations interactives, de l'art sonore et des performances collectives. Leur travail relève d'expériences d'hybridation entre la technologie et le monde vivant, dont les croisements les poussent à inventer des langages sensibles et poétiques. La plupart de leurs œuvres interactives se concentrent sur la rencontre sensorielle entre le corps humain et l'environnement. Scenocosme a exposé dans de nombreux musées, centres d'art contemporain et festivals à travers le monde. Scenocosme est basé à Lyon et à Saint-Étienne.

Rasa Smite et Raitis Smits (LT) sont deux artistes et chercheur·es, qui travaillent à l'intersection de l'art, de la science et des nouvelles technologies depuis le milieu des années 1990. Le couple crée des œuvres expérimentales, en réseau, visionnaires et innovantes. Ils sont également à l'origine de RIXC, le centre dédié à la culture des nouveaux médias à Riga. Smite est professeure spécialiste des nouveaux médias à l'université de Liepaja

et Smits est professeur à l'académie des arts de Lettonie. Leurs œuvres ont été présentées dans de nombreuses expositions à travers le monde. En 1998, les deux artistes ont reçu le prestigieux prix Ars Electronica et en 2016, ils ont été distingués par le prix national d'excellence dans le domaine culturel de la Lettonie. Rasa Smite et Raitis Smits vivent et travaillent à Riga.

Sissel Marie Tonn (NL) étudie dans sa pratique artistique les modes complexes dont les gens perçoivent, interagissent et se connectent à leur environnement. Ses installations et objets hybrides et interactifs invitent le public à dialoguer avec des histoires et des données de manière sensorielle et participative. Tonn a étudié le cinéma et les médias et a obtenu un master en recherche artistique à l'académie royale des arts de La Haye. Son travail a été exposé à l'échelle internationale et elle a été récompensée par plusieurs bourses et prix. Avec Jonathan Reus et Flora Reznik, elle est cofondatrice de l'initiative artistique Platform for Thought in Motion. Sissel Marie Tonn vit et travaille à La Haye.

Jonathan Chaim Reus (US), est un artiste, musicien et chercheur basé aux Pays-Bas. Dans son travail interdisciplinaire, il traite de l'interaction entre corps humains, son et technologie. Reus est cofondateur du projet d'artistes iii à La Haye et de Platform for Thought in Motion.

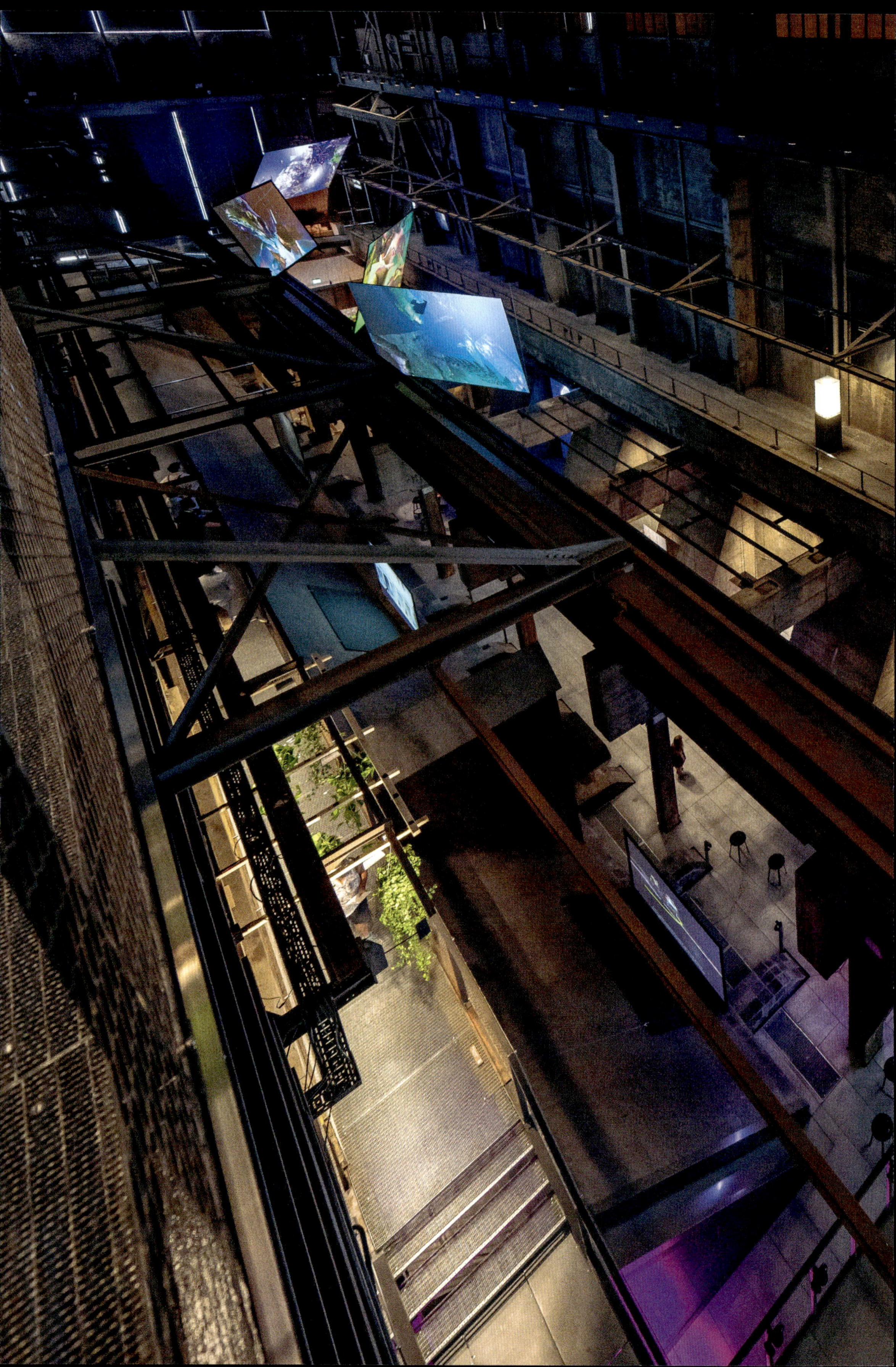

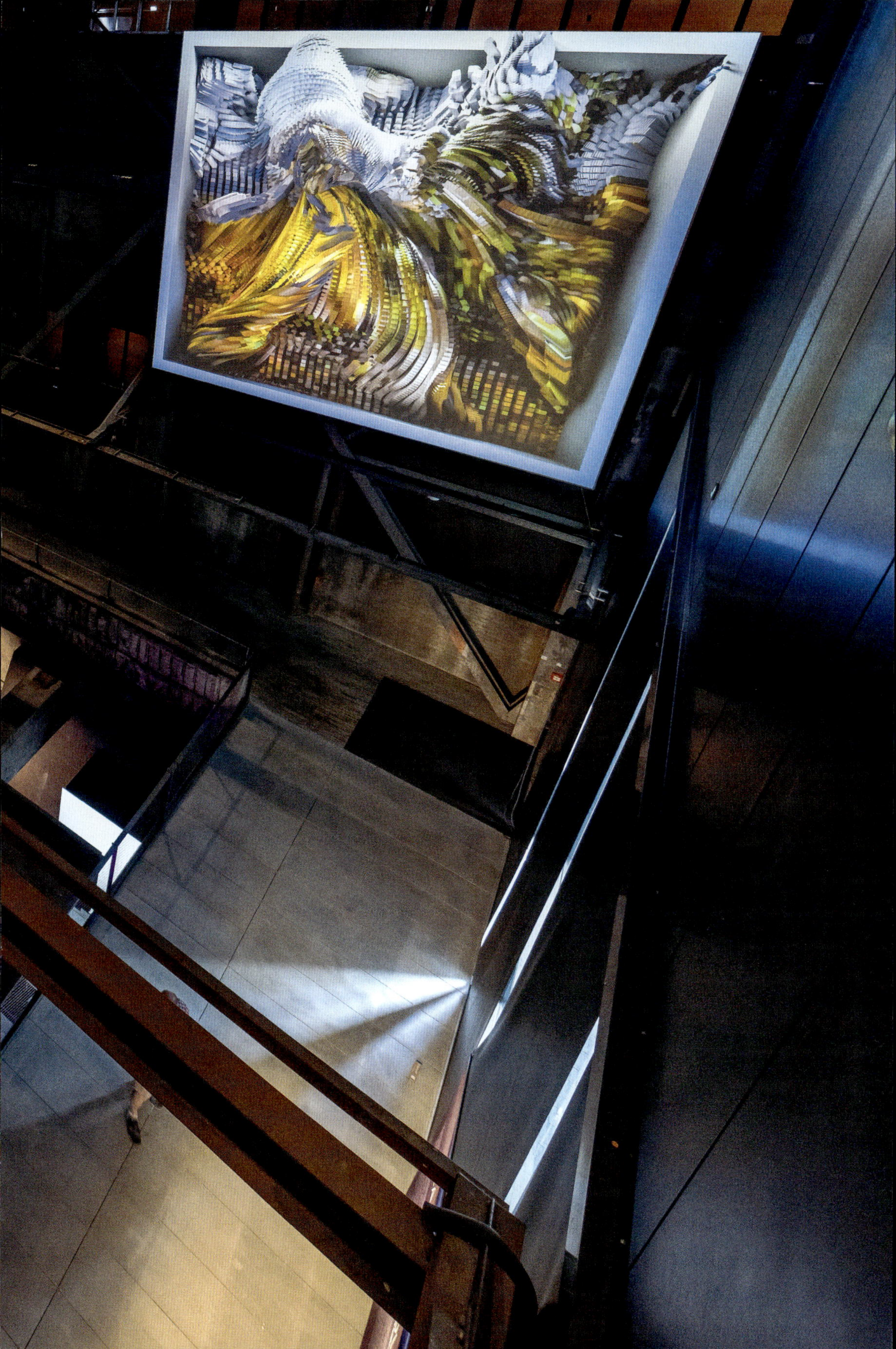

AUTHORS BIOGRAPHIES

BIOGRAPHIES DES AUTEUR·RICES

Since 2012, **Sabine Himmelsbach** is director of HEK (House of Electronic Arts) in Basel. After studying art history in Munich, she worked for galleries in Munich and Vienna from 1993–1996 and later became project manager for exhibitions and conferences for the Steirischer Herbst Festival in Graz, Austria. In 1999 she became exhibition director at the ZKM | Center for Art and Media in Karlsruhe. From 2005–2011 she was the artistic director of the Edith-Russ-House for Media Art in Oldenburg, Germany. In 2011 she curated *gateways: Art and Networked Culture* for the Kumu Art Museum in Tallinn as part of the European Capital of Culture Tallinn 2011 program. Her exhibitions at HEK in Basel include *Ryoji Ikeda* (2014), *Poetics and Politics of Data* (2015), *Lynn Hershman Leeson: Anti-Bodies*, *Eco-Visionaries* (2018), *Entangled Realities: Living with Artificial Intelligence* (2019), *Making FASHION Sense* and *Real Feelings: Emotion and Technology* (2020). In 2021 she curated the online exhibition and conference *Hybrid by Nature: Human. Machine.Interaction* for the Goethe Institutes in Southeast Asia. As a writer and lecturer she is dedicated to topics related to media art and digital culture.

Boris Magrini is head of program and curator at HEK (House of Electronic Arts) in Basel. He studied art history at the University of Geneva and completed his PhD at the University of Zurich. He was curator at àDuplex in Geneva, assistant curator at Kunsthalle Fribourg and Kunsthalle Zurich, and he is the editor of the Italian pages of Kunstbulletin. Curated shows include *Radical Gaming* (2021), *Shaping the Invisible World* (2020), *Entangled Realities – Living with Artificial Intelligence* (2019), *Future Love: Desire and Kinship in Hypernature* (2018), *Grounded Visions: Artistic Research*

Depuis 2012, **Sabine Himmelsbach** est directrice de la HEK (Maison des Arts Électroniques) à Bâle. Après avoir étudié l'histoire de l'art à Munich, elle travaille pour des galeries à Munich et à Vienne de 1993 à 1996, puis devient cheffe de projet pour les expositions et le programme de conférences du festival Steirischer Herbst à Graz, en Autriche. En 1999, elle devient directrice des expositions au ZKM | Zentrum für Kunst und Medien de Karlsruhe. De 2005 à 2011, elle assume la direction artistique de l'Edith-Russ-Haus für Medienkunst à Oldenburg, en Allemagne. En 2011, elle est la curatrice de l'exposition *Gateways. Art and Networked Culture* pour le Kumu Art Museum de Tallinn dans le cadre du programme de la capitale européenne de la culture Tallinn 2011. Ses expositions à la HEK de Bâle incluent *Ryoji Ikeda* (2014), *Poetics and Politics of Data* (2015), *Lynn Hershman Leeson: Anti-Bodies, Eco-Visionaries* (2018), *Entangled Realities. Living with Artificial Intelligence* (2019), *Making FASHION Sense and Real Feelings. Emotion and Technology* (2020). En 2021, elle est curatrice de l'exposition et de la conférence en ligne *Hybrid by Nature. Human. Machine.Interaction* pour les Goethe-Institut d'Asie du Sud-Est. En qualité d'autrice et de conférencière, elle travaille sur des sujets liés aux arts médiatiques et à la culture numérique.

Boris Magrini est responsable de la programmation et curateur à la HEK (Maison des Arts Électroniques) à Bâle. Il a étudié l'histoire de l'art à l'Université de Genève et a obtenu son doctorat à l'Université de Zurich. Il a travaillé comme curateur à àDuplex à Genève, assistant curateur à la Kunsthalle de Fribourg et à la Kunsthalle de Zurich. Il est également l'éditeur des pages italiennes du *Kunstbulletin*. Parmi les expositions dont il a assuré la curation, nous

into Environmental Issues (2015–2016), *Hydra Project* (2016), *Anathema* (2007–2008), and *Mutamenti* (2007). Some of his publications include: *Automation and Intentionality — Photography Without the Camera*, in *Automated Photography* (ECAL/Lausanne, Mörel Books: 2021), *Confronting the Machine: An Enquiry into the Subversive Drives of Computer-Generated Art* (Berlin/Boston: de Gruyter 2017), and *Hackteria: An Example of Neomodern Activism* (Leonardo Electronic Almanac Vol. 20, Issue 1, 2014).

Yvonne Volkart is head of research and lecturer of art theory and cultural media studies at the Institute Art, Gender, Nature, Academy of Art and Design FHNW Basel. She also holds a teaching position at the Master of Arts in Art Education, Zurich University of the Arts and works as freelance curator and art critic. From 2017-21 she headed the research project *Ecodata-Ecomedia-Ecoaesthetics. The Role and Significance of New Media, Technologies, and Technoscientific Methods in the Arts for the Perception and Awareness of the Ecological* (funded by the Swiss National Science Foundation SNSF) for which she is completing the monograph *Technologies of Care: From Sensing Technologies to an Aesthetics of Attention* (diaphanes in print). From 2022-26 she directs the SNSF-research project *Plants_ Intelligence: Learning like a Plant.* In collaboration with Sabine Himmelsbach and Karin Ohlenschläger she curated the exhibition and book projects *Eco-Visionaries: Art, Architecture and New Media After the Anthropocene* (Hatje Cantz 2018) and *Ecomedia: Ecological Strategies in Today's Art* (Hatje Cantz 2007).

pouvons citer *Radical Gaming* (2021), *Shaping the Invisible World* (2020), *Entangled Realities - Living with Artificial Intelligence* (2019), *Future Love. Desire and Kinship in Hypernature* (2018), *Grounded Visions: Artistic Research into Environmental Issues* (2015-2016), *Hydra Project* (2016), *Anathema* (2007-2008) et *Mutamenti* (2007). Parmi ses publications, mentionnons : « Automation and Intentionality – Photography Without the Camera », dans *Automated Photography* (ECAL/Lausanne, Mörel Books, 2021), *Confronting the Machine: An Enquiry into the Subversive Drives of Computer - Generated Art* (Berlin/Boston, de Gruyter, 2017), et « Hackteria: An Example of Neomodern Activism » (*Leonardo Electronic Almanac* Vol. 20, Issue 1, 2014).

Yvonne Volkart est responsable de la recherche et chargée de cours en théorie de l'art et en études des médias culturels à l'Institute Art, Gender, Nature, Academy of Art and Design FHNW à Bâle. Elle occupe également un poste d'enseignante dans un master artistique à la Zürcher Hochschule der Künste à Zurich et travaille en tant que curatrice et critique d'art indépendante. De 2017 à 2021, elle dirige le projet de recherche *Ecodata-Ecomedia-Ecoaesthetics. The Role and Significance of New Media, Technologies, and Technoscientific Methods in the Arts for the Perception and Awareness of the Ecological* (financé par le Fonds national suisse de la recherche scientifique FNS) pour lequel elle finalise la monographie *Technologies of Care: From Sensing Technologies to an Aesthetics of Attention* (diaphanes, en cours d'impression). De 2022 à 2026, elle prend la direction du projet de recherche du FNS *Plants_Intelligence. Learning like a Plant*. En collaboration avec Sabine Himmelsbach et Karin Ohlenschläger, elle a été curatrice de l'exposition et des projets de livres *Eco-Visionaries: Art, Architecture and New Media After the Anthropocene* (Hatje Cantz 2018) et *Ecomedia. Ecological Strategies in Today's Art* (Hatje Cantz 2007).

LIST OF WORKS

LISTE DES ŒUVRES EXPOSÉES

Refik Anadol
Quantum Memories - Probability - Square
2021

AI Data Sculpture, video loop, 18 min.
AI Data Sculpture, vidéo en boucle, 18 min.
Courtesy of Refik Anadol Studio, LLC |
Courtesy de Refik Anadol Studio, LLC
→ pages 2, 44, 46–47

Donatien Aubert
Les jardins cybernétiques
2020

HD video, 16:9, sound, 17:21 min.
Vidéo HD, 16:9, son, 17 min. 21 sec.
Courtesy of the artist | Courtesy de l'artiste
→ pages 2, 48

Donatien Aubert
Chrysalide n°3
2020

Interactive sound and light device (including an ultrasonic sensor, programmable and horticultural LEDs, two Arduino microcontrollers, two Raspberry Pi microcomputers, and two pairs of speakers), mirror-polished stainless-steel tubes and half-sphere, laser sintered 3D printed nodes, PMMA plates, aluminum box, clay balls, soil, plants (philodendron, calathes)
Dispositifs interactifs sonores et lumineux (comprenant des capteurs à ultrasons, des LED programmables et horticoles, des microcontrôleurs Arduino, des microordinateurs Raspberry Pi et des paires d'enceintes), tubes et demi-sphères en inox poli miroir, nœuds imprimés en 3D par frittage de poudre, plaques de PMMA, boîtes en aluminium, billes d'argile, terre, végétaux (philodendron, calathes)
Creation produced by CHRONIQUES, Biennale of Digital Imagination, imagined by SECOND NATURE and ZINC | Produit par CHRONIQUES, Biennale des Imaginaires Numériques, imaginée par SECONDE NATURE et ZIN
Courtesy of the artist | Courtesy de l'artiste
→ pages 50–51

melanie bonajo
Progress vs Sunsets - Re-formulating the Nature Documentary
2017

HD video, 16:9, sound, 48:20 min.
Vidéo HD, 16:9, son, 48 min. 20 sec.
Courtesy of the artist & AKINCI |
Courtesy de l'artiste & AKINCI
→ pages 54, 56–57

Tega Brain
Deep Swamp
2018

Glass tanks, wetlands, plumbing, shade balls, electronics, custom software, 3 channel sound
Réservoirs en verre, terres humides, plomberie, boules d'ombrage, composants électroniques, logiciel personnalisé, son trois canaux
Courtesy of the artist | Courtesy de l'artiste
→ pages 58–61

Persijn Broersen & Margit Lukács
Bark with a Trace
2022

2 lightboxes, HD video, 16:9, sound, 7:00 min.
2 caissons lumineux, vidéo HD, 16:9, son, 7 min.
Courtesy of the artists & AKINCI |
Courtesy des artistes & AKINCI
→ pages 62–65

Erik Bünger
Nature See You
2022

HD video, 16:9, sound, 18:57 min.
Vidéo HD, 16:9, son, 18 min. 57 sec.
Courtesy of the artist | Courtesy de l'artiste
→ pages 66, 68–69

María Castellanos & Alberto Valverde
Beyond Human Perception
2020

Multi-media installation with plants and sensors, 2 HD videos, 16:9, sound, 32:54 min.
This work was realised in the framework of the European Media Art Platforms EMARE Program at KONTEJNER | bureau of contemporary art praxis with support of the Creative Europe Culture Program of the European Union
Installation multimédia, plantes, capteurs, 2 vidéos HD, 16:9, son, 32 min. 54 sec.
Cette œuvre a été réalisée dans le cadre du programme EMARE (European Media Art Platforms) à KONTEJNER | bureau of contemporary art praxis avec le soutien du Programme Culturel de Creative Europe de l'Union européenne
With the support of UR Institute and LABoral Art Centre | Avec le soutien de l'UR Institute and LABoral Art Centre
Courtesy of the artists | Courtesy des artistes
→ pages 34, 70–73, 122, 124

Gil Delindro
RHONE Suspension
2021
Glass vitrine, glacial till, prepared subwoofer, calving infrasound recordings from Rhone Glacier
Vitrine de verre, sédiments, subwoofer, enregistrements infrasonores du glacier du Rhône
Courtesy of the artist | Courtesy de l'artiste
→ pages 78–79

Gilberto Esparza
KORALLYSIS
2019 – ongoing
Kinetic multi-media installation, HD video, 16:9, sound, 7:00 min
Installation multimédia kinétique, vidéo HD, 16:9, son, 7 min.
Courtesy of the artist | Courtesy de l'artiste
Transport generously supported by Cargolux S.A. | Transport généreusement soutenu par Cargolux S.A.
→ pages 80, 82–83,129, 131

Fragmentin
Displuvium
2019
Multimedia installation, computer, two screens, rusty steel, black aluminium, 3D print nozzles, water pumps, electronic components
Installation multimédia, ordinateur, deux écrans, métal rouillé, aluminium noir, buses d'impression 3D, pompe à eau, composants électroniques
Courtesy of the artists and Collection HEK (House of Electronic Arts) | Courtesy des artistes and Collection HEK (Maison des Arts Électroniques)
→ pages 84, 86–87

Alexandra Daisy Ginsberg
The Substitute
2019
Video installation, HD video, 16:9, sound, 6:18 min.
Animation by The Mill with behaviour based on research by DeepMind
Installation vidéo HD, 16:9, son, 6 min. 18 sec.
Animation par The Mill, comportement basé sur les recherches de DeepMind
Commissioned by the Cooper Hewitt, Smithsonian Design Museum and Cube design museum, 2019 | Commission du Cooper Hewitt, Smithsonian Design Museum et du Cube design museum, 2019
Courtesy of the artist | Courtesy de l'artiste
→ pages 35, 74–77, Cover

Marc Lee
Used to Be My Home Too
2021
Net-based video installation, endless
Installation vidéo en réseau, durée illimitée
Courtesy of the artist | Courtesy de l'artiste
→ pages 88, 90–91

Marcus Maeder
Edaphon Braggio
2019
Audio-Installation
Installation sonore
Courtesy of the artist | Courtesy de l'artiste
→ pages 8–9, 35, 92

Mary Maggic
Plants of the Future
2013/2020
Satellite dish, glass, lighting, polyethylene tubing, aeroponic system, plants
Antenne satellite, verre, éclairage, tuyau en polyéthylène, système aéroponique, plantes
Courtesy of the artist | Courtesy de l'artiste
→ pages 94, 96–97

Mélodie Mousset & Eduardo Fouilloux
The Jellyfish
2021
VR-Experience
Co-directors: Mélodie Mousset & Edo Fouilloux
Interactive Audio Design: Chris Heinrichs
Technical Artist: Victor Beaupuy
Developers: Tom Frackowiak, Vinicius Pereira Faria
Expérience de Réalité Virtuelle
Coréalisation : Mélodie Mousset & Edo Fouilloux
Création audio interactive : Chris Heinrichs
Artiste technique : Victor Beaupuy
Développeurs : Tom Frackowiak, Vinicius Pereira Faria
Courtesy of the artists | Courtesy des artistes
→ pages 98, 100–103

Sabrina Ratté
Floralia I - IV
2021
3D animation, 4 HD videos, 16:9, sound, 4:00 min
Animation 3D, 4 vidéos HD, 16:9, son, 4 min.
Courtesy of the artist | Courtesy de l'artiste
→ pages 1, 20–21, 104, 106–107

Scenocosme:
Grégory Lasserre & Anaïs met den Ancxt
Akousmaflore
2007

Plants, computer, interactive device, sound system
Plantes, ordinateur, système interactif, système sonore
Courtesy of the artists | Courtesy des artistes
→ pages 108, 110–111

Rasa Smite & Raitis Smits
Atmospheric Forest
2020

VR-Experience, 17:00 min
Expérience de Réalité Virtuelle, 17 min.
Created as part of the Ecodata–Ecomedia–Ecoaesthetics research project (2017–2021), led by Yvonne Volkart, hosted by the Academy of Art and Design (FHNW), funded by the Swiss National Science Foundation, in collaboration with the scientists Arthur Gessler, Christian Ginzler, Andreas Rigling from Swiss Federal Institute for Forest, Snow and Landscape Research (WSL), and visiting scientist Kaisa Rissanen, University of Helsinki | *Atmospheric Forest* a été créée dans le cadre du projet de recherche « Ecodata–Ecomedia–Ecoaesthetics » (2017–2021), dirigé par Yvonne Volkart à l'Academy of Art and Design (FHNW) et financé par la Swiss National Science Foundation en collaboration avec les scientifiques Arthur Gessler, Christian Ginzler et Andreas Rigling du Swiss Federal Institute for Forest, Snow and Landscape Research (WSL), et de la scientifique invitée Kaisa Rissanen de de l'Université d'Helsinki
Courtesy of the artists | Courtesy des artistes
→ pages 112, 114–115, 134, 137

Sissel Marie Tonn & Jonathan Reus
The Intimate Earthquake Archive
2016 – 2022

Interactive installation
Hardware design/Interaction: Marije Baalman & Jonathan Reus, Carsten Tonn-Petersen
Vest design: Gino Anthonisse and Christa van der Meer
Installation interactive
Conception du matériel/interaction : Marije Baalman, Jonathan Reus, Carsten Tonn-Petersen
Conception des gilets : Gino Anthonisse, Christa van der Meer
Made with support from: Theodora Niemeijer Fund, TNO - Innovation for Life, KNMI – Royal Dutch Meteorological Institute, Augmented Instruments Laboratory – Queen Mary University, UK, Stroom Den Haag, Creative Industries Fund NL | Avec le soutien de : Theodora Niemeijer Fund ; TNO - Innovation for Life ; KNMI – Royal Dutch Meteorological Institute ; Augmented Instruments Laboratory – Queen Mary University, UK ; Stroom Den Haag ; Creative Industries Fund NL
Courtesy of the artists | Courtesy des artistes
→ pages 116, 118–119

COLLABORATING INSTITUTIONS

INSTITUTIONS COLLABORATRICES

In 2022, Esch-sur-Alzette, Luxembourg's second largest city, is European Capital of Culture together with eighteen Luxembourgian and French municipalities. Situated in Luxembourg's former steel-producing south and crossing the border into France, **Esch2022** aims at promoting the cultural and artistic diversity of the region. Following the general motto REMIX Culture, the program comprises a vast array of events from all artistic disciplines with a specific thematic focus on the transition of the region from the industrial past to a contemporary society of knowledge. Media arts and immersive exhibitions developed in collaboration with renowned international institutions are therefore cornerstones of the visual arts program unfolding in a stunning post-industrial site: Esch-Belval.

HEK (House of Electronic Arts) in Basel is Switzerland's national competence centre for contemporary media art and digital cultures. Since 2011, the institution has been central to the creative and critical discourse on the aesthetic, socio-political and economic effects of media technologies. As a platform for contemporary art that explores and employs new technologies, HEK promotes aesthetic practices related to information technologies. This not only enables a better comprehension of the changing world we live in, but also serves to actively engage with these processes and confront pressing questions of 21st century culture, while actively contributing to their mediation. In addition to its event, exhibition and mediation activities, HEK is concerned with collection methodology and the preservation of digital art.

En 2022, Esch-sur-Alzette, la deuxième plus grande ville du Luxembourg, est la Capitale européenne de la culture aux côtés de 18 communes luxembourgeoises et françaises. Située dans le bassin minier du Sud luxembourgeois et traversant la frontière avec la France, **Esch2022** vise à promouvoir la diversité culturelle et artistique de la région. Suivant la devise générale REMIX Culture, le programme propose une vaste gamme d'événements de toutes les disciplines artistiques avec un accent thématique spécifique sur la transition de la région du passé industriel à une société contemporaine du savoir. Les arts médiatiques et les expositions immersives développées en collaboration avec des institutions internationales de renom constituent les pierres angulaires du programme d'arts visuels qui se déroule dans un site post-industriel époustouflant : Esch-Belval.

La **HEK (Maison des Arts Électroniques)** à Bâle est le centre de compétence national de Suisse pour l'art médiatique contemporain et les cultures numériques. Depuis 2011, elle fait émerger des discours créatifs et critiques sur l'incidence esthétique, sociopolitique et économique des technologies des médias. La HEK présente l'art contemporain qui explore et conçoit les nouvelles technologies. Elle promeut une pratique esthétique qui considère les technologies de l'information comme un médium, les met au jour et intervient activement dans leur fonctionnement. La HEK s'implique ainsi dans les questions essentielles relatives à la culture du XXIe siècle et contribue énergiquement à leur diffusion. Outre ses activités d'organisation d'événements, d'exposition et de médiation, la HEK s'investit dans la définition de méthodes de collection et de conservation pour les arts numériques.

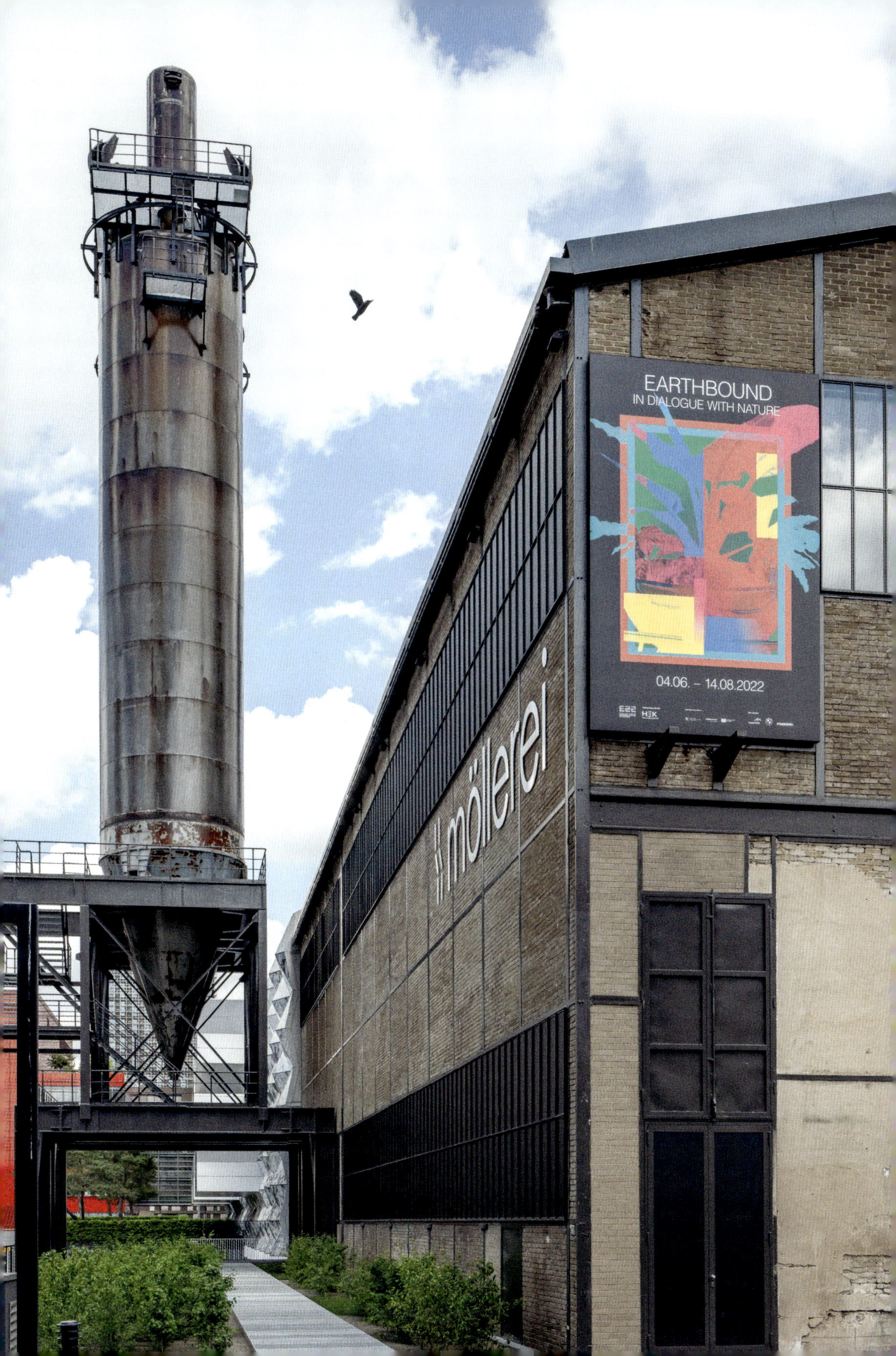
EARTHBOUND
IN DIALOGUE WITH NATURE
04.06. – 14.08.2022
möllerei

ACKNOWLEDGMENTS | REMERCIEMENTS

First and foremost, we would like to convey our special thanks and sincere gratitude go to the artists and lenders of the exhibition for their most valuable collaboration. | Nous aimerions avant tout adresser nos remerciements et notre sincère gratitude aux artistes et aux prêteurs de l'exposition pour leur précieuse collaboration.

We would like to express our warmest thanks to all people listed below who have contributed to giving the exhibition and the catalogue their final form. | Qu'il nous soit permis de remercier très chaleureusement toutes les personnes dont les noms suivent et qui ont contribué à donner à l'exposition et au catalogue leur forme finale.

Leyla Akinci, Mekdes Asefa, Hannah Back, Elisabetta Battaglia, Reyhan Baykara, Maëlle Berthelemy, Flamina Bonino, Paul Bouchard, Emilie Borie, Martin Boukhalfa, Lucien Bricola, Julia Buso, Jillian Camarda, Khili Chaima, Léa Cheymol, Marjolaine de Bonnafos, Nils de Chevigny, Vincent Crapon, Alexandre de Muyser, Natascha Daher, Tiffany Dhur, Christoph Dinges, Daniela Di Santo, Daniel Dressel, Dominique Escande, Mona Feyrer, Yulia Fisch, Stephane Frieres, Janine Fritschi, Carla Genicot, Barbara Gerber, Blanca Giménez Calpe, Matthias Gommel, Marie-Paule Greisch, Sabine Grieb, Christopher Gutmann, Oumayma Haddioui, Elke Hägele, Delphine Harmant, Johan Harmant, Thierry Helminger, Anett Holzheid, Martin Honzik, Heiko Hoos, Jean-Yves Hubermont, Patricia Huijnen, Fadi Jaafar, Tobias Käser, Kristina Kim, Anna Lisiecki, Dany Lucas, Tim Marti, Isabella Maund, Igor Maier, Ale Mendoza, Zaïneb Mouss, Marius Nestler, Elisabete Nuno, Uli Nickel, Ugo Pecoraio, Jeff Poitiers, Martin Pöll, Olaf Quantius, Jessika Rauch, Konrad Renner, Anne-Catherine Richard, Georg Riesenhuber, Elena Riolino, Claudia Roeck, Caroline Schmit, Thomas Schwab, Mohamad Shamma, Moa Sigurdardottir, Emily Sofaly, Elena Suriani, Anna Tacke, CheeYee Tang, Conny Timmesch, Yixing Tu, Célia Turmes, Joel Vergeat, Anthony Visconti, Odile Weber, Patrick Weber, Peter Weibel, Jacques Welter, Laura Welzenbach, Andreas Wenger, Lucio Wercollier, Michel Winterberg, Jeanne Wolff, Dogukan Yesilcimen.

We thank the Musée national d'histoire naturelle for their contribution the artwork *Deep Swamp* by Tega Brain. | Nous remercions le Musée national d'histoire naturelle pour leur contribution à l'œuvre *Deep Swamp* de Tega Brain.

We also thank Cargolux S.A. for their generous support with the oversea transport of *KORALLYSIS* by Gilberto Esparza. | Nous remercions aussi Cargolux S.A. pour leur soutien pour le transport translatlantique de l'œuvre *KORALLYSIS* de Gilberto Esparza.

Sincere thanks to the sponsors and partners of Esch2022 – European Capital of Culture for their generous support. | Nos sincères remerciements pour les sponsors et les partenaires de Esch2022 – Capitale européenne de la culture pour leur générosité.

Institutional partners | Partenaires institutionnels
The Luxembourg Government | Ministry of Culture | Le Gouvernement luxembourgeois | Ministère de la Culture
Luxembourg Let's Make it Happen
European Capital of Culture | Capitale européenne de la culture

Main Partners:
ArcelorMittal Luxembourg
BMW Belgium Luxembourg SA
Ferrero International SA

IMPRINT | COLOPHON

This catalogue is published on the occasion of the exposition | Ce catalogue est publié à l'occasion de l'exposition

Earthbound - In Dialogue with Nature
Möllerei, Esch-Belval
04/06–15/08/2022

in the framework of Esch2022, European Capital of Culture and in collaboration with HEK (House of Electronic Arts) | dans le cadre de Esch2022, Capitale européenne de la culture et en collaboration avec la HEK (Maison des Arts Électroniques)

The Exhibition | L'exposition

Curated by | Commissariat de
Sabine Himmelsbach, Boris Magrini
Assisted by | avec l'assistance de
Yulia Fisch
Project management | Gestion de projet
Yulia Fisch (HEK), Vincent Crapon (Esch2022)
Facility management | Responsable technique bâtiments Esch2022
Guillaume Taens
Technical project management | Responsables techniques
Matthias Gommel, Thomas Schwab
Technical project coordination | Coordination technique
Daniel Dressel Matthias Gommel, Tim Marti, Thomas Schwab, Michel Winterberg
Set-up team | Équipe installation
Martin Boukhalfa, Christoph Dinges, Daniel Dressel, Matthias Gommel, Heiko Hoos, Igor Maier, Tim Marti, Marius Nestler, Uli Okujeni, Martin Pöll, Olaf Quantius, Thomas Schwab, Michel Winterberg
Scenography | Scénographie
Andreas Wenger
Graphic design | Design graphique
cropmark: Esch2022 graphic design | Design graphique Esch2022
Konrad Renner, Studio Knoth & Renner: Exhibition visuals | Visuels de l'exposition
Contractors | Prestataires
Gerriets, Pollux (Christopher Gutmann), Artinate Karlsruhe, Magnum, Embelco Art Shipping, International Expo Services und Tobias Käser, Isogreen
Oversea transport for *KORALLYSIS* by Gilberto Esparza | Transport transatlantique pour l'oeuvre *KORALLYSIS* de Gilberto Esparza
Generously supported by Cargolux S.A. | Avec le soutien généreux de Cargolux S.A.
Mediation | Médiation
Léa Cheymol, Delphine Harmant, Célia Turmes (Esch2022); Patricia Huijnen, Isabella Maund (HEK)

Esch2022 - European Capital of Culture | Esch2022 - Capitale européenne de la culture

Chairman | Président du conseil d'administration
Georges Mischo
General director | Directeur général
Nancy Braun
Administrative director | Directeur administratif et financier
Jacques Hirtt
Program director | Directrice du programme culturel
Françoise Poos
Administration | Bureau administratif
163 rue de Luxembourg
L-4222 Esch-sur-Alzette
esch2022.lu
Institutional partners | Partenaires institutionnels
The Luxembourg Government | Ministry of Culture | Le Gouvernement luxembourgeois | Ministère de la Culture
Luxembourg Let's Make it Happen
European Capital of Culture | Capitale européenne de la culture

HEK (House of Electronic Arts) | HEK (Maison des Arts Electroniques)

Freilager-Platz 9
CH-4142 Münchenstein / Basel
Switzerland
hek.ch
Director | Directrice
Sabine Himmelsbach
Head of program | Responsable de la programmation
Boris Magrini
Administrative director | Directrice administrative
Barbara Gerber
HEK ist supported by | HEK est soutenue par
Christoph Merian Stiftung, Kanton Basel-Landschaft, Kanton Basel-Stadt, Bundesamt für Kultur

The Catalogue | Le catalogue
Editors | Éditrices
Sabine Himmelsbach, Françoise Poos
Editing | Rédaction
Sabine Himmelsbach, Françoise Poos
Catalogue concept | Concept du catalogue
Sabine Himmelsbach, Françoise Poos
Graphic design | Conception graphique
Rutger Fuchs Amsterdam
Project coordination | Coordination de projet
Vincent Crapon
Publishing Managers | Chargées d'édition
Angelika Thill, Richard Viktor Hagemann
Texts | Textes
Sabine Himmelsbach, Boris Magrini, Françoise Poos, Yvonne Volkart
Translations | Traductions
Burke Barrett, Anna Tacke
(from German to English | de l'allemand vers l'anglais)
Fanny Lami, Éloïse Notet
(from German to French | de l'allemand vers le français)
Gauthier Lesturgie
(from English to French | de l'anglais vers le français)
Uli Nickel
(from English to German | de l'anglais vers l'allemand)
Boris Kremer
(from French to English | du français vers l'anglais)
Proofreading English | Relecture des textes anglais
Aaron Bogart, Lauren Wetmore
Proofreading French | Relecture des textes français
Fanny Lami, Gauthier Lesturgie, Eloïse Notet
Lithography | Lithographie
Schwabenrepro GmbH, Fellbach
Production | Fabrication
Thomas Lemaître
Typeface | Police de caractère
Neue Haas Grotesk
Paper | Papier
Arctic Volume, 150 g/m²
Printed by | Imprimé par
Livonia Print, Riga
1st edition, 1st print run | 1ère édition, 1er tirage

Published by | Publié par
Hatje Cantz Verlag GmbH
Mommsenstr. 27
10629 Berlin
Germany | Allemagne
www.hatjecantz.com
A Ganske Publishing Group Company
Une enterprise du groupe d'edition Ganske

Printed and bound in Europe | Imprimé et relié en Europe

ISBN | N° ISBN
978-3-7757-5240-4

Esch2022 – European Capital of Culture |
Esch2022 – Capitale européenne de la culture
European Capital of Culture 2022, non-profit association, registered with the (Trade and Companies Register) of Luxembourg under the number F10850 and with registered office in 163, rue de Luxembourg, L-4222 Esch-sur-Alzette | Capitale Européenne de la Culture 2022, association sans but lucratif, enregistrée au Registre de Commerce et des Sociétés de Luxembourg sous le numéro F10850 et dont le siège est établi au 163, rue de Luxembourg, L-4222 Esch-sur-Alzette

Chairman | Président du conseil d'administration
Georges Mischo
General director | Directeur général
Nancy Braun
Administrative director | Directeur administratif et financier
Jacques Hirtt
Program director | Directrice du programme culturel
Françoise Poos
Administration | Bureau administratif
163 rue de Luxembourg
4222 Esch-sur-Alzette
Luxembourg
info@esch2022.lu
esch2022.lu
Institutional partners | Institutions collaboratrices
The Luxembourg Government, Ministry of Culture | Le Gouvernement luxembourgeois, ministère de la Culture
Luxembourg Let's Make it Happen
European Capital of Culture |
Capitale européenne de la culture
Main Partners
Main Partners:
ArcelorMittal Luxembourg
BMW Belgium Luxembourg SA
Ferrero International SA

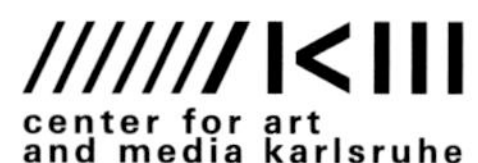

HEK (House of Electronic Arts) |
HEK (Maison des Arts Electroniques)
Freilager-Platz 9
CH-4142 Münchenstein / Basel
Switzerland
office@hek.ch
hek.ch
Director | Directrice
Sabine Himmelsbach
Head of program | Responsable de programmation
Boris Magrini
Administrative director | Directrice administrative
Barbara Gerber
HEK is supported by | HEK est soutenue par
Christoph Merian Stiftung, Kanton Basel-Landschaft, Kanton Basel-Stadt, Bundesamt für Kultur

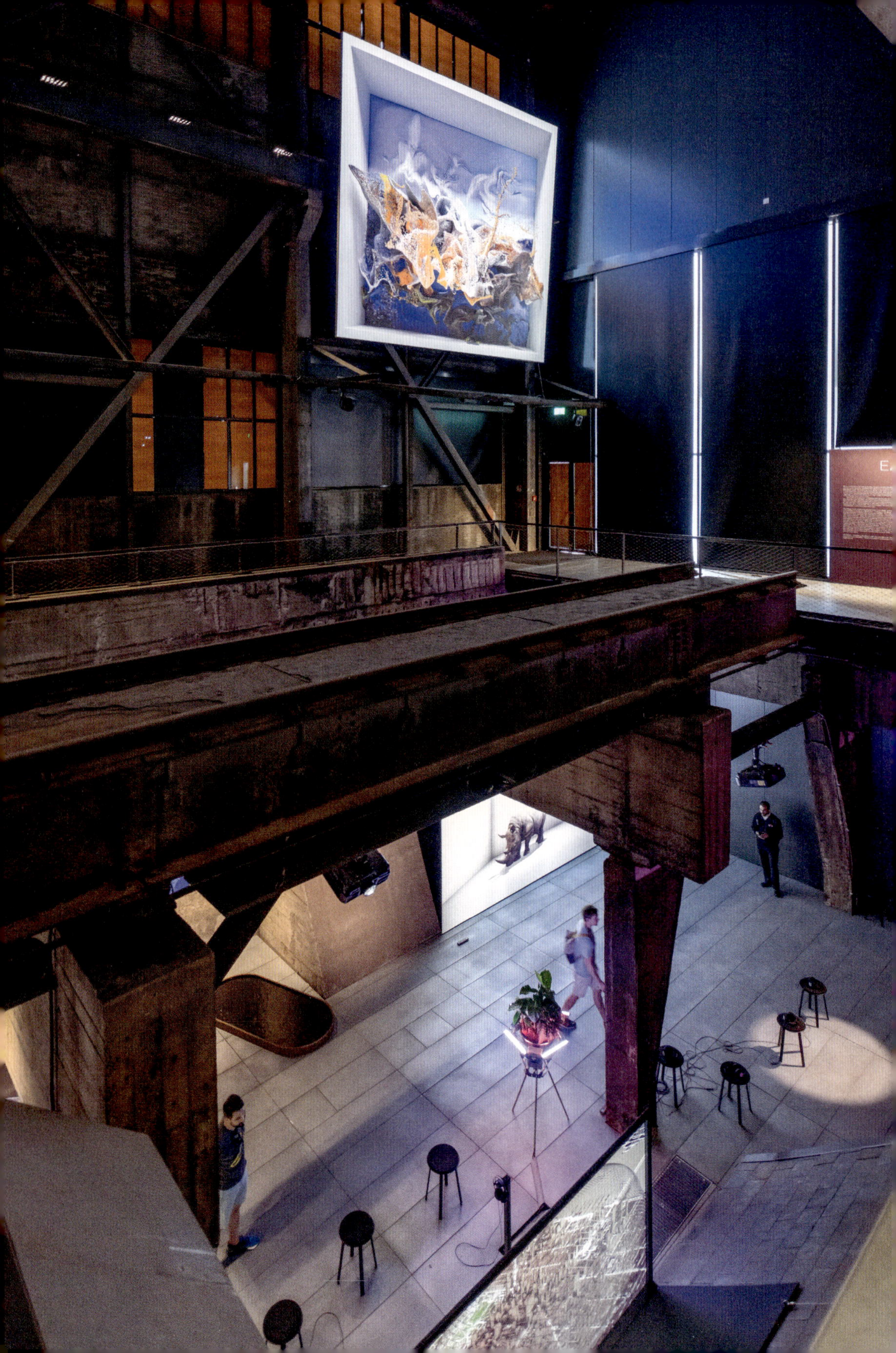